和谐社会与民族地区政府能力研究

青 觉 主编

人民出版社

责任编辑:陈寒节

责任校对:湖 催

图书在版编目(CIP)数据

和谐社会与民族地区政府能力研究/青觉 主编.
 - 北京:人民出版社,2010.9
ISBN 978 - 7 - 01 - 009025 - 2

Ⅰ.①和… Ⅱ.①青… Ⅲ.①民族地区 - 地方政府 - 行政
管理 - 研究 - 中国 Ⅳ.①D625

中国版本图书馆 CIP 数据核字(2010)第 111195 号

和谐社会与民族地区政府能力研究
HEXIE SHEHUI YU MINZU DIQU ZHENGFU NENGLI YANJIU
青 觉 主编

人 X 出版社 出版发行
(100706 北京朝阳门内大街 166 号)

北京龙之冉印务有限公司印刷 新华书店经销

2010 年 9 月第 1 版 2010 年 9 月北京第 1 次印刷
开本:710 毫米×1000 毫米 1/16 印张:20
字数:294 千字 印数:0,001 - 2,200 册

ISBN 978 - 7 - 01 - 009025 - 2 定价:39.00 元

邮购地址:100706 北京朝阳门内大街 166 号
人民东方图书销售中心 电话:(010)65250042 65289539

目　录

第一章 绪论

中国改革开放以后,民族地区经济已经发生了巨大的变化,虽然其经济总量跟不上东部沿海地区,但其经济发展速度还是有目共睹的,当然这得益于国家对民族地区政策的倾斜和支持,也得益于实施西部大开发战略所产生的联动效应。但在民族地区的经济发展过程中,政府扮演着重要的角色,它的重要性主要表现在其行政能力上:一方面,政府在推动民族地区经济发展中起到宏观上指导、引导和调控的作用,提升政府能力对民族地区经济发展具有积极的促进作用;另一方面,民族地区在经济发展过程中又不可避免地会引起道德、信用、民族和文化冲突等一系列问题,这就需要有更强的政府能力来处理和协调,所以,研究民族地区政府能力有很强的现实意义和实践意义。

一、问题的提出

与东部沿海地区相比,西部民族地区在政治、经济、文化整体上还处于相对落后状态,这主要表现在经济的不平衡发展问题、"三农"问题、新农村建设问题、教育问题以及生态问题等,这些问题的严重性和解决的迫切性时刻考验着政府的行政能力。

经济的不平衡发展是困扰着西部民族地区现代化进程的一大难题,也是直接关系到民族团结,关系到我国西部民族地区的政治稳定,同时也是建设社会主义新农村,解决"三农"问题,落实科学发展观和构建社会主义和谐社会的基础性工程。民族地区经济发展,以恩施土家族苗族自治州清太平镇为例,该镇2004、2005、2006三年的人均GDP分别为4582元、4105元、4682元,不及同年全国人均GDP10542元、12336元、14040元的1/2,只达到1994年(4044

元)和 1995 年(5046 元)的全国平均水平。该县 2004、2005、2006 三年的农村家庭人均收入均为 2000 元左右,与同年的全国平均水平 2622.24 元、2936.40元、3254.93 元有较大的差距,约为较发达地区如浙江省的 5389.04 元、5944.06 元、6659.95 元平均水平的 1/3①。

　　教育是关系到社会进步和发展的大事,是关系到一个地区子孙后代和可持续发展的大事。然而,民族地区的教育却面临着严峻的考验,例如,位于云南省丽江市永胜县东北部的羊坪彝族自治乡。该乡距离县城 16.2 公里,面积广阔,山高坡陡,最高海拔 3000m,平均海拔 2800m 左右,属高寒山区,年平均气温在 8～12 度之间,全年霜期较长。因为气候恶劣,地理条件差,给学生上学带来了很大的困难。从九年义务教育的普及方面来看,辍学率高,根据羊坪乡人民政府关于“普九”工作的政府报告,全乡小学 2006 年上学年年初在校学生数为 916 人,学年内辍学 183 人,辍学率高达 20%;初中上学年年初在校学生 134 人,学年内辍学 47 人,辍学率为 35%。学生的学龄高、完成率偏低,该乡在 15 周岁人口 82 人中,完成小学教育的为 78 人,完成率为 95.1%。而17 周岁的 105 人中,受完初级中等教育为 74 人,完成率为 70%。在民族地区教育的另一个问题是存在男女不平等的现象,由于父母观念、家庭经济、女生就业等一系列问题困扰着女生接受平等教育。郭少榕(2003)等认为在义务教育阶段,提高经济能力、提高少数民族女生的就业能力是促进女生享有平等而没有差异的学校教育并提高她们的文化素质,促进更多少数民族女生升学并有效改善其不利环境的重要措施②。

　　民族地区的生态环境问题也是让人触目惊心,据报道,中国北方地区强沙尘天气发生的次数呈增多的趋势。20 世纪 90 年代至今已发生过 20 多次特大沙尘暴,每年因沙尘暴天气造成的损失达 2 亿 5 千万欧元(约 18 亿元人民币),并且波及的范围愈来愈广。另据韦伟的研究,2002 年,在宁夏回族自治

　　① 饶义军、陈剩勇:《民族地区乡镇政府能力的弱化:问题与对策——以恩施土家族苗族自治州清太平镇为个案》,《浙江社会科学》2007 年第 5 期,第 46 页。
　　② 郭少榕、冯云、邱赢娥:《福建省少数民族女生教育的问题分析》,2003 首届全国女学生教育科研获奖论文,作者单位为福建省教育科学研究所。

区,浮尘、扬沙和沙尘暴天气共发生 12 次。云南共发生森林火灾 396 次,地质灾害 4150 起,直接经济损失 24.43 亿元。2002 年,贵州 87 个县(市、区)遭受干旱、洪涝、泥石流等自然灾害,直接经济损失 78.7 亿元[①]。

沙漠化已经威胁到了人类的生存,新疆沙漠化面积占到了整个西北沙漠化面积的 54.54%,而新疆和内蒙古两个自治区的沙漠化面积占整个西北地区沙漠化面积的 79.75%[②],从整体上看,西北地区的沙漠化相当严重。同时,沙漠化面积或者受到沙漠化威胁的面积有不断扩大的趋势,目前的普查结果表明,沙漠化土地面积又扩大了 32 万公顷,平均每年扩大近 6 万公顷,沙漠化的面积扩展迅速[③]。沙漠化导致西部民族地区森林面积大幅度减少、农田荒芜、草场退化、植被锐减,生物多样性受到威胁,使本已十分脆弱的生态环境雪上加霜,呈现出恶化态势,恶劣的生态环境不断导致自然灾害。

另一个表现突出的是民族地区水土流失严重。譬如,2002 年,广西水土流失面积 28122.56 平方公里,占全区土地面积的 12%;贵州水土流失面积 73180 平方公里;宁夏水土流失面积 36850 平方公里;整个西部民族地区的水土流失面积约占全国的 80%[④]。这直接导致了土地生产力下降,可利用土地资源锐减,森林大面积消失,植被覆盖率低。

民族地区的生态环境遭受破坏,自然生态失调。水资源匮乏,江河断流,湖泊枯竭加重,河湖萎缩干涸,出现严重的沙漠化、石漠化、盐渍化和草原退化等现象。民族地区自然生态环境恶化的原因主要是人为所致,如乱砍滥伐、过

---

① 韦伟:《民族地区生态环境建设在全面建设小康社会中的意义和对策》,《黑龙江民族丛刊》(双月刊)2004 年第 3 期(总第 80 期)。

② 苏志珠、董光荣:《中国土地沙漠化研究现状及问题探讨》,《水土保持研究》2002 年第 3 期。

③ 周民良:《重建西北发展的生态基础》,陕西人民出版社 2003 年版,第 65 页。周认为环境恶化虽然有自然因素,但人为因素是主要的,他指出与古代开发西北时期的生态环境相比,建国以来西北的生态环境处于明显的恶化过程中,这一方面是人口的过快增长及其对粮食、耕地等方面需求快速增加的压力;另一方面是与经济有关的社会活动所造成,森林的减少直接源于人的采伐,原有的天然林区因屡遭砍伐而后退,直接导致了水源涵养功能的下降,它是导致沙漠化的重要原因;同时由于追求经济效益,过度放牧引起草原退化,进一步导致沙漠化。

④ 韦伟:《民族地区生态环境建设在全面建设小康社会中的意义和对策》,《黑龙江民族丛刊》(双月刊)2004 年第 3 期(总第 80 期),第 123 页

度开垦、超载放牧,人类的活动直接和间接地对生态环境造成了破坏,使生态环境变得脆弱不堪。朱震达等的研究表明,在我国现代沙漠扩大的成因中,94.5%为人为因素①。

在新的情况下,民族地区正面临着如何进一步发展经济,改善教育,保护生态环境和促进社会进步。政府在促进这四个方面的协调发展,以构建一个和谐社会方面无疑将发挥主体性和关键性的作用。

民族地区在现代化进程中,面对发展的种种困境,政府也将面临着更加重大的任务,提升民族地区政府能力成为新时期的一项重要任务。

我党在十六届四中全会的《中共中央关于加强党的执政能力建设的决定》(以下简称《决定》)中提出了"构建社会主义和谐社会"的新命题,要求全党最广泛最充分地调动一切积极因素,不断提高构建社会主义和谐社会的能力,不断增强全社会的创造活力,妥善协调各方面的利益关系,推进社会管理体制创新,加强和改进新形势下的群众工作,促进经济健康持续发展,维护社会稳定。《决定》的这一思想,要求我们在构建社会主义和谐社会的伟大进程中,不断提高党的执政能力,不断提高各级政府的行政能力。

民族自治地方自改革开放以来,经济和社会发展取得了长足进步,但和其他地区特别是发达地区相比,经济和社会发展还比较落后,这既是我国建设和谐社会的重点和难点,也是构成我国社会整体不和谐的关键因素。同时,民族自治地方内部社会不和谐状况也比较突出。因此,民族自治地方和谐社会的构建,对民族自治地方的经济发展、社会稳定和群众生活水平的提高,对平等、团结、互助、和谐的社会主义民族关系的巩固和发展以及对我国整体和谐社会的构建,都将产生积极的影响。可以肯定的是,和谐是化解人与人之间、人与自然之间以及地区之间矛盾的必要前提,它既是未来几年,乃至一个比较长的时期内,中国社会发展的主调,也是更长时期内社会发展的基调。

民族自治地方的落后与不和谐现状,有着多方面的原因。这在诸多原因

---

① 朱震达、刘恕:《中国北方沙区沙漠过程及其区划研究》,中国林业出版社1998年版,第127页。

中,民族自治地方政府行政能力相对低下,是具有全方位影响的重要原因,如何调动各方力量,增强社会创造力,妥善协调各方面利益关系,维护社会稳定,都有待于民族自治地方政府能否提高自身的公共管理能力和公共服务能力,民族自治地方政府行政能力水平无疑是影响自治地方和谐社会构建的核心因素。因此,在构建社会主义和谐社会的进程中,研究民族自治地方政府行政能力的建设,以及民族自治地方政府行政能力与构建和谐社会的关系问题,应当是理论界和民族地区的实际工作者面临的重大课题。①

二、政府能力的概念

关于政府能力的概念,国外有很多学者进行解释和表述,在林林总总的阐述中,比较有代表性的主要有以下几种认识:

其一,阿尔蒙德(Almond, Gabriel Abraham, 1956)和鲍威尔(G. B. Powell, 1956)从结构功能主义的方法论出发,提出功能三分方案,即系统功能(包括政治社会化、政治录用、政治沟通)、过程功能(包括利益表达和综合、政策制定、政策实施)、政策功能(包括提取、限制、分配与输出),并用“政治生产力”给以概括和总结。他们认为政府能力是政府能否成功地适应环境挑战的程度,具体来说,政府能力是指建立政治性领导部门和政府行政机构,并使它们拥有制定政策和在社会中执行政策,特别是维护公共秩序和维护合法性的能力。他用“政治生产力”作为衡量政府能力的一个重要参数②。

其二,古德诺(F. J. Goodnow, 1893)从二元结构观点对政府能力进行划分,把政府能力分为政治能力与行政能力的二元组合。古德诺的二元结构政府观似乎更为简洁而深刻,他在研究政府能力时指出:“在所有的政府体制中都存在着两种主要的或基本的政府功能,即国家意志的表达功能和国家意志的执行功能。在所有的国家中也都存在着分立的机关,每个分立的机关都用他们的大部分时间行使着两种功能中的一种。这两种功能分别就是政治与行

① 谢作渺:《环境友好型经济发展模式》,中央民族大学出版社 2008 年版,第 1—3 页。
② [美]加布里埃尔·A. 阿尔蒙德等著:《比较政治学:体系、过程和政策》,上海译文出版社 1987 年版,第 433 页。

政。"①古德诺从一个极为抽象而又涉及本质的角度对政府能力进行了定义，更确切的说是对政府能力进行了划分。

其三，斯通(Deborah A. Stone)和 A. 布朗(A. Brown, 1980)从政府管理职能角度对政府能力进行了分析和阐述，斯通认为，政府能力是指政府从事规划与执行政策、计划、方案或措施，以实现共同目的的机关能力②。而布朗指出，政府能力建立的主要目标在于发展各机关的能力，管理自己的事务，更为有效地维护与增进自己的利益，减少外来破坏性变迁所造成的弱点③。他们两人对政府能力的定义都是从政府管理过程的职能角度出发，强调各个机关改进运作能力，从而提高整个政府整体的能力。

斯通和布朗对政府能力的解释与持系统政治观的学者的观点有相似之处，系统政治观的学者是从管理的输入、转换、输出、反馈等向度来定位政府能力的。具体来说，是把政府能力体系分为体系的生产能力(Production capacity)，体系的维持能力(Maintain capacity)以及体系的适应能力(Adaptive capacity)等。从生产、维持到适应过程事实上就是政府管理的基本过程。

此外，J. R. 柯尔曼、J. 劳勃、E. A. 莱昂、R. 霍金斯等人也都对政府能力的概念进行过阐述，虽然观点各不相同，但都有从抽象化到具体化的发展趋势。

国内也有不少关于政府能力的文献，很多学者对政府能力概念的描述与界定、能力表现形式的分类及其相关影响等方面进行了研究。但由于学科背景、认知兴趣、分析框架、参照系统和研究目的各不相同，国内学者对于政府能力含义的理解也不尽相同。比较早期的研究是王绍光、胡鞍钢(1993)在《中国国家能力报告》中所讨论的中国财税体制改革和中央政府财政能力问题，王绍光和胡鞍钢把政府能力、国家能力、中央政府能力作为同一概念来定义，他们认为，国家能力是指国家(中央政府)将自己的意志、目标转化为现实的

---

①　[美]古德诺：《政治与行政》，三联书店出版社 1994 年版。

②　Deborah A. Stone, Policy Paradox and Political Reason, *The American Political Science Review*, Vol. 83, No. 1(Mar. ,1989) ,pp. 304 – 305.

③　[美]安东尼·布朗：《对乡村社区的技术援助：是权宜之计还是能力建设》，李东译，《公共行政评论》1980 年第 1 期，第 21 页。

能力。国家能力包括四种：汲取财政能力、宏观调控能力、合法化能力以及强制能力。其中国家汲取能力是最主要的国家能力,也是其他国家能力的基础。这一观点从政府本位或者说行政主体的角度界定政府能力,强调了政府活动的单方面性、主观性和自主性。

之后,许多学者从政治学和行政学角度探讨了政府能力的界定、分类、特征和发展建设等问题(汪永成,2001)。谢庆奎教授(2003)则把政府能力界定为政府制定和执行政策的势能和效力。学者赵晖(2003)认为,政府能力是政府作为社会的普遍性和强制性组织,汲取公共资源和为社会公众提供公共产品的能力。

张国庆(2001)认为政府能力主要"是指现代国家政府即国家行政机关,在既定的国家宪政体制内,通过制定和执行品质优良、积极而有效的公共政策,最大可能地动员、利用、组合、发掘、配置资源,为社会和公众提供广泛而良好的公共物品和公共服务,理性地确立社会普遍遵从的正式规则并积极引导更为广泛的非正式的社会规则,维护社会公正和秩序,形成有效调节社会关系和社会行为的制度及其机制,进而在比较的意义上促进国家快速、均衡、持续、健康发展的能力"。① 张国庆对政府能力概念的阐述更为具体,同时体现出一种发展的观念。

胡宁生和张成福等(1998)认为,应该从政府形象的角度对政府能力进行探讨。同时,他们也从政府与环境互动关系的角度分析,认为政府能力的本质是政府与社会互动关系中政府活动的可能性与限度。高小平(2003)和沈荣华(2005,2006)从政策工具的角度分析,认为所谓政府能力,就是指政府能不能制定一个切合实际的政策,能不能有效地推行和贯彻这种政策,能不能持续稳定地将这种政策引向深入的能力。刘世军(2002)认为,政府能力是政府在行使其功能,实现其意志过程中体现出的政府绩效,具体可表述为政治绩效、经济绩效、文化绩效、社会绩效四个基本向度。

以上是国内外学者关于政府能力的认识,如果把这些观点加以归纳和总

---

① 张国庆:《行政管理学概论》,北京大学出版社 2001 年版,第 562 页。

结,大致可以总结为以下五个方面:

第一,从政府主体行为目标的角度来认识,政府能力是政府确定其行动目标,运用其自身拥有的能量来实现其目标,并体现其价值的能力,这主要是指政府的自我稳定能力和资源运作能力。

第二,从其与国家能力的关系来认识,政府能力作为国家能力的重要部分,主要指国家行政机关在既定宪政体制内,通过制定和执行积极有效的公共政策以及为社会和公众提供广泛而良好公共物品和公共服务,理性地确立社会普遍遵从地正式规则,维护秩序,促进国家健康、均衡发展的能力。

第三,从与政府职能的关系角度,认为政府能力是指政府实际能够履行政府职能和功能的程度,这是政府能力履行管理职能的基本要求。之所以赋予政府能力,就是要达到充分发挥这种特定能力的职责要求。从管理职能的关系角度也将输入、转换、输出、反馈等过程来定位政府能力,从而把它界定为政府体系的维持、生产、适应、综合能力等。

第四,从政府能力结构解构来说,主要从政府能力与政治能力的构架来表达政府的基本功能,包括国家意志的表达功能和国家意志的执行功能。也有从多元结构要素来阐述政府能力关系的。

第五,从政府绩效的角度,政府能力是政府在行使其功能、实现其过程的政府绩效,这主要是强调了政府的能力导向与政府绩效之间的关系以及对政府的理性决策与实现社会资源的最优配置等方面进行了系统的研究。有关绩效的表述各有不同,大抵上可以把绩效分为政治绩效、经济绩效、文化绩效、社会绩效四个基本维度。

三、民族地区政府能力

政府能力关系到一个国家的稳定与发展,同样,民族地区的政府能力会直接影响到民族地区的稳定与区域的协调发展,因此,关于民族地区政府能力的问题毫无疑问地成为了中央政府和民族地区政府普遍关注的焦点问题之一。

我国各界学者对政府能力的定义较多,但大部分都是站在国家组织的角度来阐述政府能力的概念。从组织学角度来说,越是站在组织的顶端,对概念的把握要求越概括越综合;相反,越是处于组织的底端,对概念的把握就要越具体。正因为是这样,对政府能力的概念和内涵的表述往往具有较大的抽象性和概括性;对地方政府能力的表述就会更加具体,更具有一定的针对性和指导性。毫无疑问,民族地区政府能力的内涵是有别于一般的政府能力的,民族地区政府能力具有具体性和微观性的特点。

对民族地区政府能力的概念阐述既要参照国家层次,即一般意义上政府能力的概念,又要结合民族地区的现实情况,只有这样,对民族地区政府能力概念的阐述才能实现研究的理论意义和实践意义。

首先,民族地区的政府行政部门,指的是广大民族地区的各级政府,主体是地(市、自治州、盟)、县(市、自治县、旗)级政府。所以,研究民族地区的政府能力也是以广大民族地区各级政府为载体,以地(市、自治州、盟)、县(市、自治县、旗)级政府为主体的。

民族地区政府能力与我国民族地区的现状和特点是密不可分的,所以,阐述民族地区政府能力,既要把我国民族地区的实际情况结合起来,又要体现我国民族地区政府行政能力的个性特征。

在分析和研究我国民族地区的实际情况时,要注意把握民族地区以下三个方面的现状:

一是发展的客观条件差。广大的民族地区虽然具有优美的自然风光、丰富的自然资源和多彩的民族文化,但这里的自然条件较差、社会发育迟缓,加上基础设施薄弱、技术能力差,经济活动分散,从而造成长久以来投资环境较差,单靠市场的力量无法促成对民族地区进行全面的开发,这也正是东部在改革开放中迅速崛起时以民族地区为主的西部仍然处于贫穷落后状态的一个重要原因。

二是发展的主观条件差。从现实的情况来看,民族地区的大众受教育水平普遍偏较低,而且长期以来一直都处于偏低水平,这就直接导致部分民众还处在陈旧的思想观念中,甚至还信奉封建迷信,劳动者总体素质偏低,难以引进人才,相反人才流失的现象严重。这些因素无疑限制了西部地区的进一步发展,成为西部开发的重大障碍。这对民族地区的政府能力提出了新的更高的要求,不仅要有带领民族地区人民发展经济,以实现民族地区脱贫致富的强烈愿望;同时,还要改变民族地区人民的思想意识,协调民族地区由于经济、民族等问题所产生的复杂矛盾。

三是民族问题是关键。民族地区自然是我国少数民族集中居住的地区,而每个少数民族都拥有自己独特的民族文化,各个民族信仰的宗教也有很大的差异。在这样一种多民族、多宗教、多文化、多传统的人文社会环境中,必然会产生许多新矛盾,旧的问题还可能被新的矛盾所激活而凸现起来,各种民族的、宗教的、社会的、经济的、政治的和文化的矛盾以及历史的和现实的矛盾相互纠缠,盘根错节。这些矛盾都需要由负有管理民族地区公共事务责任的各级地方政府去化解、协调和控制。

在分析和研究我国民族地区的政府行政能力概念的特殊性时,要注意把握民族地区政府能力以下三个方面的特征:

第一,体现服务性。民族地区政府能力的最终结果及目的是实现民族地区的繁荣和发展。而民族地区的繁荣与发展的最终受益者是整个国家和民族地区的人民百姓。这一目标的提出,体现出民族地区政府是服务国家、服务百姓的政府,是为百姓谋福利的政府。服务性是民族地区政府能力的基本要求。

第二,体现对环境的适应性。民族地区政府能力不是简单地从国家层次的政府能力照搬过来,而是应该结合民族地区的实际情况,体现出政府对环境变化的关注度和重视度。政府会依据环境的变化,及时地调整自己的策略和政策。譬如说,在决策层面上就要以当地的实际情况为依据,而不是“拍脑袋”;在执行层面上就要注重原则性与灵活性相结合,不能把政策当作教条。对环境的适应性,实际上是对民族地区的政府能力提出了更高的要求。

第三,体现复杂性和应变性。民族地区政府能力的复杂性表现在两个方面。一方面,民族地区的实际情况十分复杂,各种关系,各种矛盾,各种困难,千头万绪都摆在政府部门的面前,其中不排除有有利因素,但更多的是不利因素;另一方面,民族地区政府发挥政府能力的手段是复杂的,既有政治的、文化的,也有经济的、社会的,是各种手段交织在一起来进行施政,而不是采用单一的手段。由于复杂性,这就要求民族地区政府能力要具有克服各种应急与不测情况的应对能力。

综合考虑民族地区的以上现状与特点以及民族地区行政的特殊因素,我们将民族地区政府能力的概念表述如下:民族地区政府能力是指广大民族地区拥有执行社会公共权力的地方政府,为实现民族地区的繁荣与发展,在中央政府的统一领导下,结合民族地区的实际情况,通过承担政府职能,运用政治、经济、社会、文化等多种手段,动员各种积极因素,消除各种不利因素,努力完成各项目标和任务时,所调动和使用的各种能力及素质的总和。

这一定义深刻地揭示了作为民族地区政府能力的基本内涵。这一概念主要是抓住了民族地区政府职能这个中心环节,使民族地区政府能力在实现政府职能的过程中,把政府主体、客体、手段和目标有机地连接在一起。这样表述民族地区政府能力,主要体现了以下五个方面的基本含义:

第一,民族地区政府能力的主体是具有执行社会公共权力的地方政府,包括地(市、自治州、盟)、县(市、自治县、旗)级政府,其权威性和自治性不容忽视。

第二,民族地区政府能力建立的目的是为了实现民族地区的繁荣与发展,这一主题与国家的繁荣与发展紧密相连,是政府机关工作的最终目标和力量源泉。

第三,民族地区政府能力的前提是受中央的统一领导,即在国家层级的政府能力框架之内谈民族地区政府能力,不脱离政府能力,而又不照搬政府能力。

第四,民族地区政府能力的客体与环境是客观存在着的民族地区的实际情况。这种情况就是主观条件、客观条件以及民族问题,决定了民族地区的滞后。研究民族地区政府能力结合了民族地区实际情况,不脱离现实,以实现其研究意义。

第五,民族地区政府能力的实现手段包括政治、经济、社会、文化等各个方面。政府能力的综合性,复杂性得以体现。

四、民族地区政府能力与政府能力的关系

民族地区政府能力与作为国家层级的政府能力息息相关,不可分离,可以说,没有国家层级的政府能力也就无法谈民族地区政府能力,民族地区政府能力是建立在国家层级的政府能力的基础之上;但民族地区政府能力又不等同于国家层级的政府能力,两者在很多方面有着较大的不同。下面具体来阐述两者之间的关系。

第一,国家层级的政府能力是民族地区政府能力建立的基础。

政府能力是从国家组织的角度出发,考虑到一个国家的社会制度、经济体制、社会发育程度以及整体的自然条件、基础设施建设、经济活动和社会化进程等众多因素,在综合考察的基础上提出的对政府部门所应具有的素质和能力的要求。这种对政府行政部门素质和能力的要求,适用于一个国家所有的政府行政机关,是对政府部门工作的总体性、指导性要求。无论全国各地的哪一级政府,哪一个政府单位都应当努力学习使自身具备这种素质和能力。而由中央领导的民族地区的政府部门作为我国的政府机关理所当然具备国家层级的政府能力所要求的素质和能力。民族地区政府能力的建立必须以国家层级的政府能力建设为基础,在国家层级政府能力的框架下和范围内进行,其能力建设的一切原则、方针、指导也都不能违背国家层级的政府能力。民族地区政府能力的建设脱离了国家层级的政府能力,就会成了无源之水,所以,民族地区政府能力要建立在国家层级的政府能力的基础之上,而不能超越其原则和指导方针。

第二,民族地区政府能力是国家层级的政府能力的具体化。

国家层级的政府能力的概念相对于民族地区政府能力的概念,较为抽象,较为笼统,这是它们的使命和职责范围不同所决定的。国家层级的政府能力是站在国家组织的基础之上,考察的是整个国家的发展情况,研究的是政府行政部门的总体,它必然是要根据整体的或主要的现象和主要的内容与要求来归纳和概括政府能力,而无法进行详细的阐述;与此同时,民族地区的政府能力,考察的是民族地区的发展情况,研究的是民族地区政府部门的局部情况,

所以它可以从更为具体的角度来研究,有些情况可以表达得更为清楚,更为细节化和更具针对性,通过对政府能力的具体化来定义民族地区政府能力。例如,国家层级的政府能力提出要具备处理紧急情况的能力,而民族地区的政府能力研究则可以根据民族地区可能发生民族矛盾和冲突这一情况,把这种应急能力具体化到具备及时处理民族矛盾和冲突的能力。这种处理民族矛盾和冲突能力的提出则相对于处理紧急情况的能力更为具体。这就是民族地区政府能力对政府能力的具体化。

第三,民族地区政府能力与国家层级的政府能力密切相连、息息相关。

毫无疑问,民族地区政府能力与作为国家层级的政府能力在背景、内涵、外延和层级等方面有着较大的不同。民族地区政府能力研究的是地方层级的政府,政府能力研究的是国家层级的政府;民族地区政府能力的研究背景是民族地区,政府能力则是整个国家;政府能力的内涵小于民族地区政府能力,而外延则大于民族地区政府能力。尽管如此,我们也绝不能将两者割裂来看。国家不存在,如何谈一个地区;不谈政府能力,如何谈民族地区的政府能力?民族地区作为国家的一部分,其发展变化影响着国家的发展变化,其政府能力得到提升,才能说整个国家的政府能力得到提升。政府能力为民族地区政府能力提供框架和指导,而民族地区政府能力的建设又反过来推动政府能力的建设,为政府能力提供新鲜的素材。两者密切相连、息息相关。

五、和谐社会的含义

十六届四中全会《中共中央关于加强党的执政能力建设的决定》完整地提出了"构建社会主义和谐社会"的概念,胡锦涛同志指出,我们要建设的社会主义和谐社会,应该是民主法治、公平正义、诚信友爱、充满活力、安定有序、人与自然和谐相处的社会。耿百峰认为,民主法治是社会主义和谐社会的根本保证,公平正义是社会主义和谐社会的核心价值,诚信友爱是社会主义和谐社会的基本准则,充满活力是社会主义和谐社会的重要元素,安定有序是社会主义和谐社会的基本条件,人与自然和谐相处是社会主义和谐社会的重要内容,这六个方面囊括了社会主义和谐社会的丰富内涵①。

构建社会主义和谐社会是指构成社会主义社会系统中的各个部分、各种要素处于一种相互协调、相互促进的最大优化状态。其目标是,既要达到人与人的和谐,又要达到人与生态、自然和环境的和谐;既要达到我国各社会阶层、社会利益群体之间的和谐,又要能实现与外部世界格局的和谐发展;既要实现微观的各个社会组织单元的和谐发展,又要促进宏观的整个社会系统的和谐发展;既要促进经济、政治、文化等社会各子系统之间的和谐发展,又要促进各个子系统内部的和谐发展。要实现和谐社会这一目标,从政府能力这个角度来看,关键是要处理好以下三个方面的问题:

(一)科学发展观的行政思想

2003 年 4 月 10~15 日胡锦涛总书记在广东视察时,提出了"全面发展观"的指导思想,指出了社会发展应该要全面发展、协调发展,是"科学发展观"的重要思想。2003 年 6 月胡锦涛在北京召开的全国抗击"非典"总结大会上,首次提出了"科学发展观"。2003 年 10 月在党的十六届三中全会上,丰富了"科学发展观"的内涵,完善科学发展观的表述。2003 年 11 月底在全国经济工作会议上,站在战略高度上进一步概括了科学发展观的思想,科学发展观得到全面阐述。2004 年 3 月 10 日胡锦涛总书记在参加中央人口资源环境工作座谈会时发表讲话,对科学发展观作了具体、全面、完整、系统的阐述。2004年 9 月胡锦涛总书记在十六届四中全会发表重要讲话,科学发展观得到全党和全国人民的共识。

要提升政府能力,必须以科学发展观作为政府行政的指导思想,这样才能统领全局,科学行政,因为科学发展观的本质是立足于科学、注重全面发展、强调和谐的理念、实现可持续发展的一种战略观点,这与现阶段发展政府能力的要求是相吻合的,具体地说,它包含四层含义。

第一,科学发展观要求社会发展要崇尚科学,这与科学的行政手段和方法

---

① 耿百峰:《解读社会主义和谐社会的内涵》,《山东省农业管理干部学院学报》2006 年第 4 期总第 22 卷,第 79 页。

是一致的。科学是第一生产力,科学推动了社会的进步和整个人类的发展,加速了社会前进的步伐,大大缩短了人类进入文明社会的进程,所以,发展要依靠科学,要立足于科学,也就是说发展的工具是科学的,手段和方法也要求科学。

第二,科学发展观要求社会发展是全面发展,这与政府能力的内涵是相同的。要在经济发展的基础,促进社会全面的进步和人的全面发展,达到物质丰富化的同时,还要精神高度化,实现社会主义物质文明和精神文明双丰收。

第三,科学发展观要求社会发展是协调发展,这与行政的理念是相吻合的。把科学发展观进行高度概括和总结,其核心思想就是协调,它体现了人与人之间、人与社会之间和人与自然之间关系的和谐与平衡,协调的关键在于人。

一方面,在发展中实现人与人之间关系、人与社会之间关系的协调与和谐。人与人之间关系的和谐是实现人类社会可持续发展的核心。要通过政府进行制度规范、法律约束,并进行舆论宣传和政策引导等人类活动的有效组织,也要通过更新观念、树立良好秩序、伦理进化和道德感召等人类意识的觉醒,从而形成社会有序和文明导向的世界观和人生观,达到人与人之间包括代与代之间关系的和谐。

另一方面,在发展中保持人与自然之间关系的平衡。人与自然之间的有效协同关系是保障人类社会可持续发展的基础。要通过认识、解释、演绎、推理、反应等方式,寻求人与自然的和谐发展及其关系的合理性存在与逻辑规律,探索不断满足人的需求及人类的发展同资源消耗、环境退化、生态威胁之间的内在关系,使人与自然协同进化。

政府的行政理念是以人为本,一切尊重人的发展,体现人民的利益需求,把实现人与人、人与社会和人与自然之间的最大程度和谐作为行政的首要目标。

第四,科学发展观要求社会发展是历史的、动态的、均衡的和可持续的发展,这与行政的目标是相对应的。科学发展观要求用辩证的、历史的、唯物的观点去对待社会发展,不能跨越历史发展阶段,不能超越社会和自然发展规律。社会发展是动态和均衡发展的,如果对一种资源过度开发,必然会破坏生态的均衡发展,导致生态功能的混乱;如果社会的各种系统都处于非均衡态势,那么社会就会混浊不清,成为混沌社会。均衡才能实现人类社会的可持续发展,可持续发展是指在利用自然资源中实现人与自然在时间持续上的和谐相处;在开发社会信息资源中实现人与外界在空间交互上的共享相容,在开发经济资源中实现人与社会的长足发展,达到整个人类经济社会的可持续发展。这既是科学发展观的要求,同时也是政府行政所要达到的长远目标。

科学发展观是建立和谐的社会经济环境的指导思想,是引领整个民族地区政府能力建设和社会经济发展正确方向的指南针。

(二)以人为本的行政理念

科学发展观的出发点和归宿点都是以人为本,发展的真正内涵是人类的发展,脱离人类谈发展是没有任何意义的。如果政府的行政理念仅仅是以物质增加、GDP 增长,尤其强调一个国家或地区物质生产和服务总量的增加作为衡量发展的标准,那是不科学的,以"物"为中心的发展观是庸俗的发展观,科学发展观是以"人"为中心,实施以人为本的发展战略。所以,政府尤其民族地区的政府的行政理念要从以"物"为中心的发展观转移到以"人"为中心的发展观上来,实行以人为本的行政理念。"以人为本"就是在提高人们物质生活水平的同时,还要让人们享受绿色自然带来的健康快乐,充分发挥人们的才干和智慧,积极开发人们的潜能,达到自身的发展以满足人们的需要。诺贝尔经济学奖获得者、哈佛大学教授 Amartya Sen 认为,人们的目标应该是增强人们的能量以过上充实的能够通过生产而满足的生活。

和谐社会就是一个"政通人和、经济繁荣、人民安居乐业、社会福利不断提高"的社会,它包括这些特征:一是经济持续增长,人们生活逐步改善;二是社会各阶层人们互相尊重,平等友爱,融洽和谐;三是实行和谐的可持续的科学发展观,协调各方利益;四是精神文化生活丰富多彩,人们素质大大提高;五是法制逐步健全,社会管理规范有序。和谐社会的这五个方面特征都渗透了"以人为本"的思想,以人为本思想是构建社会主义和谐社会的根本出发点和落脚点。

民族地区的政府行政必须要秉承"以人为本"的行政理念,这种行政理念具体到工作中必须要做到"实现好、维护好、发展好最广大人民的根本利益,不断满足人民日益增长的物质文化需要,做到发展为了人民、发展依靠人民、发展成果由人民共享,促进人的全面发展"。从这里可以看出,"以人为本"的行政理念突出了人民利益的问题,政府行政的目标和主要任务围绕的核心问题也是人民利益,同时又把坚持以人为本作为构建社会主义和谐社会需要遵循的首要原则,这样才能体现民族地区政府的行政理念,体现了民族地区生产发展为人民的宗旨,体现了科学发展观的本质要求。

(三)可持续发展的行政目标

中共中央党校教育长李兴山认为,只有树立科学发展观,坚持以人为本,全面、协调和可持续发展,才能真正构建社会主义和谐社会。民族地区政府能力建设要以可持续发展为行政目标,它包括自身能力建设和提升的可持续以及民族地区发展的可持续。

第一,民族地区政府自身能力的可持续发展。在和谐社会构建的过程中,公共治理的和谐是最关键的,这是因为人与自然的和谐、人与社会的和谐,最终都体现在公共治理是否和谐上。而政府在构建和谐社会中又起到主导作用,因为社会公平、全体社会成员的经济利益、公民权利的平等、分配的合理等各个方面都体现在政府的管理活动和管理过程中。在民族地区,由于社会不和谐的现象相对较多,各种社会问题突出和民族矛盾错综复杂,所以,民族地区政府能力持续发展,才能适应不同时期的不同情况,解决不同时期的不同问题和矛盾,才能使不同利益群体的需要能够得到满足。

第二,民族地区的可持续发展。发展是硬道理,发展是民族地区政府行政兴区的第一要务。只有经济社会发展了,社会财富增加了,才能形成构建社会主义和谐社会的雄厚物质基础。"坚持科学发展,加快转变经济增长方式,推进节约发展、清洁发展、安全发展,转变发展观念、创新发展模式、提高发展质量,真正实现经济社会全面协调可持续发展",这是中央在新世纪新阶段提出的新要求,没有可持续发展就谈不上社会和谐。所以,实现民族地区的可持续发展,是民族地区实现区域和谐、社会和谐的主要行政目标之一。

六、研究范围的界定

本研究主要是从民族地区的政府能力入手进行研究,通过分析政府能力以加快实现民族地区和谐社会,所以研究的区域范围界定在民族地区。

广义上的民族地区,不仅包括内蒙古、宁夏、新疆、广西、西藏五大少数民族自治区(其中包括 18 个自治县和 3 个自治旗),还包括云南、贵州、四川、陕西、甘肃和青海等 6 个少数民族杂居省份的 22 个自治州和 58 个自治县以及其他省份散居的 8 个自治州和 41 个自治县[①]。民族地区占全国 64% 左右的国土面积以及 60% 左右的少数民族人口。

西部地区是我国少数民族集中分布的地方,仅世居民族就有 38 个,全国五个少数民族自治区全部在西部地区,30 个自治州中 27 个在西部,其余 3 个自治州分别是吉林的延边、湖南的湘西、湖北的恩施,这 3 个自治州虽然不在五大民族自治区,但也享受着西部大开发政策。由此看来,西部地区和民族地区在很多部分是重叠的,民族地区的发展可以折射出西部地区的发展状况;民族地区的政府能力是西部地区政府能力的重点反映。

但本研究是立足于广义的民族地区,着重分析内蒙古、宁夏、新疆、广西、西藏 5 大少数民族自治区和其他地区的自治州(盟)和自治县(旗)。有些案例会涉及到云南、贵州、四川、陕西、甘肃和青海等民族杂居省份,也是选择这些地区中具有典型民族特征的、多民族共同杂居的市县或州旗。同时,作为对比进行研究,在数据资料中会以涉及到五大自治区和云南、贵州、四川、陕西、甘肃和青海等省份。所以从某种程度上说,本研究中的相关数据几乎覆盖了我们西部地区所有的省份。研究民族地区与研究西部地区总是密切相关的,往往不能截然分开,虽然本研究不是直接针对西部地区,但很多结论也可以折射到西部地区,对西部地区的政府能力建设和社会和谐发展具有可借鉴性。

---

① 以 2003 年统计数据为准,根据中国行政区划网。

七、研究的目的和意义

民族地区地处祖国西北,经济发展缓慢,人民生活水平普遍较低。广大民族地区虽然具有优美的自然风光、丰富的自然资源和多彩的民族文化,但这里的自然条件较差、基础设施薄弱、市场化和社会化程度低,因此,单靠市场的力量无法促成对其进行全面的开发,必须由政府来推动的,借助政府的政治、行政、经济等方面的力量,动员起大量的人力、物力、财力,推动民族地区的发展,所以,只有提高民族地区的政府能力才能更好地推动和促进民族地区的发展,实现东西部经济协调,将一切不稳定因素消灭在萌芽之中。可以说没有民族地区的稳定和发展就不会有整个国家的长治久安。而实现民族地区的稳定和发展,实现民族地区的社会和谐,政府起着关键性的作用,政府的强弱着重体现在政府能力上。所以,研究民族地区政府能力的主要目的就在于:

第一,梳理民族自治地方政府能力的概念。从众多学者对政府能力定义中,挖掘出民族自治地方政府能力的主要特征和基本内涵,定义民族地区政府能力。并进一步分析民族地区政府能力与政府能力及非民族地方政府行政能力的异同,探讨政府能力的共性和民族地区政府能力的特殊性以及它们之间的关系。

第二,明确民族地区政府能力的构成要素,把握民族自治地区政府行政能力现状,分析存在的问题及成因。根据政府行政能力的内涵,结合民族自治地方实际,探讨民族地区政府能力的构成要素,并进一步分析当前自治地方政府行政能力水平以及影响民族自治地方政府行政能力的因素。

第三,建立民族地区政府能力的评价指标体系。一个政府行政能力的强弱直接关系到地区的经济建设和社会发展,建立一个科学的评价指标体系,是评判一个政府行政能力强弱的主要依据,也是完善政府能力的着眼点。

第四,加强民族自治地方政府行政能力建设。从民族自治地方的政治、经济、社会和文化的发展以及中央和上级政府的影响等多个角度,探讨民族自治地方政府行政能力建设的目标、注意的原则、采取的方式及途径,以强化民族地区政府能力建设。

第五,实现民族地区社会和谐。通过对民族自治地方政府行政能力与构建和谐社会的关系研究,以实现民族地区人与人和谐、人与社会和谐、人与生态和谐。这主要从历时和共时的视角,分析政府行政能力与民族自治地方社会发展的互动关系,分析民族自治地方行政能力对构建和谐社会的影响以及自治地方政府在和谐社会建设中的地位和作用。

在《中共中央关于加强党的执政能力建设的决定》出台之后,我国理论界掀起了关于政府能力研究的高潮。然而,就我国民族自治地方政府行政能力方面的研究,特别是民族自治地方政府行政能力与构建和谐社会互动关系的研究,在当前还比较鲜见。民族自治地区和谐社会的构建,有赖于自治地方政府行政能力的不断提高,而政府行政能力评价的核心是"高绩效"。通过对创建民族自治地方高绩效政府的途径进行深刻、透彻的论述与分析,构建民族地区政府能力要素模型,并建立民族地区政府能力的评价指标体系等方面的有益探索,对民族地区的社会和谐与政府能力研究具有一定的理论意义。

同时,通过对民族地区政府能力和建设民族地区和谐社会的实证研究,积极探索民族地区政府能力与社会和谐之间的关系,能够为民族自治地方创建高绩效政府设计有价值的参考方案,为政府工作方法和组织机构改革、服务对象和管理系统改造以及政府预算、人力资源和政府采购制度改革等方面提出建设性意见和建议,进而为民族自治地方和谐社会构建条件、方式及途径提出具有借鉴意义的策略和措施。所以,研究民族地区政府能力具有实践意义和现实意义,其具体表现如下:

第一,促进民族地区政府能力提升。在工业化和城市化进程中,客观地说,民族地区的政府能力正面临着挑战,这表现在民族地区政府的战略制定能力不足和管理水平不高,政府的城市管理和服务职能薄弱尤为突出。从区域布局的设计、集约型经济发展模式的引导到环境污染的控制,从创造本地就业机会、社会保障、基础设施建设到提供公共产品和服务,很多民族地区的政府都力不从心。这就需要对民族地区的政府能力进行具体研究,以促进民族地区政府能力的进一步提升。

第二,提高民族地区政府的组织绩效。政府是对地方经济、社会发展起着领导、管理、促进作用的行政组织,政府的组织绩效主要表现在行政组织的管理效率、效益、能力、服务质量、公共责任和顾客满意程度等方面,它们构成了行政组织在管理过程中的产出,它们的数量和质量直接影响到政府组织绩效。政府能力高低程度决定了行政组织产出的质量和数量,加强行政组织的建设就必须强化政府能力的建设[①]。所以,通过对民族地区政府能力的研究,能积极推动民族地区政府组织的建设,提高民族地区的政府组织绩效,并促进民族地区经济和社会发展。

第三,实现民族地区政府能力的可持续发展。可持续发展战略是当今国际社会广泛认同的一种全新的发展观,一般认为,可持续发展是主动地调控自然、经济和社会的复合系统,使人类在不突破资源与环境承载能力条件下,促进经济发展,保持资源永续利用和提高生活质量[②]。实际上,可持续发展已远远超越了"地球环境问题"的概念了,它不仅仅是使能源、资源能够得到高效合理地开发与利用,保护环境防止其遭受污染,以既能满足当代人的工业文明性质的需求,又能不危害后代人的工业文明性质的需求。可持续发展的实质是一种调控战略[③],民族地区政府能力面临挑战时,要不断提升民族地区政府能力和组织绩效,这种绩效的提高要求是持续的,这就需要对民族地区的政府能力进行评估,以获得持续改进的动力。

第四,建立民族地区和谐的社会环境。我国城乡经济社会发展的差距依然很大,城乡差距问题是排在我们面前不容忽视的一个社会问题,突出地表现为居民收入和消费水平、社会事业发展、基础设施和面貌、财政支出、信贷、投资等方面存在"六个巨大反差",有些民族地区还呈扩大之势。建设社会主义新农村,特别是构建社会主义和谐社会,必须统筹城乡经济社会发展,逐步缩小城乡差距,都是民族地区政府面临的主要任务,民族地区的政府能力正经历一次严峻的考验。通过对民族地区政府能力的研究,能帮助民族地区解决实

① 张劲松:《行政组织的产出:政府能力绩效评估的构建》,《行政与法》2006年第4期,第17页。
② 刘培哲:《可持续发展——通向未来的新发展》,《中国人口·资源与环境》1994年第3期,第13页。
③ 韩民青:《从可持续发展到转移式发展》,《新华文摘》2000年第1期,第25页。

际中遇到的新农村建设、和谐社会建设、经济发展等一系列问题。

八、结构安排

首先从理论分析入手,构建一个民族地区政府能力的概念模型;概念模型是在已有研究的基础上,借鉴很多学者的研究结论,并在他们研究结论上进行梳理和进一步分析,本文在建立民族地区政府能力概念模型时,运用了因子分析的方法。因子分析在探索事物的结构和检验已有的结构模型方面是很有用的方法,本文收集大量的指标,通过一次次的因子分析,最终确定了民族地区政府能力的概念模型,该模型是运用科学的方法,通过数据分析而得出的,对民族地区政府能力来说,具有一定的代表性和现实意义。

仅有民族地区政府能力的结构模型,那仅仅是一个框架,还是很不够的,需要进一步进行深入的分析和评价,本文在评价民族地区政府能力时,运用了层次分析法,在确定权重是运用了两两比较法和德尔菲专家咨询法。层次分析法被广泛地应用于探索结构性的目标评价,两两比较法和专家咨询法被广泛应用于定性问题定量化的研究,并在这方面的研究中具有深刻的影响和广泛的认同,所以本研究综合采用了这些研究方法,构建了民族地区政府能力评价的一套指标体系,这对评价民族地区政府能力是很有益的探索。

本研究的最终落脚点是要研究民族地区政府能力与构建和谐社会之间的关系,这种关系是相关的还是不相关?是显著相关的还是不显著的?是正向相关的还是反向相关的?这些问题都是本研究进一步要探讨的。

论文在理论分析的构架上,通过选择民族地区各个城市作为观测样本,对这些民族地区进行进一步分析,运用上面对民族地区政府能力的结构以及民族地区政府能力的评价指标体系来对全国各民族地区的政府能力进行逐一的评判,这种数量化的评判结果是研究民族地区政府能力与构建和谐社会的一个重要依据。另一个关键问题是和谐社会的量化研究,我们是基于国家统计局关于和谐社会的研究,借鉴该课题组的研究方法和研究成果,并在民族地区找到相关的数据。

有了以上的研究作为铺垫,收集民族地区的相关数据,对民族地区政府能力和构建和谐社会之间的关系进行实证研究就有了基础。在进一步对民族地区分析的基础上,构建分析模型,并运用数据来检验二者之间的相关关系。

　　个案的研究也是实证研究的一个方面,本研究通过对云南丽江的个案进一步来说明这二者之间的关系。最后,总结上面的研究,并对民族地区的政府能力建设以及如何通过建设政府能力来加强区域和谐社会的构建给出了相关的建议。

第二章 文献综述

　　政府能力是一个政府在实现自己职能、从事行政管理活动过程中所拥有的资源和能量。政府能力的大小、强弱是评价一个政府优劣的重要标准,政府能力建设也是现代政府改革与发展的重要内容。研究政府能力,通常是在两个层面上展开,一是指政府能力到底是一种什么样的能力,二是指政府能力是能够达到何种程度的能力,前者是就能力的类别而言,后者强调的是能力的强弱与大小。本章首先对政府能力的历史加以回顾,然后从各学科的角度探讨"能力"的内涵,在了解"能力"概念的基础上,回顾国内外学者关于能力要素理论和政府能力的组织战略理论的相关阐述;最后对近年来少数民族地区政府能力的研究作简要的回顾。

一、政府能力的历史演进

　　政府能力本身是比较抽象复杂的概念,它是政府的内在本质体现。世界银行在 1997 年世界发展报告中认为,政府的能力是指政府以最小的社会代价采取集体行动的能力,并认为政府能力的概念包含了国家官员的行政或技术能力以及更深层次的机构性机制。主张要以灵活性,规则和制约机制来促使政治家和公务员按照集体的利益行事。

　　政府能力是一个相对于政府,又不能独立于政府的政治术语,与政府是一对孪生兄弟。追溯政府能力的研究,其历史源远流长。早在 2000 多年前,亚里士多德在其《政治学》中指出:"凡显然具有最高能力足以完成其作用的城邦才算是最伟大的城邦①。"从亚里士多德的论述中可以看出,早期对政府能力的研究都是间接而笼统的,它似乎只是作为政府研究的一个相关"附属品"而被附带地进行研究的。

启蒙运动涌现出大批的思想家和革命家,如洛克(John Locke)、孟德斯鸠(Charles Louis de Secondat Montesquieu)、卢梭(Jean Jacques Rousseau)等,他们对政府能力也给予了高度的关注。但在那个时代,他们对政府能力的思考主要是集中在政府的目的、合法性以及正当性,他们之所以关注政府能力是基于时代的需要,是一种朦胧的思想,还没有形成完整的概念和理论。

资产阶级革命取得胜利并建立了资产阶级自己的政权之后,政治家们对政府能力的关注焦点则主要集中在对强有力的政府构建上。政府作为他们的统治工具,对巩固他们的政权和地位是很重要也很迫切的。汉密尔顿(Hamilton)曾经对资产阶级构建一个实体政府及其为保证政府处于统治地位的相关政治制度进行了阐述,其中着重论证了建立一个有能力的联邦政府的必要性,并且对如何构建这样的政府进行了详尽而具体的设计,提出了许多具有操作性的制度安排和运行机制。他指出:"使行政部门能够强而有力,所需要的因素是:第一,统一;第二,稳定;第三,充分的法律支持;第四,足够的权力。"②

在资产阶级确立了自己的统治政权之后的相当一段时期内都处于自由竞争时代,这个时代与亚当·斯密(Adam Smith)倡导的政府不干预经济的理念有一定的关系。亚当·斯密认为只要政府不干预经济运行,市场成为一只"看不见的手",这只"看不见的手"是调节市场的内在机制。即使市场失衡,只要充分竞争,市场也会在内在机制的调节中自动复原。在他提倡自由竞争的这一段时期内,他主张让市场充分竞争,政府不要干预国民经济的运行,政府的定位是"少管事,少插手、少干预",只扮演"守夜警察"的角色,政府职能被严格限定在税收、保护产权、提供全国性的公共产品等有限的领域。由于政府能力与政府职能总是相适应和相匹配的,对政府能力问题的研究也自然就

---

① [古希腊]亚里士多德:《政治学》,吴寿彭译,商务印书馆1965年版,第353页。
② [美]汉密尔顿等:《联邦党人文集》,程逢如等译,商务印书馆1980年版,第356页。

得不到重视了,几乎成了人们"遗忘"的角落而被忽略了。只有为数不多的学者对政府能力进行了相关的研究,比如马克斯·韦伯(Max Weber)。马克斯·韦伯从政治统治和政治管理的角度考察国家(政府)能力,将国家能力理解为国家合法地使用独占性权力的活动的能力。他认为,"要维持任何暴力统治都需要一定的外在物质手段①",对这种物质手段的垄断就成为国家能力强弱的主要表现。

在这段时期,对于政府能力研究的着重点是政府的统治权力,主要集中在政府能力如何成为统治者的应用工具,应该为谁服务,以及怎样服务等方面进行研究,强调了对政府能力的运用、控制和约束等具体实施上。

在经历了1929～1933年经济危机之后,美国等西方国家经济上出现了大萧条,受到了前所未有的打击,政府再也不能成为"旁观者"了,这时候出现了凯恩斯(Keynes)理论,政府开始全面接受凯恩斯理论的主张,开始对经济和社会进行强力干预,从而促成了政府职能及政府地位的革命性变化。同时,第二次世界大战以后,世界格局出现重大变化,亚、非、拉地区涌现出大量新独立的民族国家,这些新情况的出现,对国家和政府在社会的各个领域中,尤其经济领域中扮演着非常重要的角色。所以在这个阶段,政府能力的内涵和外延产生了重大影响,很多学者纷纷关注政府的影响力,政府能力研究逐渐开始丰富起来。塞缪尔·P. 亨廷顿(Huntington, Samuel P.)对政治体制等方面进行了研究,他认为各个国家政府步入世界舞台并开始奔向现代化的努力,这无疑对原有的政治行政体制产生诸多"破坏性影响"。这些破坏性的影响主要表现在对传统权威的忠诚受到破坏、民众的需求迅速启动、社会参与呈现膨胀趋势、社会稳定受到挑战、社会结构开始分化、腐败开始侵蚀政府的合法性——传统社会中政府能力与行政环境的平衡关系被打破,政府合法化能力、维持社会整合与稳定的能力、平衡社会需要的能力、对经济发展的指导能力等都面临前所未有的挑战②。然而,卢西恩·W. 派伊(Lucian W. Pye)等则将这种挑战

---

① [德]马克斯·韦伯:《经济与社会》,林荣远译,商务印书馆1997年版,第81页。

② [美]塞缪尔·P. 亨廷顿:《变化世界中的政治秩序》,王冠华等译,三联书店1989年版,第34页。

概括为发展中国家的危机,主要包括六个方面的危机,即认同危机、合法性危机、贯彻危机、参与危机、整合危机以及分配危机①。

在二次大战到20世纪60年代的这段时期内,政治发展理论和公共政策学得到了长足的发展,政府能力研究也不断丰富化,并随着这两个学科发展起来。在政治发展理论学派的研究中具有代表性的人物有加布里埃尔·A.阿尔蒙德(Gabriel A. Almond)、艾森斯塔德(Shmuel N. Eisenstadt)、亨廷顿(Huntington)等,他们都从政治发展的角度对政府能力进行相关的研究。阿尔蒙德认为,政府能力包括政府机构从社会吸取资源的能力,这些资源包括税收、劳力、物资等。政治经济的增长、发展、现代化和政治进步,是政治发展的四个因素,它表明政治发展是积极和向前运动的,这四个因素包含着四个变量:两个政治变量,即政府能力(或权力)和人民参政情况(或民主化);两个经济变量,即经济的增长和分配(《发展中的政治经济》)。亨廷顿则指出:"一个政治和经济都比较发达的国家,其政府能力、参政程度、国民生产总值及其分配的平均程度,都是比较高的②。"阿尔蒙德则进一步将政府体系的结构、文化及政府能力的强弱与其行政环境联系起来,强调政府能力与其行政环境存在着相关性和互动性,他同时认为:"一个结构上分化、文化上世俗化的政治体系,将日益增强其影响国内外环境的能力③。"艾森斯塔德(Eisenstadt)则从另一个角度强调了政府在社会经济发展过程中"容纳变迁的能力",强调政府"结构弹性"对政府能力高低的影响。

发展政治理论将政府能力的分析和研究从西方国家拓展到第三世界,强调了政府能力在经济社会发展中的重要性,探讨了政府能力与经济发展和政治发展之间的复杂关系。亨廷顿则主张要在第三世界国家建立"强大政府"。他强调制度化在提升政府能力过程中的作用,并指出政府的制度化水平可以

---

① 列奥纳德·宾主德尔等:《政治发展中的危机与后果》,普林斯顿大学出版社1979年版,第7页。

② [美]塞缪尔·P.亨廷顿:《现代化理论与历史经验的再探讨》,王冠华等译,上海译文出版社1993年版,第363页。

③ [美]加布里埃尔·A.阿尔蒙德等:《比较政治学:体系、过程和政策》,曹沛霖译,上海译文出版社1987年版,第24页。

用政府组织和行政程序的适应性、复杂性、自主性和内聚性等标准加以衡量，他非常强调政府维持社会政治稳定的能力以及政府对现代化所造成的新兴社会力量的同化能力、整合能力和政策创新能力。卢西恩·派伊对政府能力进行分析和研究后，认为政府能力主要包括三个方面：即政府施政的数量、范围和幅度；执行公共政策的效率与效能；以及行政管理的理性化程度和政策的世俗化取向。他同时认为政治－行政体系的增强为政治现代化奠定了基础。

公共政策学理论是一门新兴的学科，对政府能力的研究主要侧重于政府的能力导向与政府绩效之间的关系，以及政府的理性决策与实现社会资源的最优配置等方面进行了系统的研究。1981 年美国学者贝思·W.汉纳德尔曾对公共政策学派关于政府能力的研究作了综合评述。在他的评述中，汉纳德尔认为公共政策学派关于政府能力的研究主要涉及以下四个方面[①]。

第一，主体与客体的关系。重视政府自身的目的性和自主性，而强调客体的学者重视政府对社会经济发展提供的服务。

第二，手段和结果的关系。强调手段的学者认为政府能力表示采取何种政策手段才能在实现既定目标方面更有效，而强调结果的学者认为政府能力表示政府完成任务的潜力或绩效。

第三，资源获取与问题解决的关系。强调资源获取的学者认为，政府能力主要是获取资源的能力，汲取了充分资源的政府才是有能力的政府；强调问题解决的学者认为，政府能力在于最终满足社会整体需求的能力。

第四，系统结构安排与理性遵从的关系。强调政治安排的学者认为，政府能力的核心在于各项政治与行政制度安排的选择与发展，强调理性遵从的学者认为，政府能力表示结构理性的发展，表示在决策和资源分配方面的理性力量。

公共政策学派将政府能力这一问题的研究从宏观结构深入到微观操作层面。这一时期研究重点是政府的社会管理能力，关注的是政府能力的提升。但单纯强调政府能力的提升，忽视对政府职能与政府能力关系的反思，也具有

---

① 张世贤：《共政策析论》，台湾五南图书出版公司 1986 年版，第 151—161 页。

一定的局限性。

虽然在二次大战到 20 世纪 60 年代的这段时期内,公共政策学和政治发展理论得到了长足的发展,并形成了自己的相关理论,也展开了对政府能力的研究,但政府能力和政府能力要素等理论的形成以及这些相关的观点和理论表明了政府能力研究已经有了自己的一块"阵地",对政府能力的研究已经进入了更深的层次。

二、政府能力理论

政府能力理论主要是探讨政府能力的形成、结构和作用等问题,有关政府能力的理论,国内外学者有不同的阐述和分析,归纳起来,政府能力理论主要包括三个方面的观点,即政府能力的要素观点、政府能力的结构观点和政府能力的层次观点,这三个方面是相互联系、自成一体地构建成了政府能力理论。这三个方面的观点回答了这样三个问题:一是构成政府能力的要素有哪些?二是这些要素之间的相互关系如何?三是这些要素之间是如何排列才能使政府能力具有最大的内在能量?下面对每一个问题逐一进行讨论。

(一)政府能力的要素论

政府能力作为政府具有的内在能量,它主要是由哪些要素构成的?政府能力的要素论认为政府能力是由多个不同要素组成,每一个要素组成政府能力的一个维度。虽然每一个能力要素对政府能力都是有贡献的,但每一个能力要素的边际贡献是不同的。国内外学者都对政府能力要素进行了分类和实证研究。

在国内的研究中,政府能力研究主要集中在政府能力的分类研究上,从不同的角度对政府进行总结和归类,比较有代表性的学者主要有:

胡鞍钢、王绍光(1993)从国家能力的角度把政府外显能力分为以下四种能力:第一种是汲取能力,指国家动员社会经济资源的能力,国家汲取财政能力。第二种是调控能力,指国家指导社会经济发展的能力。第三种是合法化能力,指国家运用政治符号在属民中制造共识,进而巩固地位的能力。第四种是强制能力,指国家运用暴力手段、机构、威胁等方式维护其统治地位。在四种能力中,他们着重从经济资源角度重点论述了国家汲取财政能力①。

　　施雪华(1996)从政府职能、政府权力和政府能力互动的角度对政府能力的概念、特征、分类、生长和发展等问题进行了深入详细的论述,归纳出关于政府能力的十几种不同定义和政府能力的六大基本特性。施教授为了使政府能力的评价更加客观准确,为了使政府能力的建设方案更加科学全面,对政府的属性即固有性质(或称自我规定性)进行了深入分析,他将政府能力的特性归纳为政治性、管制性、服务性、整体性、层次性、流变性六个方面。他认为政府能力是为完成政府职能规范的目标和任务,拥有一定公共权力的政府组织所具有的维持本组织的稳定存在和发展,有效地治理社会的能量和力量的总和②。从这里可以看出,政府能力从本质上是统治阶级为维护自己的阶级利益,授予政府的统治和管理社会的权能所延伸的潜在或现实的能量和力量。它既可是整体的或综合性的政府能力,也可以是某个方面的单项的政府能力。施教授进一步把政府能力划分为政府的社会行为能力、政府的公共职能能力、公共产品生产过程能力、社会资源配置能力、政策过程能力、政治社会化能力、社会发展能力、国际关系能力共八种能力③。

　　金太军(1998)认为政府能力是由若干功能性能力构成的一个复杂体系。这个体系将政府能力的外显结构概括为八个方面④:第一,社会抽取能力,指政府从社会中获得财政支持和人力服务的可能性。第二,社会规范能力,指政府对于社会的制度化规约能力。第三,维护社会秩序的能力,指维护法典或法律的能力,就是维护社会正义和公理的能力。第四,社会整合能力,指社会基本价值观念的整合与社会公众利益的整合。第五,维持社会公正能力。第六,创新能力,包括制度创新和政策创新能力两大方面。第七,宏观调控能力,表现为财政宏观调控能力、金融宏观调控能力、行政组织调控能力。第八,自我更新能力。而袁准等人(2005)则把政府能力构成要素分为行政方式能力、选

　　① 胡鞍钢、王绍光:《中国国家能力报告》,辽宁人民出版社1993年版,第3页。
　　② 施雪华:《论政府能力及其特性》,《政治学研究》1996年第1期,第65页。
　　③ 施雪华:《政府权能理论》,浙江人民出版社1998年版,第309页。
　　④ 金太军:《政府能力引论》,《辽宁社会科学》1998年第6期,第27—32页。

人用人能力、发展生产力的能力、塑造政府形象的能力以及政府的惩戒调控能力[①]。

侯彬(2005)将政府能力的外显结构分为:第一,社会发展能力:政治经济发展能力。第二,政治统治能力:制度设计与制度供给能力,执政与行政能力;政府巩固和支持能力。第三,政府公共管理与服务能力:社会管理能力;社会服务能力;社会平衡能力。第四,国际竞争与合作能力:国际竞争对抗、合作、稳定与发展能力。第五,动态平衡能力[②]。

辛向阳(1994)在其《新政府论》一书中,首次将政府能力作为中国行政改革进程中的一个基本问题来思考,他指出:"政府能力是指政府依据自己的权力和权威,通过制定政策和组织动员,实施自己承担的职能、贯彻自己的意志、实现自己目标时所具有的能量。"[③]他从主体、客体、职能、过程、工具等结合的综合角度阐述政府能力概念,对政府能力进行了全面的概括。时和兴(1996)则从政治发展过程中国家与社会关系的角度探讨了政府能力。

汪永成(2004)对政府能力内部构成要素做了系统的分析:根据与政府职能实现的相关性、具有其他要素的不可替代性、相对的稳定性、具有可比性,他把政府能力的内部构成要素概括为决定政府能力的7种资源[④]:权力资源、财力资源、人力资源、文化资源、权威资源、信息资源、制度资源这七大资源,它们在政府系统中分别以权力、财力、人力、文化力、公信力、信息力和结构力的形式发挥作用。

而李江涛(2002)有不同的看法,他认为政府能力是一种结构化的体制能力,主要包括财政能力、控制能力、协调能力、危机处理能力和组织动员能力等五个要素。陈添友(2004)则认为政府能力系政府将自己的意志、目标转化为现实的能力,主要包括资源提取能力、价值分配能力、社会调控能力、合法化能力和管制能力。

① 袁准、赵洪生:《政府能力建设的几个主要方面》,《理论界》2005年第12期,第57—58页。
② 侯彬:《社会转型期的政府能力研究》,中共中央党校2005年版。
③ 辛向阳:《新政府论》,中国工人出版社1994年版,第197页。
④ 汪永成:《政府能力的结构分析》,《政治学研究》2004年第2期,第103—113页。

在国外,政府能力要素的研究主要从政府能力的实证研究等方面展开,也涉及到对能力的量化研究。美国著名公共管理学家梅利里·S.格林德尔(Merilee S. Grindle)主编的《获得好政府》通过证实研究,阐述了政府能力建设的必要性和紧迫性的问题,同时进一步实证了一个"好政府"的关键不在于它的规模大小,而在于它的能力大小,并为我们提供了政府能力建设的三个维度——好政府与公共部门人力资源、组织和制度的质量是有很大关系的。通过实证分析,引入诸多变量,从定量化的角度来研究政府能力的大小,从中得出一种可以进行比较的量的规定性。显然,这种对能力大小的研究更具挑战性,也更具有说服力。不过其不足之处也是显而易见的,比如变量的确定、统计的偏差、难以预测的相关因素的干扰等。所以,对政府能力的研究要把定性和定量分析结合起来,只有这样,才能更客观地评价政府能力。

科尔曼(Coleman,1988)认为政府能力主要是指政府获得应有的资源,用以满足公民基本需求的生存能力。Nelissen(2002)区分潜在能力和有效能力概念,而后引入JEP三角:即司法(Juridical)、经济(Economic)、政治(Political)三个维度形成的一个关系结构来对政府能力进行讨论。Polidano(2000)从政策能力、实施权威和运作效率三个方面定义政府能力,并建立了对政府能力的量化研究。Coggburn和Schneider(2003)把政府的管理能力定义为政府配置、开发、使用和控制其人力、物力和信息资本以支持其政策职能的内在能力。

政府能力要素的相关性研究也是政府能力要素的有机组成部分。政府能力要素与政治学和公共行政学的许多范畴具有紧密的相关性,如政治权力、政治合法性、社会制度和文化,所以很多学者把政府能力要素与政治权力、政治合法性、政治制度和文化结合在一起进行研究。

"权力"是一个古老的概念,汉字"权"的本意是秤锤,引申义为权衡、判定,"权力"的字面含义是指"权衡之力"。英语中的权力(power)来自法语的pouvoir,法语的pouvoir源自拉丁文的potestas或potentia,是指能力的意思。美国社会学家帕森斯(Talcott Parsons)认为,政治权力就是政府利用公民认可而实现集体目标的能力。在政治生活中,政治权力体现为对公共资源和组织成员的支配能力,政治权力是政治的核心。马克思主义认为,政治的根本问题就是国家政权问题,实际就是政治权力的安排和运行问题。政治权力的特殊性,使得政府能力与其他主体行为有本质的区别;同时政治权力是政府能力最基础的因素,没有政治权力,就无法在公共事务方面控制社会资源,那么政府能力也就无从谈起。

政治权力是政府能力的前提硬性要素,二者的关系也较复杂。一般认为,政治权力越大,政府掌控的社会资源越多,政府能力越大,即二者是正相关的关系;但正如边际效应,当政治权力超出了一定的范围,就会起到负面作用。政府行为无限扩张会侵害到个人和社会的权利,公共利益无法保障,甚至会出现专制主义;政府行为范围过于狭窄,又起不到应有的作用,政府能力大大弱化,不利于社会发展。

权力是政治的核心,它是建立和维持国家秩序的必要手段。但一个国家的长治久安仅仅靠权力是不够的,还取决于政治合法性,即人们对政权的认可和接受。合法性的英文是"Legitimacy",源于拉丁语 Legitimare,意思是"法律许可的"。当大多数民众认为政府的行为是正当的,就会认可接受当局的统治;反之则出现民众与政府的抵触,造成合法性危机,后果可能是整个体系的崩溃。这是由于政治的合法性源于国民的认可,政府与国民之间建立共同的价值观或价值取向,正如阿尔蒙德(Almond)和维巴(S. Verba)所言的:"政治体系的合法性或权威性来自于同质的政治文化,即共同的价值和理念。如果一个政权能够坚持或造就国民一种共同的信念,那么该政权就是合法的或有权威的"。① 政治合法性对于政府能力具有重要意义,二者相辅相成。政治合法性是政府能力存在的价值要素,是重要的软性指标;政府能力的有效作为可以让民众认可和满意,从而为政治体制提供合法性。

政治制度是组织和安排政治生活、规范人们政治行为的规则。制度主义把制度看作是独立于社会、经济和文化之外并能够对社会、经济和文化产生影响的核心要素,专门讨论制度的功能。道格拉斯·C.诺思(Douglass C. North)认为:"制度是一个社会的游戏规则,是决定人们的相互关系而人为设定的一

---

① [美]阿尔蒙德、维巴:《公民文化》,马殿君等译,浙江人民出版社1989年版,第235页。

些制约"。① 一套科学民主的制度对政府能力产生重要的作用,制度包括了
"准入规则",它规定谁可以获取资源;"过程规则",它规定了如何获取资源;
"结果规则",它规定资源的分配方式。这些规则不但保证社会活力而且保障
社会正义的制度,是政府能力的重要因素,亨廷顿曾指出"制度化程度低下的
政府不仅仅是弱政府,还是坏政府",制度如同一个框架,好的框架才能为社
会提供正义的规则,并制止恶的现象产生,包括诸如腐败、寻租等等。

文化与制度是密切联系的,文化被认为是制度之母,政治文化对政治体系
起着维护和延续的作用,同时政治文化的变化最终可能带来政治制度的变迁,
政治制度的良好运转需要民主的政治文化为条件。文化因素对政府能力产生
重要的精神作用,因为对于政府组织来说,良好的行政文化培养行政人员的积
极性、责任感和正义的价值观;对于社会组织来说,良好的文化氛围培养公民
素质和科学参政意识,促进公民社会的形成。卢西恩·派伊(Lucian Pye)也
认为,政治文化是政治系统中存在的政治主观因素,包括一个社会的政治传
统、政治意识、民族精神和气质、政治心理、个人价值观、公众舆论等等,其作用
在于赋予政治系统以价值取向,规范个人政治行为,使政治系统保持一致。

(二)政府能力的结构论

政府能力所产生的能量有强弱之分,这种强弱的信号是通过怎样的机制
体现出来的呢? 这就涉及到构成政府能力的各要素之间的相互关系如何。汪
永成(2004)认为政府能力可以从总量和结构两个角度进行分析,各要素之间
的相互关系体现了政府能力的结构性特征。汪永成进一步认为,政府能力的
结构分析不仅可以为科学地进行政府能力测评指标体现的设计提供一个逻辑
框架②,也可以为理性地进行政府能力建设提供一个新的思路指引。

所谓结构,就是系统的构成要素以及要素之间的排列组合关系,而政府能
力的结构,汪永成(2004)认为"就是政府能力构成要素之间的排列组合方式、

---

① ［美］道格拉斯·C.诺思:《制度、制度变迁与经济绩效》,刘守英译,上海三联出版社1994年
版,第421—423。

② 这里只是提供一个分析框架,在第五章还要建立民族地区政府能力评价指标体系模型,在这
个模型中,主要是利用层次分析法对政府能力进一步进行结构分析。

聚集状态和比例关系"①。政府能力是由多个要素组成的,但各个要素不是孤立存在的,而是通过内部的排列组合,各要素之间彼此联系,形成一定的结构次序,使得各要素成为一个有机系统。这个系统不是一个简单的平面结构,而是由许许多多相互联系、相互制约、相互作用和相互影响的各个能力要素交织起来的立体式结构的画面。

在这个系统结构中,作为各构成要素组合起来的政府能力结构具有相对的稳定性,因为它要保证一个政府在一定时期内执行政策和实施行政命令的一致性。但这种稳定性会随着外部政治环境和内部行政环境的改变而发生变迁,这种变迁是一个逐渐演进过程,是一个动态过程,这种变迁还会导致结构性变迁。所以说政府能力的结构性是稳定性和动态性的统一。这种结构的演进和变迁,汪永成(2004)把它称之为政府能力的结构优化,这种优化主要体现在政府能力的合理化和高级化两个方面②。

王文友(2006)认为,政府能力发展主要体现在政府能力的增长、政府能力结构的变动等方面。在政府活动范围日益扩大、程度日益加深,政府能力的结构性调整也会增加。王文友进一步指出政府能力结构的变动主要是由于三个方面的原因:一是政府环境的变化,二是政府职能的转变,三是政府行为方式的改变③。这种政府能力结构变动不是政府能力要素的随意组合,而是人们对能力要素所构成政府能力结构的规律性认识,是人们有目的、有意识地对政府能力结构进行选择和相应的制度安排的改善过程,以便人们能更充分地利用政府资源,更好地适应政府环境的改变和更有效地发挥政府作用。王文友(2006)还认为政府能力结构可以分为二部分:一是政府能力的内部构成,二是政府能力要素,二者相互作用、相互制约,共同组成一个政府能力系统④。

政府能力要素不仅具有结构性特征,而且构成要素寓于整合能力之中,通

---

① 汪永成:《政府能力的结构分析》,《政治学研究》2004 年第 2 期,第 103 页。
② 汪永成:《政府能力的结构分析》,《政治学研究》2004 年第 2 期,第 110—112 页。
③ 王文友:《政府能力发展论》,《学术论坛》2006 年第 3 期总第 182 期,第 11 页。
④ 王文友:《政府能力:内涵、结构及其特征的再认识》,《湖北社会科学》2006 年第 1 期,第 31 页。

过整合能力表现出来,整合能力是构成要素的特殊组合;构成要素的发展为整合能力的发展创造了条件,整合能力的提升又反过来促进政府能力构成要素的发展。总体上看就是政府通过获取社会资源,将其自身各个要素整合并加以配置和运用,以合力的形式表现出来。这种合力是各要素之间所产生的聚集效应和协同效应的结果。

(三)政府能力的层次论

政府能力的层次论不仅注重了政府能力结构的稳定性、关联性、层次性和整体性,而且也体现了政府能力结构的历史性、差异性和变动性。

政府能力的结构和层次不是一成不变的,是会随着外部的治理环境发生改变而发生调整的,其调整方向大致有三个方面。首先,政府能力层次结构有扩大化的趋势,这是由于构成政府能力的新的要素和新的外显能力形式的不断产生和发展,使政府能力结构的规模总体上不断变大(汪永成,2004),而导致层次有进一步向复杂化扩大化的趋势发展。其次,政府能力结构的水平上不断向扁平化方向进行调整,由于各种新的技术、新知识的不断应用于政府管理过程,政府能力日益受到知识和技术的影响,使得政府能力向扁平化的管理型方向发展。再次,政府能力层次不断表现出由低到高的方向调整以及各个层次之间的联系度由松向紧的方向调整,这是于各种要素之间联系日益复杂,关联聚合程度不断提高,一种要素的变化对前后左右的其他要素产生的关联效应不断增大有关。

孙同文(1999)认为,政府治理能力涉及两个层面,达成基本要求的能力和处理期待事项的能力①。政府的外显能力从层次上分析,可以分为中央政府能力、地方政府的能力和基层政府的能力等(汪永成,2004)。施雪华认为层次性是政府能力的基本特性②,同时指出,政府能力虽然是一个整体,但不是简单的相加,而是互补长短,构成政府能力这一整体的各部分在质和量上不可能是完全同一的,政府能力各分支之间的质量和数量的区分实际上就是政

---

① 孙同文:《治理能力与行政革新》,香港海峡两岸关系研究中心出版1999年版,第21页。
② 施雪华:《论政府能力及其特性》,《政治学研究》1996年第1期,第66页。

府能力的层次性(施雪华,1996)。

在运用层次分析法对政府能力进行分析时,主要是把能力按用目标层、准则层、子准则层和指标层等层次来展开对政府能力的分析。这种目标分层方法的标准原则是保证指标的准确性、完备性、独立性和可操作性,一步步反映政府能力。邹再进和张继良(2005)在设定地方政府能力评价指标体系时,把政府能力分为三个层次,即总体层、准则层和变量层①。张钢等(2004)在对长江三角洲16个城市政府能力进行比较研究时,在建立地方政府能力评估指标体系时,认为地方政府能力是分层次的,即目标层、准则层和指标层②。同时认为,政府能力从静态层面上看,主要是指政府运用资源能力;从动态角度上看,主要是指政府获取资源能力、配置资源能力和整合资源能力等几个方面。

政府能力与政府绩效往往是分不开的,而且一直是公共管理关注的核心。西方学者们从早期的"3E",即经济(Economic)、效率(Efficiency)与效能(Effectiveness),到新价值取向引导下的"4E",即经济、效率、效能与公平(Equity)。20世纪最后的几十年里在世界范围内所兴起的新公共管理运动,重新思考政府问题。它旨在如何摆脱传统科层制政府的僵化窠臼,建立和培养具有合法性基础、代表与体现公共利益、更具民主与法治精神、更具回应性和责任、更具效率和效能、更加公开和廉洁、更具能力和国际竞争力的新政府治理典范,建立优异的治理(Good Governance),实现善政(Good Government)(张成福,2001),这些为政府能力提供了更多的思考角度。

政府所依存的生态环境是不断变化的,特别是随着科学技术的进步,社会文明的发展,行政技术手段的不断改进,可供政府汲取的各种资源(包括自然资源、社会资源和技术资源等)不断地被开发出来,不仅在数量上和品种上日益增多,而且在质量上和效能上也不断提高。政府的治理环境不断发生改变,也会导致政府能力在结构上和层次上发生改变。政治能力的构成要素与要素

① 邹再进、张继良:《中国地方政府能力评价研究》,《云南财贸学院学报》第21卷第5期,第87页。
② 张钢、徐贤春、刘蕾:《长江三角洲16个城市政府能力的比较研究》,《管理世界》2004年第8期,第20页。

之间的整合能力是一个多维、立体的复合概念,它可以通过一些标准来分层体现,分层主要体现了能力的主次,能力的逐渐优化和演变。这种分层的方法可以定量地、详细地和较准确地分析政府能力。

三、政府能力的组织战略管理理论

面对新世纪政府部门行政环境的复杂性和运用科学发展观来实现社会主义和谐社会目标带来的挑战,政府组织战略管理作为一种有效的组织战略管理方法和提升政府行政能力的一种重要手段,日益受到政府管理部门的重视,其中最典型的是政府组织管理(Organization Management)和政府战略管理(Strategic Management)。政府组织战略管理既要运用公共管理学的知识来解决以往的社会角色、社会形态和政府管理之间关系,运用政治学原理来处理政治生态和政党关系等问题,同时还要通过企业管理的大量研究方法对政府组织的战略发展、组织变革、业务流程结构、管理效率提升等方面进行研究。研究的对象、范围和内容决定了政府组织战略管理突破政治学和行政学的界限,成为一个包括社会学、心理学、管理学在内的多学科"交叉"的新兴研究方向。

(一)组织战略理论的形成

组织理论是随着社会经济发展而不断深化的,其涉及到组织所面临的经济和人文问题。正如杜拉克所说:现代组织理论的重大创新,就在于能理性地设计出具有一定效率(Efficiency)和效能(Effectiveness)的组织,以便成功的达成组织目标。古希腊的亚里士多德就提及了集中与分散的权威、劳动分工以及部门的划分,这是组织理论的雏形。丹尼尔·麦卡勒姆(Daniel Craig Mc-Callum,1862)提出了树状的组织结构,并形成了关于职权、责任与沟通的观点,而之后的哈林顿·埃默森(Harrington Emerson,1912)提出了直线组织的概念。亨利·法约尔(Henry Fayol,1916)将组织职能确定为一种管理要素,强调了组织职能的重要性和有效性,并在管理框架中突出了这一组织理论的地位。虽然这些组织理论最初都与企业管理紧密联系在一起,但作为一个系统来说,组织的设计和运作是相通的,政府作为一个组织,其职能与企业组织的职能具有异曲同工之处。尽管马克斯·韦伯(Max Weber,1930)在进行组织设计时已经考虑了一个组织合理的法律权威和政治结构框架,但早期组织理论者都是关注组织的内部运作上,着重强调了组织成员的劳动分工、权力和控制,把组织的权力、命令和组织形式的界定的这些问题与组织成员牢牢地整合在一起。

战略(strategy)一词来源于希腊语 strategos,后来演变为 stragia,前者意为将军,后者意为战役、谋略,都是军事用语,指的是指挥军队的艺术性和决策的谋略性。战略被广泛用于管理学和组织理论中,还得要得益于很多管理学者对战略内涵的进一步深化,其中下面的这些学者的观点是比较有影响力的。美国经济学家切斯特·巴纳德(Chester Irving Barnard,1938)在《经营者的职能》一书中首先将战略观念引入管理领域,开创了战略研究之先河,他主要集中在战略计划的研究上,对战略计划的有效性进行了理论与实践的研究。安索夫(Ansoff)则对战略进行了全面的研究,他(Ansoff,1976)认为战略管理应界定为"为了探求企业现在和今后应该进行怎样的经营活动而制定的决策基准",他把战略从计划提升到管理的高度。安索夫(Ansoff,1979)的研究突出地反映了战略管理理论研究的发展方向,为战略管理研究揭开了新的一页。亨利·明茨伯格(Henry Minzberg,1987)认为战略是进行中的决策或行动模式。霍弗(C. W. Hofer,1978)的《战略制定》、威廉·金(W. R. King,1978)与克里兰(Cleland. D. I. ,1978)的《战略规划与政策》则代表着战略管理由理论研究向实际应用研究的新发展。

费雷德·大卫(David R. Fred,2001)认为,战略管理是一门着重制定、实施和评估管理决策和行动的具有综合功能的艺术和科学,这样的管理决策和行动可以保证在一个相对稳定的时间内达到一个机构所制定的目标。而格里高利·戴斯(Gregory G. Dess,2004)在他的《战略管理》一书中是这样定义战略管理:一个组织为了创造和维护竞争优势而采取的分析,决策和行动;战略管理就是制定,实施和评价这些行动,并使组织能够达到其目标的跨功能决策的艺术与科学。彼得·德鲁克(Peter F. Drucker,1954)则有自己独特的见解,他认为:"战略管理不是一个魔术盒,也不是一组技术。战略管理是分析式思维,是对资源的有效配置。战略管理不仅仅是计划,也不是一堆数字的组合,事实上,战略管理中最重要的问题是根本不能被数量化的"。总而言之,对战略管理的定义和理解可以是多种多样的,但都离不开外部环境和内在的决策分析以及它所涉及的目标。

对于战略管理的理解,不同的管理学家虽然见仁见智的观点,但是战略管理与组织是联系在一起的,不能脱离组织谈战略,战略也不能凌驾于组织之上,组织战略管理被人们广泛认同。然而,自 20 世纪 60 年代末 70 年代初起,经过第一次石油危机后,所有西方发达国家无一例外地出现了"滞胀"现象。滞胀导致了政府的严重财政危机,人们对政府的信心受挫。为了提高政府行为能力,增强公众对公共权力效能和未来的希望,政府部门迫切需要采用新的管理技术或管理系统,以提高政府管理绩效,摆脱困境。于是研究公共部门的组织战略也逐渐成型,并且在 20 世纪末至今得到了前所未有的巨大发展。

(二)政府组织战略理论的主要观点

随着实践的不断深入,组织战略的内涵也在不断的深化,理论的内容也越来越丰富,研究的方法也逐渐开始多样化,研究领域也不断拓宽,从企业组织战略到政府组织战略,这里主要就政府组织战略理论的主要观点进行阐述。

第一,政府组织的内外部环境分析

组织的内外部环境分析是组织战略的基本要求,也是组织战略管理的主要分析手段。组织战略管理首先是在企业管理中得到应用和推广的,安德鲁斯(Andrews,1971)在其《公司战略思想》中提出著名的 SWOT 分析方法就是用来对组织的内外部环境进行分析,为组织形成战略性分析框架。这种分析方法主要以 S 代表 strength(优势),W 代表 weakness(弱势),O 代表 opportunity(机会),T 代表 threat(威胁),其中,S、W 是内部因素,O、T 是外部因素。组织内部的优势和劣势是相对于竞争对手而言的,一般表现为组织的资源、能力等侧重于组织内部的条件。组织外部的机会是指环境中对组织有利的因素,组织外部的威胁是指环境中对组织不利的因素。SWOT 分析方法基本涵盖了战略分析的主要内容,因而,作为一个总的战略分析框架被用来指导对于组织外部环境和内部条件的分析和把握。SWOT 分析方法源于企业组织,但现在已经在政府组织的战略分析中得到广泛的应用。

瓦尔特·基克特(Walter J. M. Kiekert,1991)和胡德(C. Hood,1991)进一步对组织的内外部环境分析进行研究,他们则主要强调市场竞争等外部组织要素,并以此为导向推动组织变革和组织绩效评价。采用私人部门管理,运用一定的管理技术和工具,引入市场竞争机制,则是他改善组织战略管理的特征。进入20世纪80年代以后,组织战略理论对组织的内外部分析已经进入了深化阶段。正如波兹曼和斯特劳斯曼(Bozeman&Straussman,1990)所指出的一样,当代公共管理和传统行政管理不同,其主要差别是公共管理如果要成功执行的话,不可避免的需要对公共组织战略的内外部环境进行分析。

第二,政府组织战略管理侧重于战略决策

政府部门的组织战略管理与战略决策是分不开的,战略是全局性的大政方针,战略性的错误是致命的,它首先要求政府部门在制定宏观政策时要做正确的事,这就需要进行正确的战略决策。汤普森(Thompson. J,1995)认为在政府部门的组织战略管理中,战略决策是很重要的一个环节。他同时指出战略决策是一种活动,这种活动主要表现在以下四种情况:将对组织未来发展产生冲击的内外环境进行分析的活动;将整体组织与对其未来发生的不确定性进行分析的活动;关注组织目标和未来的发展方向,并做出战略性选择的活动;促进战略有效执行的各种组织安排的活动。

战略决策管理是通过对战略分析,战略选择和战略实施三个核心领域,并围绕这三者来进行,其目的在于通过使组织与环境协调,驾驭组织变化,取得更大的绩效。政府组织的战略决策不仅不能忽略决策者的意图,还必须要充分考虑到政治权威的影响。伊萨克·亨利(Isaac Henry,1997)在《公共服务中的战略管理》一文中曾认为,虽然人们对"战略决策"概念的界定和解释不同,但是,在战略性决策中存在着共同的因素,这些共同的因素是指管理者和组织通过思考,计划和做出战略性决策的意图。所谓的战略性决策是这样一种决策:它考虑影响组织未来的内部和外部环境;考虑哪些涉及整个组织并对组织产生重要影响的问题;考虑组织目标和前进方向;促进政策和战略的实施。

第三,政府组织的战略目标和行动方案

任何一个组织都需要制定战略目标,政府部门作为一个公共组织也不例外,政府组织战略目标是从战略的高度制定组织活动的总体目标,并将政府组织的战略目标层层分解,目标的具体化过程也就是制定具体行动方案的过程。而政府部门战略管理主要表现为以下四个基本特征:即关注长期发展目标;注重长期目标和短期目标相结合;战略管理的目标实施和计划贯彻是要不断推进的;采取具体措施实现组织目标。这里强调了"不是去适应环境,而是积极地推动或塑造组织的变迁(Thompson,1995)"。波齐曼和斯特劳斯曼(Barry Bozeman&Jeffrey D. Straussman,1990)也认为,战略不仅包含着处理组织的外部环境,提出使命和目标,更重要的是要进行战略管理,他们进一步提出战略管理途径有三个主要的特征:即界定目标和目的,提出一个能协调组织与环境的行动计划,并设计有效的执行方法。

杰克·科廷(Kotten. Jack,1982)也认为,在政府战略管理中,为适应严重的财政紧缩时期的迅速、急剧的环境变化,政府部门战略管理开始不断地演进、调整。它主要有六个方面的新变化:一是出现了大量用于重塑政府或变革非盈利组织的备选战略方案;二是从侧重于战略计划,转向关注战略执行;三是战略计划过程分权化,许多项目管理者参与战略制定;四是战略过程变得灵活;五是在传统的战略计划有限的、但为所有战略所共有的组织部分上,增加了新的战略特征;六是政府和非赢利组织间的相互依赖和合作。

政府组织战略管理已经不是停留在战略层面了,而是越来越注重战略的执行以及各种技术和方法在政府组织战略管理中的应用。波立特(C. Pollitt,1990)在《管理主义和公共服务:盎格鲁和美国的经验》一书中则把政府组织战略的理论归结于"新公共管理主义",他认为其主要由本世纪初发展起来的古典泰勒主义的管理原则所构成,即它强调管理的理论、方法、技术及模式在政府部门管理中的应用。

第四,政府组织战略管理创造公共价值

政府组织的战略管理从战略管理的决策、目标和方法,转移到公共价值的创造,是政府组织战略管理的一个新特点,也是发展的新趋势。哈佛大学肯尼迪政府学院的穆尔(Mark H. Moore,1995)在《创造公共价值:政府中的战略管理》一书就对这个问题作了重点阐述和详细说明。他认为,对于政府部门管理者扮演的角色,有一种截然不同然而却更有用的认识,即政府部门管理者应当是一个探索者,他们与其他人一起,致力于寻求确定和创造公共价值。因此,作为政府部门的管理者应该是战略家,而不是普通的技工,他们所做的工作不仅是完成一项任务,而是在实现价值增值过程。这就要求政府部门的管理者不仅向下看,注意自己行动的有效性和优先顺序,同时也向外看,注意自己正在创造什么。

政府组织战略管理更加关心价值的创造,管理者不仅像工程师那样关心组织的运作,同时还考虑与组织紧密相关的政治环境,以确定什么是公共价值。休斯(Owen E. Hughes,2004)也认为,在西方政府部门管理的改革中,全球化、技术革新、私有部门变革的示范以及对政府能力的要求等方面挑战的结果是促进公共价值创造的有力手段。在这种 20 世纪最大规模的政府管理改革中,存在着两种密切联系的趋势:一是政府部门向市场化发展;二是不断地脱离官僚体制(不再把官僚制作为政府部门组织原则)的趋势。

中国于 20 世纪 80 年代也开始引入组织战略管理的概念,在最近几年其研究与实践得到了迅速发展。在国内组织战略研究一般坚持以党的理论为指导,坚持从我国现代化建设的实际出发。在这个前提下,有分析、有鉴别地吸收国外的研究成果。国内对组织战略管理的研究也日渐丰富,如陈振明(2003)认为,政府管理实现了由公共行政的内部导向到外部导向的转变,由重视机构、过程和程序转向重视项目、结果和绩效,这使政府管理的政治环境、战略管理、绩效评估、公共责任制等成为公共管理的核心主题;随着社会的迅速变化、信息技术的迅猛发展、全球竞争的日益激烈和顾客需求的多样化,传统政府行政所存在的只考虑组织内部和短期目标的倾向,已完全不适应管理的需要。政府部门迫切需要加强对组织外部环境的管理,而战略管理的外部导向和未来导向的特征恰恰迎合了政府部门管理的需要。

(三)政府组织战略理论的一般性和特殊性

从组织战略的一般理论上看,不管是企业组织的战略管理,还是政府组织的战略管理在管理过程、管理模式等方面都具有一般性的共同特征,然而政府组织的战略管理与企业组织又有不同的地方,表现出政府组织战略管理的特殊性。

1.政府组织战略的一般性

政府组织战略管理与所有组织的战略管理一样,在制定组织战略时,要根据组织的使命和任务,对内外部环境进行分析,并了解组织的自身特点,制定的组织战略要与组织的发展目标相吻合的。组织战略理论一般结构模型主要包括组织目标和使命,内外部环境,优势劣势、机会威胁,通过资源规划和风险评估来选择战略。具体过程如下:

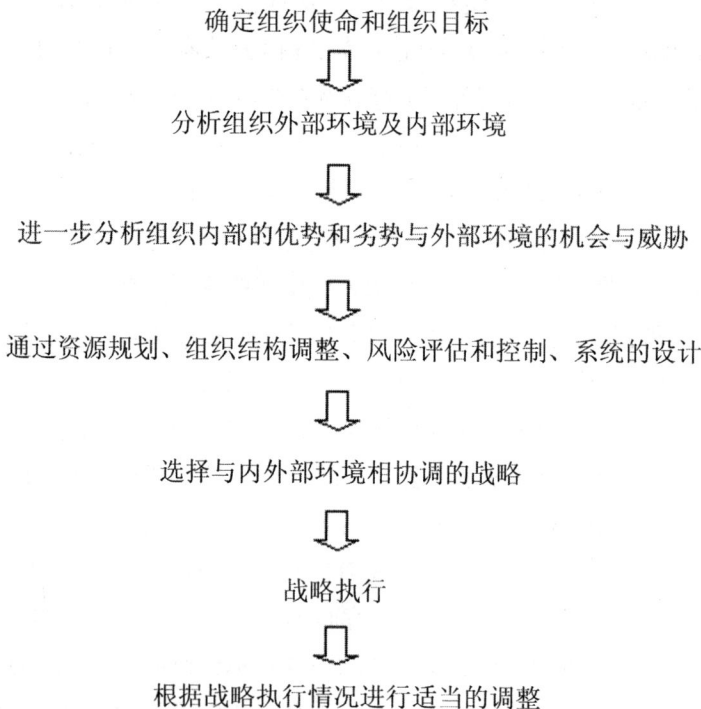

确定组织使命和组织目标

⬇

分析组织外部环境及内部环境

⬇

进一步分析组织内部的优势和劣势与外部环境的机会与威胁

⬇

通过资源规划、组织结构调整、风险评估和控制、系统的设计

⬇

选择与内外部环境相协调的战略

⬇

战略执行

⬇

根据战略执行情况进行适当的调整

图2-1　组织战略的一般结构模型

政府组织战略的一般性,除了它表现出组织战略一般结构模型的管理过程外,还可以从通过环境、过程和程序三个主要方面来加以进一步考察。

第一个方面是环境。不管是政府组织还是其他组织，只要研究战略都离不开对环境方面的分析，虽然各种组织所处的环境千差万别，但其分析构架也是基本相似的，主要包括外部环境和内部环境两个方面。当然，内外部环境所包含的内容是不一样的，政府或公共组织受到来自法令、政策、规章以及传统等的制约，从规模上较私人组织(如企业)大得多，这在一定程度上制约了政府或公共组织的自主权和灵活性。政治官员的观点、利益集团的直接操纵或对机构行动权力的正式反对都可能会导致政府或公共组织的财务陷入困境，而且，考虑到某些关键人物或利益集团会进行干涉，政府或公共组织还必须建立起各种各样的缓冲器，从这个意义上看，政府或公共组织的结构就变得非常复杂。

第二个方面是过程，它包括组织的各种活动过程，如组织的战略规划过程，制定战略过程和战略实施过程等各项活动，这是各种组织的一般性特点。政府组织只是根据政府组织自身特殊性来制定符合自身要求的战略，政府组织的活动特别是战略活动，会受到强制力、活动范围、公共监督和公众所有权等因素的影响，这些影响反过来又会作用于战略过程，使整个战略过程变得相对复杂。

第三个方面是程序，也就是在组织的内部运作方式上，任何组织在实施战略过程中都会履行一定的程序，很少会存在超越程序的活动，只是制定程序和按照程序执行的规范化程度不同而已。政府组织具有模糊的、多元化的、甚至相互冲突的目标，也不存在衡量组织成功与否的最终标准；相反，利益集团的需要、使命的变迁、重要的利益相关者和第三方的操纵却会引发一系列令人眼花缭乱的、经常是相互冲突的期望。对于政府组织来说，由于公平对待每个委托人并为其提供服务比服务效率显得更为重要，所以程序对政府组织来说比其他组织在战略制定和执行过程中会被更重视。

2. 政府组织战略的特殊性

政府组织战略与企业组织战略所不同的是，前者所组织的使命和目标不是企业所追求的利润最大化，而往往是非盈利的；内外部环境也不是企业所面临的外部竞争环境和内部经营环境，而是外部的国际政治环境和国内政策环境以及内部的行政环境。政府组织战略有其不同于一般组织战略和企业组织战略的自身特点。研究政府组织战略的特殊性,认知政府组织战略与其他管理战略的不同,弄清组织战略的特点有其重要的意义。

从组织战略理论的结构模式和特点来看,在研究公共组织的政府能力时,有两种比较重要也比较常见的结构模式,它们分别是奥斯本和盖布勒(Osborne&Gaebler)模式和奥尔森和伊迪(Olsen&Edie)模式,这里加以简要介绍。

第一种模式是奥斯本和盖布勒(Osborne&Gaebler,1993)模式。他们提出了"企业家政府"这一概念,并进而将其发展成为一种理论,这种模式指出应该用企业家精神来改革或重新塑造政府。这种理论倡导把企业管理的精髓移植到政府中来,使政府这样的公共组织能像私人企业那样,合理利用资源,注重投入产出,提高行政效率。同时,此书就"企业家政府"的改革,通过改变官僚政府内部的管理机制和内部驱动力,来达到重新塑造政府形象的目的。由于官僚在政府组织中普遍存在,所以组织缺乏创新,组织的内在驱动力就会显得不足,改变这种状况,引入企业家精神,建立企业型政府是很好的一条途径。这个理论主要包括以下8个方面:

①内部和外部状况的分析;

②组织面对的关键问题的判断或鉴别;

③组织基本任务的确定;

④组织的基本目标的表达;

⑤愿景的建立要达到什么样的成就;

⑥实现愿景和目标的战略的形成;

⑦战略的时间表的形成;

⑧结果的估量和评价。

第二种模式是奥尔森和伊迪(Olsen&Edie)模式。他们一般认为,战略计划是在宪法规定范围内,为确定政府计划性质和方向的基本决策所进行的专业性努力。战略计划过程被认为是正式的、程序化的管理过程。这种模式是以战略任务为中心展开战略制定、评价和实施,主要包括以下5个方面的内容：

①综合任务和目标的描述；

②环境监测与分析；

③组织内部的概况和可供挖掘的资源；

④战略的制定、评价和选择；

⑤战略计划的运作与控制。

利用上述模型，我们可以很清楚地认识一个政府组织或公共组织中的基本问题及其联系，它为我们研究和解决发展过程中的问题提供了有益的理论体系。模型告诉我们，不管存在什么问题和存在多少问题，首先都可以归结为战略、目标和结构三个方面，这三个方面既相互区别又相互联系。在把问题分别归为这三个方面之后，在把握三个方面的联系的基础上，再分别去寻求各个方面问题之间的联系，求得最终圆满解决。

（四）政府组织战略理论研究的意义和存在的局限

组织战略管理虽然发展不过短短几十年的时间，但是对全世界产生了很大的影响，尤其对政府部门的发展、公共权利的合理运用产生了举足轻重的影响。有人这样认为，掌握了组织战略的管理就掌握了公共管理的未来，也就掌握了社会发展的未来。将来，它既可以使组织主动积极地面对自己的发展，也可以使组织在面对复杂多变的外部环境时掌握自己的命运。在传统意义上，组织战略管理的作用是通过采用系统和理性的战略选择的方法，来制定好的战略。但是现在，通过战略的制定可以对组织发展有更大的促进作用，并在战略管理制定的过程中提供许多激励成员的机会。

虽然战略管理最早是在以企业为代表的私人部门中受到重视，但从20世纪80年代以来战略管理却越来越被公共部门所关注，并成为公共部门的一项极其重要的管理工具。组织战略管理对政府部门管理的重要性是十分明显的，因此，政府组织战略管理理论的发展对政府部门管理和政府能力建设都有着重要的作用和意义。

首先，组织战略管理使政府部门应对复杂环境的时候更加从容不迫。组织战略管理有利于政府部门适应日趋变化的国内国际政治环境。在国际政治环境日益复杂化、种族矛盾日益突出、区域冲突尖锐化的当今时代,通过组织战略管理,不断调整组织结构、优化组织资源和提升组织文化,使政府部门能应对自如。

其次,组织战略管理有利于政府部门适应其角色的转变。在高福利的时代,政府管的越多就越好,但是由于政府职能的不断扩张,导致政府的效率低下、机构臃肿、财政负担过重等等问题。尤其是在20世纪80年代以来,"小政府"越来越受到人们的推崇,这样公共部门就将面临新的挑战。组织战略管理有助于公共部门在新的形势和环境下做出正确的决策。

再次,组织战略管理有利于培养进行战略性思维和提高政府的决策能力。正如约翰·布莱森(John Bryson)所指出的,战略计划本身不是目的,只是一套协助领导者制定决策和采取重要行动的观念。战略管理面临着从大政府到小政府,从全能型政府到有限型政府的转变过程,经济多元化和政治民主化的洪流不可阻挡,只有战略化的管理才能使政府做出前瞻性的决策,使公共管理走向更加科学和民主化。

虽然国内外对政府组织战略进行了普遍的研究,但是,在公共领域政治斗争变幻无常,技术日新月异,组织需要经常进行变革,要不断打破公共行政的传统信条,并构造出一个公共部门管理者应如何思考和行动的框架。在构造这一框架中,虽然战略管理提供了积极的思考,但在理论的研究和发展过程中也存在不足,有待进一步完善。

第一,实证研究严重不足,注重理论研究,缺乏强有力的实证基础和充分说服力的理论论证。近年来公共环境和社会环境瞬息万变,组织战略在面对多元化的价值文化以及全球政治经济的日益一体化密切的今天,我们应当将更多国内外实证的例子和相关的数据,运用组织战略理论来认真分析研究。

第二,由于组织战略理论在政府管理方面还比较年轻,理论研究的方法往往呈条状、块状的,缺乏统一的理论体系,有待进一步的系统化和理论化的研究。

第三,在研究方法上,大部分都是借鉴企业管理领域的研究方法,还没有形成与政府组织和公共领域相适应的一套研究方法。虽然企业管理与政府有相似之处,但还是有一定区别的,这就有待于进一步完善研究方法。

第四,大部分战略研究都是建立在产业组织理论的分析框架之上,有许多套用了企业管理的名词和分析的方法,在分析问题上形成自己的话语体系的时间较晚。

组织战略研究要解决上述问题、走出困境,必须强调战略的实用性和应变能力,出路在于转变思维战略方式,并寻求更广泛的实践支持和研究方法上的突破。组织战略管理作为一种交叉学科的研究,要想进一步为公共事业做出自己的贡献还需要理论的不断完善和管理思想的继续向前发展。

四、民族地区政府能力

从能力的类别来考察,政府能力是指它不同于其他社会团体、公司企业等所具有的独特能力,这种能力体现为公共性、权威性、强制性与服务性等一般性特点。民族地区政府能力是指政府在管理民族地区的过程中所实际拥有的能量和能力,是政府在民族地区的事务管理中"能做什么","会做什么"。它具有一般能力外,还要具有处理民族事务、协调民族矛盾的能力。民族地区的政府能力是以民族地区的社会资源为基础,履行对民族地区政府的管理职能,为实现民族地区资源的优化配置提供政策保障和制度保障,并以政府能力为核心形成特定的民族区域政府管理职能和管理模式。

(一)从多学科视角解读民族地区政府能力

不同学科是从不同视角对问题进行诠释的,民族地区政府能力与一般意义上的政府能力既有密切联系又有很大差异,为了更好地理解民族地区政府能力的概念,首先从心理学、经济学、社会学等各学科的视角来解读这一概念。

心理学认为,能力是指顺利地完成某种活动的有效方式以及与此相应的个性心理特征(韩庆祥、张军,2002)。在此,能力由两部分组成:一是一定的知识、技能及其熟练程度;二是概括化的心理活动或称智力操作。因此,心理学中的能力与日常所称的智力和技能都是不同的。智力是能力的核心,是能力中的一个因素;技能是指个体身上固定下来的复杂的系统,是对动作和动作方式的概括;而能力则属调节行动和活动的心理过程的概括。从这个意义上说,民族地区政府能力是对处理民族地区各种行政事务的行动和有效回应民族地区社会公众的公共需求,并协调民族事务活动的整个过程。这正如世界银行(1997)发布的世界发展报告中所指出的一样,民族地区政府能力的要求"就是要保护人民的权力并改善他们的生活,并将民主作为贯穿于公共行政的宗旨、职能、机制和过程的基本价值取向"①。民族地区政府能力建设实际上是在民族地区建立多元管理主体的伙伴关系,这是在符合民族地区主体利益关系的基础上,实现资源的互补与有效整合。黄丽华(2005)也认为"政府与社会多元管理主体的伙伴关系是在平等合作基础上的资源互补,以实现政府权威与市场交换、社会自治的优势的整合,从政府这一方面来看,最终也提高了政府功能输出的能力"②。

在经济学中,从企业管理的视角看,很多学者对能力进行了阐述和诠释。对企业组织的能力的讨论起源于潘罗斯(Penrose)1959年发表的《企业增长理论》,虽然他本人并未直接使用这个术语。受潘罗斯的启发,第一个提出企业能力概念的经济学家是理查德森(Richardson,1972)。他在《工业组织》一文中,使用"能力"(Capabilities)概念来指企业的知识、经验和技能。他认为,工业开展着无限多的活动,而这些活动需要由具备适当能力的组织来开展。需要由同样的能力去从事的活动是相似活动(Similar Activities),而企业倾向专门从事于其能力可以带来比较优势的活动,即相似活动。他把代表了生产过程的不同阶段而又要求这种或那种协调的非相似活动定义为互补活动(Complementary activities)。互补活动需要由不相关的能力去从事,所以需要由不同的企业来进行。最关键的要点在于他认为,由于许多需要协调的非相似活动必须通过企业之间的能力互补来进行(如技术上的匹配和交流),所以互补活动的协调既不可能全部由一个企业承担,也不可能完全通过执行平衡供给和需求功能的市场来承担,而必须由企业之间的合作来承担。于是,乔治·理查德森(George B. Richardson,1960)扩展了潘罗斯(Penrose)的企业能

---

① 世界银行:《变革世界中的政府——1997世界发展报告》,中国财政经济出版社1997年版。
② 黄丽华:《地方政府能力建设与公共治理创新》,《黑龙江社会科学》2005年第3期总第90期,第18页。

力理论,以企业能力为立论起点,把企业之间的合作概念化为在企业之外(市场)的或企业之内(科层)的协调机制之外的第三种协调机制。

借鉴企业能力的诠释,民族地区的政府能力应该是政府专门从事于民族地区公共事务管理所需的知识、经验和技能,它是政府管理活动之间的相似性活动的调节作用和非相似性活动的互补作用,这种活动的比较主要表现在政府管理活动和市场机制作用的收益和成本的比较,纳麒和张劲松(2004)认为"政府和市场是推动社会发展的具有互补作用的两个'工具'和'轮子'",当政府运用其职能通过调节机制所带来的收益与所产生的成本大于市场调节功效时,则应发挥政府能力进行调节,以使政府能力在"社会再生产的各个环节和国民经济的生产领域、流通领域、分配领域和消费领域实现两种资源配置手段的最佳组合①"。

从社会学的角度来看,社会学所界定的能力具有不同的表现形态。社会学家詹姆斯·科尔曼(James S. Colman,1988)认为政府能力主要是指政府获得应有的资源,用以满足公民的基本需求的生存能力②。学者肖化移(2005)认为:第一,能力是人的综合素质在行为上的外在表现,素质是能力的内在基础,是人的本质力量;第二,能力是指人驾驭活动本领的大小和熟练程度,是人在某种实际行动和现实活动中表现出来的、可以实际观察和确认的实际能量;第三,能力是指人的实际工作表现及其所达到的实际成效,在影响活动效果的诸因素中,能力是最基本的因素;第四,能力是实现人的价值的有效方式,是左右社会发展和人生命运的积极力量。这种意义上的能力,包括体力、智力、道德力、审美能力、实际操作能力等一般能力以及从事某种专业活动的特殊专业技能和为社会而奉献的创造能力。按照肖化移的观点,民族地区政府能力首先表现在政府成员的综合素质上,查尔斯·F.凯特林基金会(Charles F. Ket-

---

① 纳麒、张劲松:《民族地区县级政府能力的内涵及建构》,《云南民族大学学报》(哲学社会科学版)第21卷第5期,第23页。

② James S. Colman, Social Capital in the Creation of Human Capital, *The American Journal of Sociology*, Vol. 94, Supplement: Organizations and Institutions: Sociological and Economic Approaches to the Analysis of Social Structure (1988), pp. 95 – 120, Published by: The University of Chicago Press.

tering foundation,1975)也认为,"政府能力是一种理性能力,这种理性能力乃是组织的成员,在学习使用某些技术及模型后,更理性地做出决策与分配资源的能力①"。刘保平(2003)也认为,"人是组织中的活的灵魂",民族地区政府能力建设关键在于人的素质和能力的提高,选择"有知识、有能力、有经验的执行人员"和"素质高、能力强的执行人员亦是一项重要的工作"。从社会学的价值观和利益关系,他也进一步阐述了"在选择执行机构的执行人员时,要考虑执行机构和执行人员对他们要执行的公共政策的价值态度和利益关系"②,要尽可能避免利害冲突。

(二)我国少数民族地区政府能力研究的回顾

改革开放特别是西部大开发以来,我国边疆少数民族地区一方面经济和社会发展迅速,人民的物质生活水平普遍提高,现代文明的发展步伐加快,由传统型社会明显转向现代化社会。但另一方面,政治运行机制粗疏,制度体系不完善,民族自治地方政府能力偏低③,政策过程的有效性不足、管理方式落后等问题也不断凸现出来。为此,对民族地区的政府能力加以深入研究来解决民族地区由于政府能力偏低导致的问题就显得很重要。关于民族地区政府能力的阐释,有的学者把它进行了分解,有的从结构角度入手,有的透过现象来分析深层次的本质原因。

第一,民族地区政府能力要素论。民族地区政府能力与作为国家层次的政府能力有一定的相似性,但在背景、内涵、外延和层次等方面有着较大的不同点。周平教授是研究我国西部少数民族地区政府能力建设方面的权威学者之一,他认为民族地区政府能力是由各种不同要素组成的,周平教授(2002)分析了少数民族地区经济制度后认为,少数民族地区政府的能力主要包括发展规划能力、制度创新能力、资源配置能力、市场规制能力、提供公共物品的能力、组织协调能力、社会控制能力等七个基本的方面。这种能力又是人员、组

① A Capacity – building Framework:a Search for Concept and Purpose,Beth Walter Honadle,US Department of Agriculture,Public Administration Review,vol,41(5),pp. 575 – 580.

② 刘保平:《政府能力与有效性的政策过程分析》,《学术探索》2003年第2期,第41页。

③ 刘荣:《边疆多民族地区政治建设的现状分析》,《云南行政学院学报》2004年2月,第43页。

织、权力、行为方式和资源等因素结合在一起生成的,并通过政策供给和政策实施等环节输出的。周平(2006)最近提出加强少数民族地区政府能力的七个措施:一是加强政府的权威性建设;二是用足、用活、用好自治权;三是持续而有效地推进政府的制度化建设;四是加强政府人力资源能力建设;五是加快推进"电子化政府"建设;六是争取中央政府或上级政府对边疆民族地区政府的能力输入;七是争取对口支援地区对边疆多民族地区政府的能力输入[①]。通过这些措施实施,可以使政府能力的各个方面得以强化,可以解决目前少数民族地区政府能力建设上面临的主要问题。

温军等(2003)认为民族因素、贫困因素和边疆因素这三大因素造成了民族地区的经济发展差距、人类发展差距和社会发展差距[②]。所以在考察民族地区政府能力时要充分考虑民族地区的现实背景以及在其现实背景后蕴藏着深层次的民族关系、经济利益和边疆稳定等重要因素,纳麒等(2004)根据民族地区县级政府能力的内涵规定和民族地区的现实背景,认为民族地区县级政府能力的构成应包括经济战略发展能力、组织制度创新能力、政策制定执行能力、社会管理控制能力、公共服务供给能力、市场培育监管能力、精神文化塑造能力等七个方面[③]。他们认为政府能力体现在政府的运行行为过程中,这七个方面是民族地区县级政府能力的综合体现。

刘荣(2005)博士认为,边疆多民族地区政府能力建设具有发展市场经济、发展政治意识、创新政治制度、规范政治行为、政治传统文明化的多维特征,但就现状分析来看,仍存在政治建设基础要素薄弱、政策价值取向滞后于社会政治变化、制度供给"过剩"与有效供给不足并存、基层政权组织和政府能力低下、传统政治非文明化等诸多问题。他把民族地区的政府能力从内部自身能力层面上划分,主要有自组织能力、自协调能力、自发展能力、自繁荣能

---

① 周平:《边疆多民族地区政治文明建设的重大问题分析》,《思想战线》2006年第5期,第65—73页。

② 温军、胡鞍钢:《民族地区全面建设小康社会的战略构想及政策建议》,《民族研究》2003年第3期。

③ 纳麒、张劲松:《民族地区县级政府能力的内涵及建构》,《云南民族大学学报》(哲学社会科学版)2004年9月第21卷第5期,第20页。

力和自执行能力等五个方面。通过对这五方面"自能力"的整合与提升,将大大提高政府职能的有效发挥。

　　第二,民族地区政府能力环境因素论。分析民族地区政府能力离不开民族地区所处的环境,史密斯(1973)认为,环境因素是指那些影响政策执行的因素,包括政治、经济、社会、文化、历史和自然等因素①。在民族地区环境对政府能力影响尤为突出,其中最为典型的是民族问题,民族问题一方面体现着民族关系复杂,另一方面体现民族地区有着鲜明的民族文化和民族意识。另一环境因素是经济因素,由于经济的相对落后,会导致一系列问题,包括地处边疆区域民族地区的生产力发展和稳定,这些方面都会从不同的方面影响行政人员的素质,进而影响政府能力的有效程度。

　　张植荣(2005)教授在《中国边疆与民族问题》一书中,也提出我国边疆少数民族地区政府目前面临的主要问题是经济、政治、文化等方面。在经济上,边疆地区经济发展滞后的局面短期内难以得到根本改变,绝大多数地区的人均经济指数都低于全国人均水平;在政治上,当前边疆地区民族团结、社会稳定的大局是好的,但影响民族团结、社会稳定的消极因素不容忽视;在文化上,边疆地区教育整体水平低下和文盲率高的现状,难以在短时期内得到扭转;在周边环境上,国际政治格局由两极向多极的转化和国际经济结构的调整,产生了新的竞争。他从这四个方面入手,首先对民族地区在时间上进行前后相继的纵向历史对比,分析得出当前少数民族地区的政府能力比建国后、文革后等历史时期的政府能力在大幅度提升;其次,把少数民族地区的政府能力与江浙、闽粤地区的政府能力进行区位上的横向比较,分析得出少数民族地区政府的能力与东部地区相比是弱势性。为了缩小东西部地区的差距,迅速提升少数民族地区政府的能力具有紧迫性。

　　对少数民族地区政府能力方面,很多学者都作了论述,这些研究却都体现出了民族地区目前政府能力相对较低,发展相对落后的现实。少数民族地区政府在认清现状、梳理发展思路的基础上,肩负着加强政府能力建设,提升政

---

① T. B. Smith, Policy Implementation Process, Policy Science, Vol. 4, No. 2, 1973, 203.

府能力的迫切任务。民族地区政府在提升政府能力时一定要从分析环境因素入手,抓住西部大开发的有利时机,把握民族地区政府能力的要素和结构,科学制定发展规划,自力更生,发挥自己的优势,变资源优势为经济优势,通过共同努力奋斗实现少数民族地区的经济发展,实现少数民族地区的政治稳定,实现各少数民族的安居乐业。

第三章 民族地区政府 能力分析与建设

　　拥有一定的政府能力是民族地区政府固有的属性。在民族地区管理的过程中,民族地区政府所具有的能力至关重要。要实现民族地区跨越式发展,有效落实民族区域自治制度,维护和发展平等团结的民族关系,都离不开民族地区政府的作用。在现代化建设进程中,民族地区政府不但要有一般的能力去应对国家整体社会转型所引发的各种矛盾和问题,而且还要有特殊的行政能力去面对民族地区的特殊的行政生态环境。因此,提高民族地区政府能力是民族地区政府发展的根本任务,也是民族地区政府研究中必须面对的一个重要的和颇具挑战性的问题。

一、民族地区政府能力的内涵与特征

(一)民族地区政府能力的内涵

　　相对于一般意义上的政府能力的研究而言,民族地区政府能力的研究尚处于起步阶段。为了全面深入地认识民族地区政府能力,首先必须从一般的政府能力进行考察。

1. 政府能力的概念

　　美国现代著名学者塞缪尔·亨廷顿在其《变动社会的政治秩序》一书的开篇就曾指出,"国家之间政治上最重要的区别,不在于政府的形式,而在于政府的水平。"①在这里,亨廷顿所说的"政府的水平"指的就是政府能力。为此,对政府能力的积极思考和研究成为政治家和学者们共同关注的重大问题。

关于政府能力的解释,学术界可谓是仁者见仁,智者见智,没有一个明确而统一的界定,而且观点十分庞杂。较为有代表性的解释有:"政府能力是指政府依据自己的权力和权威,通过制定政策和组织动员,实施自己承担的职能、贯彻自己的意志、实现自己目标时所具有的能量。"②"政府能力就是:为了完成政府职能规范的目标和任务,拥有一定的公共权力的政府组织所具有的维持本组织的稳定存在和发展,有效地治理社会的能量和力量的总和。"③"政府能力是指政府依据自己拥有的公共权力,通过制定政策和组织动员,实施自己承担的职能,贯彻自己的意志,实现自己目标的能力。"④"政府能力是指处于一定社会和自然条件下的政府,在掌握行政管理规律的基础上,维持组织自身的存在和发展,并积极回应外部环境变迁,引导和促进社会有序、健康发展的能量和力量的总和。"⑤"政府能力是指国家行政机关在宪政体制内,以自身的素质和权威性建设为基础,以公共政策制定和推行为主要手段,以资源提取和配置为基本途径,以对社会进行综合治理为主要方式,以高效履行法定职能为最终目的,从而确保国家快速、均衡、持续、健康发展所具有的能力。"⑥

从上述目前国内学者对政府能力内涵最有代表性的观点中,可以帮助我们解读出政府能力应该包含的基本内容:掌握行政管理规律,依法全面地履行职能;进行自我调整,增强自身的素质和活力;提升并运用自身的权威进行管理;制定和执行优良的公共政策;高效地提取资源和合理有效地使用资源;调整社会利益关系从而保证社会的公正和秩序。概括起来说,政府能力即为政府在国家法律赋予的权限内,在提升自身素质与权威的基础上,通过高效地

---

① [美]塞缪尔·P.亨廷顿:《变动社会的政治秩序》,张岱云等译,上海译文出版社1989年版,第1页。

② 辛向阳:《新政府论》,工人出版社1994年版,第197页。

③ 施雪华:《政府权能理论》,浙江人民出版社1998年版,第309页。

④ 金太军:《行政改革与行政发展》,南京师范大学出版社2003年版,第499页。

⑤ 沈亚平、王骚:《社会转型与行政发展》,南开大学出版社2006年版,第306页。

⑥ 方盛举:《民族地区民族地区政府发展论纲》,人民出版社2007年版,第123页。

提取资源和合理有效地使用资源,全面履行自身职能,达到治理社会、促进经济建设,确保社会持续、稳定、快速、健康发展,实现管理目标的所有能量和力量的总和。

2. 民族地区政府能力的内涵

在从宏观性、整体性、一般性的角度探讨政府能力理论的基础上,我们从民族地区的特殊性出发,研究民族地区政府能力的内涵。

我国的少数民族地区一般都分布在经济、教育、科技文化相对内地和东南沿海地区落后的内陆边疆地区。整体看来,我国的少数民族地区地域面积广阔、人口相对稀少,民族成分较为复杂,少数民族人口比例较大,人口整体素质相对低,宗教信仰甚至迷信活动较为普遍,交通、信息十分不便。因此,处于民族地区的政府在维护地区安定、团结,确保民族关系和谐、融洽,进行社会治理,促进民族地区经济发展、教育、科技、文化事业进步的过程中,就显示出了它特殊的地位和作用。应该说,我国少数民族聚居的大部分地区又具有相对良好的自然环境,地上与地下的各种自然资源极为丰富,这为民族地区政府促进本地区社会生产,实现地方经济快速发展,加快提高人民生活水平奠定了天然的基础。然而,从自然条件与社会发展的现实来看,我国的民族地区大多处于生态环境的脆弱地带,加上人类粗放式生产和生活活动,掠夺式开发,导致了少数民族地区土地的盐碱化、荒漠化和水土流失,土地承载力急剧下降,生态环境破坏十分严重的现象。因此,大力发展少数民族地区经济、尽快改善生态环境就成为民族地区政府的一项十分艰巨的任务。社会的和经济的特殊现实赋予了民族地区政府能力特殊的内涵。

民族地区政府能力的内涵不是一个抽象的概念,它通过民族地区政府的职能实现,依靠政府公共政策的制定和执行而成为一种有组织的产出,在经济战略发展、组织制度创新、政策制定执行、社会管理控制、公共服务供给、市场培育监管、精神文化塑造等几个方面具体地表现出来,是外显的可直观感受的有效治理社会所具有的能量和力量的总和。这种有效治理社会所具有的能量和力量的总和,在政府能力行为上要求民族地区政府具有明确的行为角色定向,而政府行为角色定向的目的是为了解决和消除民族地区社会的发展差距,它的依据是民族地区社会所存在的差距,根据这种差距合理地进行公共权力分配和资源配置,从而对民族地区政府能力有更为明确和直观的把握。

按照对一般政府能力的概念界定,我们认为,民族地区政府能力就是民族地区政府在国家《宪法》和《民族区域自治法》赋予的权限内,在努力提升自身素质与权威的基础上,通过高效地提取资源和合理有效地使用资源,全面履行自身职能,达到治理民族地区、推进民族地区经济建设,确保民族地区持续、稳定、快速、健康发展,实现管理目标的所有能量和力能的总和。

(二)民族地区政府能力的特征

1.政府能力的特征

从学者们目前研究的情况来看,一般认为政府能力具有以下几个方面的特征:

(1)阶级性。作为国家政权机关,政府不可避免地赋有阶级色彩,政府能力即是政府完成统治阶级交给的政治统治的能力,旨在维护统治阶级政治、经济、文化等方面的利益。政府的这种政治统治能力包括政府的民主能力、政府强制能力和政府行政能力。①

(2)服务性。政府的服务性特征体现在两个方面:第一,政府是为统治阶级服务的。作为实施统治阶级意志的工具,政府在结构和功能上必须符合统治阶级的意志,服务于政权目标的实现。第二,政府同时是服务于整体社会和广大人民群众的。即便是剥削阶级的政府,也必须采取各种政策和措施,为社会的教育、经济、文化、社会福利、慈善等事业服务。在阶级矛盾缓和、公民民主情绪高涨、和平与发展成为世界性主题的现代社会,政府的公共服务性更加突出,人们关注更多的是政府能力,而不是政府的形式或其本质属性。

(3)整体性。政府能力是一个整体的、综合的系统,由若干子能力组成,所以也有人把政府能力称作综合治理能力。② 但政府的整体能力或者说综合能力却是大于各个单项的政府能力之和的。要提高政府的整体能力,必须首

---

① 金太军、钱再见、张方华、李雪卿:《公共政策执行梗阻与消除》,广东人民出版社2005年版,第253—254页。
② 沈亚平、王骚:《社会转型与行政发展》,南开大学出版社2006年版,第306页。

先强化政府的各个单项能力,如政府的规划发展能力、资源汲取能力、社会服务能力、学习创新能力等等。然而,各个单项政府能力的提高,并不一定带来政府整体能力的提高。因为,作为一个整体系统,政府能力的各个子能力之间就有可能存在多种相互关系:如政府能力各子能力之间存在着互相协作、正向递进的关系,也可能存在着互相矛盾、负向阻碍的关系。因此,政府能力的整体性或者说综合性要求政府各个子能力之间相互配合,互补长短。①

(4)层次性。政府能力的层次性指的是构成政府能力的各种能力在整个政府能力体系中所处的位置和重要程度是不同的,它们不会均等地分布在各个层面、各个领域、各个单项。也就是说,政府能力当中,有些是基础性的,有些是非基础性的;有的处于核心位置,有的处于次要的位置,而构成政府能力的这些能力的侧重点、属性和数量会因为政府权力的集中程度、历史发展时期的不同而具有差异。此外,从国家行政体制来看,政府设置本身就存在着中央、地方和基层的关系,因而政府能力也会因政府的位置而显示出其不同的作用。

(5)发展性(变迁性)。政府能力一经形成,就会作为能量相对稳定地保留下来,成为政府从事管理活动和实现其职能的必备条件。然而,在不同的历史时期,政府能力的内涵或重心是不断变化的,这种变化又往往与政府职能的变化交织在一起。随着生产力的发展,政府职能在总量上随着时间的变迁和条件的转化,导致政府能力的结构、各种能力的重要性和力量对比不断演进。所以,政府能力的内涵和结构会随着社会发展的不同阶段而有所不同,这说明了政府能力的发展性或变迁性。

(6)开放性。行政生态学认为,行政系统是社会大系统的一个子系统,需要与其他系统和周围环境发生能量交换和相互影响,行政系统只有在与外界环境保持动态平衡的条件下,才能获得自身存在和发展的有利条件。政府能力是一个与行政环境存在着物质、能量、信息交换的开放系统。政府能力的大小不仅取决于政府自身,也取决于它与公众、社会、企业、其他国家和国际组织

---

① 施雪华:《政府权能理论》,浙江人民出版社1998年版,第311—312页。

的各个方面的关系,不同社会主体与政府之间的关系都会对政府能力产生影响。所以政府能力的强弱实际上是在政府与外部环境的互动中体现出来的。

(7)有限性。一方面,民主政治的发展程度决定着政府能力大小与发挥。公共权力强制性蕴涵着政府管理的潜能,而公共权力以社会同意为基础的合法性表明了政府能力的限度,政府管理的效力是二者共同作用的结果。另一方面,从生产力发展的程度和作为政府能力物质基础的社会资源的有限性也决定了政府能力的有限性。所以,无所不包、无所不管的政府必然是无能的政府,而使"政府的作用与其能力相符"是政府能力有效发挥的前提和基础,也是政府能力得以持续增长的重要途径。

2. 民族地区政府能力特殊的规定性

较之宏观的、共性的、一般意义上的政府能力而言,民族地区政府能力则是局部的、个性的、特殊意义上的政府能力。因此,它具有一般政府能力所具有的特征。作为地方政府概念的范畴,民族地区政府能力亦属于地方政府能力的范畴。因此,民族地区政府能力与地方政府能力是属于同一个层面上的概念,二者是相对于中央政府能力而言的次级概念。然而,民族地区特殊的行政生态环境影响着民族地区政府能力重心和能力结构,规定了民族地区政府能力与一般地方政府能力的差异性,形成了民族地区政府能力特殊的规定性。

(1)巩固和发展民族地区各民族团结,维护社会稳定、和谐是民族地区政府能力特殊的政治要求。民族关系的状况决定着民族地区社会稳定的大局,影响和制约着民族地区经济社会的协调发展,也影响和制约着国家全局的团结统一和发展进步。"民族团结和各民族凝聚力的强弱,对于一个多民族国家的意义非常重大,是衡量多民族国家综合国力的标志之一。""国家统一、民族团结则政通人和、百业兴旺;国家分裂、民族纷争,则丧权辱国、人民遭殃。"[①]因此,民族地区政府的重要使命就是千方百计地、高效地处理好、协调好本地区各民族间的关系,保证民族关系朝着平等、团结、互助、和谐的方向稳定发展。由于民族关系历来具有长期性、复杂性、敏感性、震荡性和国际性,所

① 李德洙:《跨世纪民族工作的行动纲领》,中央民族大学出版社1999年版,第185页。

以处理起来难度很大,这就需要民族地区政府在学习和实践中不断提高处理民族问题的各种能力。

(2)落实民族区域自治政策,实施民族区域自治制度是民族地区政府能力特殊的法律要求。民族区域自治,是保证国家团结统一,保障少数民族平等权利和各民族共同繁荣的基本政策和基本政治制度。民族地区的人民政府是最主要的自治机关,它承担着贯彻落实民族区域自治政策和实施民族区域自治制度的具体职责和任务。能否把《民族区域自治法》所规定的自治权用足、用活、用好,能否把各项民族政策贯彻实施到位,与民族地区政府的能力有着直接的关系。民族地区政府特别强调自治能力。《民族区域自治法》赋予了民族地区政府较广泛的自治权。自治的实质就是自主,自治权的实质就是自主权。民族地区的各项事业能否得到快速发展与民族地区政府的自主性有直接相关性。因此,民族地区政府能力决定着民族区域自治政策及相关政策贯彻执行的深度,决定着民族区域自治制度实施的成效,也就是说加强民族地区政府能力建设,对于坚持和完善民族区域自治制度,发挥民族区域自治制度的优越性,贯彻落实《民族区域自治法》都具有重大意义。

(3)实现民族地区跨越式发展道路,推动民族地区经济社会快速发展是民族地区政府能力特殊的经济要求。由于外部的示范效应和内部各种矛盾问题产生的压力,民族地区加快发展的愿望非常迫切。长期以来,经济发展水平的落后、经济发展速度的相对缓慢是困扰民族地区社会发展而又得不到解决的根本原因,也是包括自治民族在内的本地区各族公众最大的不满。因此,促进经济发展是民族地区最大的政治,民族地区政府推动经济发展的能力是民族地区政府能力的核心。在我国,几乎所有的民族地区都把跨越式发展模式作为本地区全面建设小康社会、实现现代化的战略选择。民族地区经济和社会力量发育程度低下的现实,决定了民族地区政府在整个经济和社会发展中扮演着组织者、决策者、推动者和保障者的角色,主导着民族地区的整个社会进程。如果没有足够的能力,民族地区政府的职能将很难发挥,跨越式发展也只能是一句空话。

(4)自我发展和制度创新是民族地区政府能力特殊的体制要求。从现实来看,民族地区一方面经济社会发展水平和政府管理水平相对落后,而另一方面社会对跨越式发展有极高的期待。要解决这个矛盾,就必须通过学习,善于自我发展,努力进行制度创新。制度创新包括行政组织制度创新、产权制度创新、经济运行体制创新、民族文化创新等创新活动。制度创新是民族地区政府推动经济社会发展的灵魂和不竭动力,与地方经济发展水平有着密切关系。有学者认为:"第一,我国的经济改革是增量改革,国民经济增长主要来自新生的产权组织的贡献。第二,与第一个命题相联系,各地区经济增长率与各地区非国有经济产值在总产值中所占的比例,呈现出明显的正比例关系。第三,与上述两个基本命题密切相关的第三个命题是,各地区非国有经济的增长率与当地政府的制度创新能力成正比例关系。"[1]民族地区政府要利用本地区的各类资源优势、民族文化优势以及计划经济组织少的优势,紧跟我国社会经济结构性变革的步伐,努力学习,积极推动制度创新,必定能够加快民族地区的改革和现代化建设。

二、民族地区政府能力的现状分析

(一)民族地区政府能力的构成及其分析

民族地区政府能力具有一般地方政府能力构成的相似性。但是,民族地区的特殊性,规定了民族地区政府能力构成与一般地方政府能力构成的差异性。政府能力构成不是随意设定的,它是由政府承担的法定职能来决定和规定的,它与政府职能具有一定的对应关系,"政府职能框定了政府能力的基本内容和发展方向;政府能力的大小强弱则决定了政府职能的实现程度。"[2]民族地区政府职能的有限性决定了政府能力的作用必须有一定边界,也决定了民族地区政府能力构成具有内容的规定性和方向的明确性,即国家和民族地区社会发展需要政府履行何种职能,那么民族地区政府就要具备与履行的职能相对应的能力。

---

① 杨光斌:《民族地区政府与政治导论》,人民大学出版社2003年版,第184页。
② 金太军:《行政改革与行政发展》,南京师范大学出版社2003年版,第500页。

1. 依法自治能力

自治权是民族地区自治的核心。民族地区的自治权是指法律法规明确规定的,由自治机关根据法律法规规定的原则,结合当地民族的政治、经济和文化的特点,自主管理本地方、本民族内部事务的一种特定权力。民族地区政府依法自治能力就是政府具有的把国家的统一要求和地方特点、民族特点结合起来,充分调动和发挥各方面积极性,加快发展民族的经济文化,使各民族之间的团结进一步改善和加强,使统一的国家得以巩固和振兴的能力。依法自治能力是民族地区政府的首要能力,这表现为:第一,民族地区政府是落实和实施民族区域自治制度的主要执行者和实施者,如果缺少依法自治的能力,要想把民族区域自治政策和制度从主观形态高效地转化为现实的物质力量是难以想象的;第二,民族地区政府依法自治能力的大小直接决定着地方事务和民族事务的管理效能,决定着民族地区公共服务的水平和人民生活质量的改善。强大的依法自治能力,表明民族地区政府善于把国家法律法规及政策的统一要求与地方实际、民族实际有机结合,形成民族特点突出的高质量的地方性政策,从而有效地动员和合理地配置各种资源来促进本地方政治、经济、文化的全面发展。

根据《民族区域自治法》的规定,民族地区政府依法自治能力主要体现在三个方面:一是行使政治法规类自治权的能力。行使这一类的自治权包括:立法权限的自治权、语言文字自治权、人事管理自治权、公安部队自治权、人口管理自治权、计划生育自治权。二是行使经济金融类自治权的能力。民族地区政府在国家宏观计划的指导下,行使这一类的自治权范围较广,包括:经济建设管理自治权、市场经济发展自治权、草场森林所有自治权、自然资源管理自治权、基本建设项目自治权、企事业管理自治权、对外经济贸易自治权、地方财政管理自治权、税收项目减免自治权、金融建设管理自治权和环境改善保护自治权。三是行使教科文体卫自治权的能力。国家法律对教科文体卫类自治权的规定主要有:民族教育自治权、民族文化自治权、民族科技自治权、民族医卫自治权、民族体育自治权以及科教交流自治权。这些自治权的设立为民族地区经济、政治、文化发展提供了坚实的制度基础。

2. 规划发展能力

民族地区政府的规划发展能力就是民族地区政府在全面准确把握本地区社会政治、经济、文化、教育、科技、资源等情况的基础上,把国家的宏观政策和上级的指示精神与本地的实际情况结合起来,通过制定科学的发展目标和发展政策,采取有效措施,引导、规范、管理社会全面发展的能力。规划发展能力是民族地区政府能力的重要构成。

民族地区政府的规划发展能力主要体现在发展规划要适应国家宏观的政策、法规,符合本地区实际。这要求民族地区政府从两方面着手:一是民族地区政府的发展规划必须符合国家宏观政策和法律的要求。作为国家一级地方政府,民族地区政府有义务和责任认真执行国家制定的有关方针政策、法律法规以及上级政府的有关决议、命令和指示。同时,在国家有关法律法规许可的范围内,民族地区政府可以根据《民族区域自治法》采取符合本地区特点和实际的形式和方法加以变通执行或要求停止执行。二是要从各个方面体现和衡量民族地区实际情况。这要求民族地区政府,经济社会上,对某项事业发展所进行的规划必须权衡本地方是否有实现政策目标的物质基础和社会承受能力;科学技术上,对某项事业发展所进行的政策规划必须考虑到本地方是否有相关的技术基础支持和人才支撑;生态环境上,对某项事业发展所进行的政策规划必须以不破坏生态与环境为前提。

3. 学习创新能力

创新是人类社会发展不竭的动力。没有创新,人类社会就不可能进步。民族地区政府的学习创新能力是引导和推动经济社会发展的强劲动力,包括学习能力和创新能力。民族地区政府创新能力在一定程度上体现为政策创新和制度创新。政策创新能力则是民族地区政府适应科技进步和人们需求而增强社会经济发展的能力。特别是在社会转型时期,大量新问题不断涌现,需要民族地区政府及时制定政策来回应社会,为以后的制度建设提供经验和基础。因此说,政策创新是民族地区政府创新能力发展的征兆,这是由政策本身的灵活性所决定的。但是没有制度创新作为保障,政策创新是不能实现最终改革目标的。所以,政策创新最终仍需制度创新来完成,制度创新具有更为根本性的意义,更能体现民族地区政府的创新能力。与此同时,民族地区政府还必须加强提高学习能力。民族地区政府的学习能力就是民族地区政府获取知识、经验和智慧,并在这些知识、经验和智慧的指导下提高行政效率和增进公共利益而进行的创造性改革的能力。只有思想认识提高,知识结构合理,才能为政策和制度的创新提供智力支持。

民族地区政府必须把握时代发展的趋势,率先把自己打造成学习型政府,这样才能提高政府的学习创新能力,从而获得和具备主导民族地区现代化进程的综合能力。这是因为:第一,学习创新能力是民族地区政府适应时代发展的要求。当今社会,知识经济异军突起,科技作为第一生产力的作用越来越突出;人们的思想活跃,追求多样化,参与意识增强,对公共产品与服务的要求提高,对政府的期望也达到前所未有的高度;民族地方政府行政管理体制和行政管理方式进行变革的要求加剧……面对众多挑战,民族地区政府只有善于学习创新才能找到迎接挑战的办法。第二,学习创新能力是民族地区政府改善形象,强化自身合法性的要求。民族地区政府具备较强的学习创新能力,可以增加政府与各族群众的信息沟通和交流,使政府真正成为社会公共利益的代表者、实现者和维护者。更为重要的是,一个善于学习创新的政府有利于树立好学、进取、开明、勤奋的形象,进而增强民族地区政府的合法性。第三,学习创新能力是民族地区社会自身发展的要求。当前,民族地区经济社会发展水平低下、政府管理水平相对不高、本地区各族群众对加快发展产生了越来越强烈的要求……"跨越式发展"战略的选择是希望以一种跳跃式的发展速度追赶发达地区。为实现这一发展目标,光靠热情、优势资源、外部支持等等是远远不够的,还需要具有较强学习创新能力的学习型政府来主导和保障。

4.资源汲取能力

民族地区政府的资源汲取能力是民族地区政府履行各项公共行政管理职能的基础和前提,表现为政府通过税收等各种途径,动员、配置和利用财力、物力和人力等社会资源的能力。

民族地区政府作为民族地区事务和社会公共事务的管理者要推行其政策,为社会提供公共产品和公共服务,就必须要有充足的财力为后盾。所以,财政汲取能力是民族地区政府资源汲取能力中至关重要的一项能力,也是其他政府能力有效发挥的基础。加强民族地区政府的财政能力,是改变民族地区经济社会落后面貌的重要前提。民族地区政府有了充裕的财政资金,才能提供健全的基础设施、周到的服务体系、良好的社会治安和优美的生存空间,改善和提高各族群众的生产生活条件和生活水平,为经济投资活动和生产经营活动创造良好的软硬环境。民族地区政府的资源汲取能力还承担配置资源的职责。在社会发展中,市场自身固有的缺陷无法全面有效地配置各种经济资源和社会资源,所以需要政府出面利用公共权威力量参与资源配置。对现代政府来讲,社会公共事务管理显然是更为重要的使命。政府对社会公共事务管理的本质,就是政府为了维护、实现和发展社会公共利益,而依靠公共权威的力量对社会资源进行有效配置的活动。政府对社会资源配置得是否有效,决定着其提供的公共产品、公共服务、公共安全和公共秩序等数量的多少和质量的优劣。政府对社会资源配置的有效性直接受政府的资源配置能力支配和制约。因此,资源配置能力对民族地区政府意义重大。

当然,资源汲取能力还包括人力资源、信息资源的汲取与配置。当民族地区政府财政拮据时,政府的财力资源能力在政府资源汲取能力中处于核心地位;但是,当政府的财政状况出现明显的、稳定的改善时,政府的人力资源和信息资源汲取能力便会突出出来。在知识经济社会,人力资源和信息资源是第一资源。这就要求民族地区政府大力开发和挖掘人力资源、信息资源潜力,为民族地区经济社会发展提供人力保障和信息支持。

5. 社会控制能力

民族地区政府的社会控制能力主要以国家强制力为后盾,通过法律和政策的推行,维护本地区社会秩序,保障政府权威和公民权益的能力。稳定的社会秩序是民族地区各项事业健康发展的前提和基础,而良好的社会政治秩序需要依靠政府来维护和实现。有学者认为政府的社会控制能力体现为三种机制:权力控制机制,它借助政府手中的专政力量,以威慑、强制、约束为特征来实现社会政治的秩序化和稳定化;法律控制机制,它是一种专门化的高度精致的社会控制工具,它以严厉的惩戒来反对和防范人们相互侵害,并强制人们履行必要的社会义务及责任,以此达到社会和谐有序;道德控制机制,它是政府通过推行一整套道德观念和道德规范,使其内化在人们的行为习惯中,并依靠人们的道德信念和舆论压力来约束自我,达到规范各种社会关系的和谐有序①。这三种社会控制机制相互依存、相互弥补。

民族地区的实际决定了民族地区政府必须具备较强的社会控制能力:第一,社会控制能力是社会发展对民族地区政府的要求。随着社会主义市场经济的深入发展,社会转型给民族地区社会带来了比一般地方更为剧烈和复杂的矛盾:民族问题、宗教问题、民族传统文化同现代文化的激烈碰撞;政治参与扩张与民主制度缺乏之间的矛盾;经济发展与生态保护之间的矛盾;贫富分化导致的阶层矛盾、地区矛盾;带有国际性的毒品泛滥……其中任何一个问题处置不当都会引发社会的不稳定,给民族地区,甚至给国家造成无法挽回的损失。第二,社会控制能力是民族地区敏感、复杂的民族关系对民族地区政府的要求。在我国,任何一个民族地区都是由若干个民族交错杂居在一起的,尽管平等、团结、互助、和谐是我国民族关系的主流,但不能否认这里的民族关系仍然较为复杂,民族差距仍然存在。只要民族之间有差异存在,就有可能产生分歧,甚至产生纷争或冲突。第三,社会控制能力是民族地区复杂的宗教问题对民族地区政府的要求。在我国,几乎所有的民族都有自己信仰的宗教。这些宗教种类繁多,宗教信仰差异和价值观差异很大。于是不可避免地存在程度不一的宗教矛盾甚至发生冲突。由于宗教巨大的号召力,宗教冲突产生的破坏力是很难预料的。同时,宗教问题总是和民族问题交织在一起,二者存在着相互演化关系,这也加剧了民族地区宗教问题的复杂性。

因此,民族地区政府必须加强社会控制能力建设,以此保障民族地区社会有序发展,政治稳定运行,为民族地区发展创造良好的社会环境和政治环境。

6. 平衡协调能力

民族地区政府的平衡协调能力是民族地区政府通过制定社会资源和价值再分配政策并开展这方面的有关活动所表现出来的统筹兼顾、组织协调、综合

---

① 方盛举:《民族地区民族自治地方政府发展论纲》,人民出版社2007年版,第146—147页。

平衡在民族地区发展过程中出现的某些矛盾关系的能力。在经济全球化、科技迅猛发展的大背景下,民族地区在发展过程中出现越来越多、越来越复杂的失衡关系,有些已经严重制约了民族地区经济社会发展。民族地区政府亟待提升自己处置这些失衡关系的能力,扭转失衡关系重新回到平衡发展的轨道上来。

目前,影响民族地区经济和社会发展的失衡关系主要有:第一,各民族之间利益关系。受市场经济逐利倾向的影响,各民族族体利益意识迅速提升和强化,于是就出现了民族之间利益敏感化的发展趋势。第二,产业结构失衡。如农牧业极其脆弱且生产结构不合理,工业布局散乱,优势工业的集中度低,第三产业发展比重小且发展水平低下等。第三,经济发展与生态环境保护之间的矛盾关系在一些民族地区已经严重失衡,并且随着经济的进一步发展,它将变得更加突出和尖锐。第四,三个文明建设出现失衡。近年来,经济建设虽有了长足发展和进步,但对人权的尊重和保障水平却停滞不前、社会道德水准滑坡、社会治安持续恶化、文化事业和教育事业发展极度缓慢等等。第五,地区内部发展不平衡。人们更多关注的是民族地区与发达地区之间的差距,而忽视了民族地区内部区域间的差距。这些差距越来越大,已经阻碍了民族地区的总体协调发展。第六,市场配置资源与政府配置资源之间的协调关系。由于民族地区总体上市场发育程度较低,加上民族地区内部区域之间市场发育程度也不平衡,因此,民族地区政府要结合本地经济发展的实际解决市场配置资源与政府配置资源的关系,充分发挥两者配置资源的优势。第七,民族传统文化保护与现代化的协调关系。在民族地区外来文化对民族传统文化的冲击很大,有失去民族自身特点的危险。对民族传统文化如何在现代化中得以保护,是对民族地区政府组织协调能力的一个严峻考验。以上这些关系只是民族地区政府在发展过程中需要重点协调平衡的矛盾关系,而需要民族地区政府有效协调和平衡的矛盾还很多。民族地区政府需要采取有效措施提高组织协调能力,保证民族地区经济和社会持续、稳定的发展。

7. 社会整合能力

在民族地区,如何动员怀有不同观念和利益要求的个人或集团,能够为整体利益和公共利益出让部分私己利益,有效避免各种利益冲突,增强社会凝聚力和向心力,关键要看政府的社会整合能力的强弱。因为民族地区政府是拥有公共权力、管理公共事务、代表公共利益、承担公共责任的特殊社会组织,它既可以通过控制意识形态和公共传播媒体来引导社会的思想、文化和舆论,又可以通过法律规范及公共政策来影响和调节社会利益关系,还可以通过动员、协调、强制等多种方式来整合各种力量。其对社会稳定和发展的作用是其他任何社会组织无法替代的。特别是在各种矛盾和冲突日益突出的社会变革和转型时期,民族地区就更加需要拥有一个具有整合力、感召力、高效能、服务型的政府,来维护本地区社会稳定和发展,在构建社会主义和谐社会过程中建功立业。

民族地区政府的社会整合能力主要表现在两个方面:一是在政府内部以灵活性的规则和制约机制来促使政府公务员按照组织目标行事。二是通过宣传教化,特别是咨询、通告等沟通机制的建立,密切政府与广大各族公众的关系,使改革目标更符合公众的意愿,更易于为群众所理解和接受;同时促进社会基本价值观念和社会多元利益的整合,增强各族公众和其他组织对共同事业的责任感和积极性。

8.社会服务能力

"民主政府是为它们的公民服务而存在的。"①政府机构成立的初始原因是社会公共需要。从这个意义上说,民族地区政府能够在多大程度上满足公共需要,是衡量政府能力大小的重要标准。民族地区政府的社会服务能力通常包括服务社会、服务公民、服务企业、服务市场四个方面。从保障公民权利到促进社会就业、从普及文化教育到居民住宅建设,以及提供医疗保险和社会援助、建设公共基础设施、保护自然生态环境、为企业发展提供信息咨询以及其他公共产品和公共服务等。大部分公共产品和公共服务是不能够依靠市场、私营团体或个人充分供应的,因为,私人企业更多追逐的是近期利益和局部效益,个人力量的薄弱和"搭便车"心理也不可能成为公共产品和公共服务

---

① [美]戴维·奥斯本:《改革政府》,周敦仁等译,上海译文出版社1996年版,第149页。

的主要供应者,再加上一般的公共产品和公共服务投资大、周期长、见效慢等特点,从而使得民族地区政府成为公共产品和公共服务的主要供给者。而与此同时,民族地区政府的服务能力又直接关系到各族群众对政府的信心。因此,一旦民族地区政府的服务能力下降,将有可能危及到民族地区政府的合法性。

9.危机处理能力

危机处理能力是衡量民族地区政府能力的一个重要的评估指标,也是对现代民族地区政府提出的一个特别重要的素质要求,它表现为民族地区政府具有较强的危机管理意识,对各种有可能发生的危机事件均有完备的应急预案,面对发生的危机能够做到反应迅速,决策果断,处理措施得力。

面对民族地区脆弱的自然条件和复杂的社会环境,民族地区政府必须加强应对各种来自自然和社会的突发事件的能力。第一,民族地区自然资源虽然丰富,但生态环境相对脆弱,加之自然环境复杂,自然灾害发生频繁,如各种原因造成的森林火灾、草原火灾,天气无常造成的风沙暴、山洪、泥石流,环境污染、生态平衡突然失调等等。对此,民族地区政府对突发事件必须做出迅速反应,果断处理,以减少因自然灾害导致的各项损失。第二,民族地区的民族关系、宗教问题是两个极为敏感的问题,加之民族关系与宗教问题一直都是西方分裂势力对我国进行分化、分裂的主要工具,一点点不慎的行为或决策都会引起意想不到的问题,激化矛盾,甚至引起社会动荡。所以,民族地区政府的危机处理能力是确保民族地区正常的社会秩序,为地区经济社会发展创造有利条件的重要体现。

(二)民族地区政府能力的各个构成之间的关系

民族地区政府能力结构中子能力之间的关系是非常复杂的。民族地区政府能力的各子能力之和并不大于民族地区政府能力的总量,因为各子能力并不是均衡地分布在民族地区政府能力体系当中的。在历史发展的不同时期以及不同的社会具体条件下,民族地区各子能力所发挥的作用的大小不相同;它们之间相互关联,但也不是简单的线性相关。从总体上来说,民族地区政府能力各子能力之间的关系表现出以下特点:

1. 各个能力构成之间存在着互动性

民族地区政府能力各子能力之间的互动性表现为它们之间相互联系、相互制约和相互影响。这种互动性一般可以表现为各要素之间存在着正相关、负相关两种关系形式。正相关意味意味着政府能力各子能力之间是一种互相协作、正向递进的关系;负相关则意味着政府能力各子能力之间是一种互相矛盾、负向阻碍的关系。在后一种关系下,政府能力各子能力越强,它们的互相矛盾越深,政府能力越低。换句话说,也就是其中任何一种能力构成的变化,都会引起其他能力构成甚至民族地区政府整体能力的变化。举例来说,民族地区政府的社会整合能力与平衡协调能力是密切联系在一起的,社会整合能力的提高会增强政府平衡和协调社会矛盾、维护社会公平和秩序的能力;政府的资源汲取能力不仅为政府整体能力奠定了物质性基础,决定着民族地区政府能力的整体,也为政府能力的其他构成要素提供着物质性基础,对民族地区政府发挥其他能力产生基础性的影响。

2. 各个能力构成之间的互动关系呈现出非线性规律的特征

上述政府能力各个能力构成之间的互动性一般表现为正相关和负相关两种关系形式,但这并不代表可以简单地说成这种互动性就一定是一种线性关系。在民族地区政府能力的各个能力构成之间很难说可以用一种数学模型将它们串联起来,各个构成要素之间的这种互动关系呈现出非线性规律的特点。如前所述,民族地区政府能力各个能力构成之间表现为相互联系、相互制约和相互影响的关系,但这种联系、制约和影响同时受到了政府内部因素和外部因素的多重影响,同时,受到了一定的历史阶段和社会发展现状的调整,也就是说,对各个子能力产生影响的因素不仅仅是各个能力构成本身。这种影响民族地区政府能力因素的复杂性也决定了各个能力构成之间的互动关系呈现出一种非线性规律的特征。

3. 各个能力构成之间存在着非均衡性

任何一个民族地区政府能力系统都存在着上述主要构成,但这些构成在政府能力的整体格局中并不是等量的、均衡的分布着,它们的地位不是等量齐观的。伴随着社会生产力的发展和社会文明的演进,总是有一种或几种构成因素居于主导地位,其他构成要素围绕它(它们)进行整合并发挥作用,从而形成特定的结构模式:政治型政府能力、经济型政府能力、人力型政府能力、知识型政府能力、服务型政府能力……比如,在我国民族地区,建国后至改革开放以前三十余年中,政府能力中起主导作用的构成要素主要是表现为政治功能的社会控制能力和平衡协调能力;改革开放初期,资源汲取能力、社会整合能力则成为政府能力的主导性要素;《民族区域自治法》出台以后,依法自治能力成为民族地区政府能力的特殊内涵;随着我国社会转型时期的到来及经济、社会、文化的发展,学习创新能力、社会服务能力、规划发展能力日益凸显出其重要的角色,进而成为民族地区政府能力在当前的重要构成。

(三)民族地区政府能力的结构体系

民族地区政府能力是一个复杂的结构体系,这个体系具有一般政府能力共有的特征,即阶级性、管理性、服务性、综合性、层次性、发展性、开放性、有限性。从整体上看,民族地区政府能力结构体系由两个子系统构成:内部组织治理能力系统和外部社会治理能力系统。前一个能力系统是后一个能力系统的基础,民族地区政府只有对内部组织实施了有效治理,才具备治理社会的基本素质。同时,后一个能力系统又是前一个能力系统的延伸和体现,也是前一个能力系统的促进力量。因为,通过治理社会,才能检验民族地区政府内部组织的有效性,也只有通过对社会的治理才能使政府了解自身需要强化哪些素质和资格,及时进行调整。

1.民族地区政府的内部组织治理能力系统

民族地区政府的内部组织治理能力是指政府机关对内部组织、内部事务、内部人员的管理能力。这一能力系统具体来说包括以下几个内容:第一,政府组织的自我教育、自我管理能力,包括政府对机关内部的人、财、物等资源的组织动员和合理配置能力,政府各部门之间、公务人员之间的团结协作与互助友爱能力,对政府各部门及公务人员的规范约束和激励能力。第二,政府组织的自我变革和自我发展能力,这是指政府组织根据外部环境变化的要求而对政府体制、机构设置、行政文化等所进行的及时调整和积极创新能力。第三,政府组织的自我学习和自我适应能力,即政府组织通过主动沟通和学习,不断修正或校正自己的行为,以符合外界环境的期待和要求的能力。

政府对自身进行治理的目的具体包括三个有机联系的方面:一是提高政府组织综合素质,二是增强政府组织的活力,三是提升政府权威性影响力。而最终的目的就是使政府具有较高的组织机能,具备治理社会所需要的素质、能力和资格。

2.民族地区政府的外部社会治理能力系统

民族地区政府的外部社会治理能力是指政府对除去自身以外的社会事务、社会问题的管理、治理能力。这种能力系统可以根据政府职能的状态——静态职能和动态职能——进行不同层面的考察。

(1)从政府的静态职能出发确定政府的外部社会治理能力

在这一层面考察政府的外部社会治理能力,主要体现在以下四个方面:第一,政治管理能力,主要包括以维护政权巩固和发展为目的的政治统治能力,以保障社会稳定和有序运行为目的的治安管理能力,以推动政治发展为目的的民主法制建设能力和以正确处理国际关系为目的的外交能力。第二,经济管理能力,包括对经济的宏观调控能力、对市场的规制能力、对有形公共产品的提供能力。第三,文化管理能力,主要涉及对文化事业、教育事业、科技事业、体育事业的管理和推动能力。第四,社会管理能力,主要指政府对环境的保护和对生态的建设能力,政府对人口和计划生育工作、医疗卫生事业的管理能力,政府的社会保障能力和政府的社会服务能力。

(2)从政府动态职能出发确定政府的外部社会治理能力

在动态职能的层面考察政府的外部社会治理能力,主要表现为以下五个方面:第一,公共政策制定能力,主要指政府是否善于确认社会重大公共问题,在此基础上是否善于进行政策规划从而制定和推行公共政策。第二,资源动员汲取能力,是指政府是否善于从社会中动员和提取人、财、物、信息等资源,在此基础上是否善于把这些资源进行合理配置和利用。第三,社会控制协调能力,是指政府是否善于防止和纠正社会运行中的各种偏差,是否善于化解社会运行中的各种矛盾。第四,综合指挥激励能力,是指政府是否善于指导、引导、强制和督促社会公众按既定方针政策和计划来完成任务,是否善于激发和调动整个社会的积极性、主动性和创造性。第五,创新发展规划能力,主要包括制度创新和政策创新两大方面。制度创新是指政府是否善于面对社会内外的挑战而进行制度改革或制度创造。政策创新是指政府是否善于适应科技进步和人类需求的提高而提出新的行动指南或规范,以增强社会经济发展的潜力。

(四)民族地区政府行政能力现状

在"以经济建设为中心"总方针的指引下,随着改革开放和西部大开发,从农村牧区到乡镇城市的经济体制改革以及相应的政治体制改革为民族地区政府能力的提升创造了良好的条件,民族地区政府的整体能力得到了显著提高。同时,机构改革和政府职能转变促使民族地区政府将其能力集中到市场经济建设和社会转型最需要的领域,使政府能力结构更适应行政环境变迁的要求,从而在实践中进一步提高了政府效能。具体来说,民族地区政府能力的提高主要体现在以下几个方面:

1.民族地区政府能力结构更为合理。由过去过分强化政治能力逐渐向加强经济能力、社会能力和服务能力转化。在新中国成立之初,严酷的国际国内形势,决定了我国各级政府只能是以政治统治为主,以此来粉碎国内外敌对分子颠覆的企图和破坏的阴谋,巩固新生的无产阶级政权。在社会主义改造基本完成后,行政环境发生了巨大的变化,社会管理能力成为民族地区政府的主要能力。改革开放以来,随着中国改革的深入,社会的转型以及服务理念的普及,民族地区政府能力的重心逐步实现了从微观管理、行政审批向宏观调控、社会服务的转化。

2.民族地区政府对社会发展的适应能力显著提高。在传统计划经济体制下,民族地区政府对经济和社会活动的管理主要依赖行政命令,并且服从政治"大局"的需要,忽视个人和企业的特殊利益。政策的制定基本上是人为的主观意志的产物,难以反映经济和社会发展的变化。改革开放以来,民族地区政府主动适应市场经济的要求,重视价值规律的作用,积极回应社会转型所带来的一系列新情况新问题。实践证明,改革开放以来实施的包括民族地区在内的全国全方位的改革开放政策、联产承包责任制、费改税政策、企业的股份制改革以及建立现代企业制度等,都符合社会发展的规律,并在实践中获得了巨大的成功。

3.民族地区政府的社会宏观调控能力有所提升。改革开放以来,在国家总体方针的指引下,民族地区政府结合民族地区实际改变了计划经济体制下运用单一行政指令手段调控经济活动的做法,更多地利用价格杠杆、税收、利率等经济手段和法律手段,按照价值规律的要求调控经济,收到了较好的效果,不但繁荣了市场,稳定了国民经济,而且增强了政府的宏观调控和微观规制能力。

4.民族地区政府的社会服务能力和平衡协调能力逐渐增强。随着经济体制改革的深化,民族地区政府加快了社会保障和社会救助系统建设。虽然由于历史欠账太多,距离社会实际需求还有一定差距,但情况正在逐渐好转。社会弱势群体对改革的抵触和不满情绪得到缓解,从而为改革的进一步深入创造了有利条件。同时民族地区政府的权威和合法性也得到了提升,这对保持民族地区社会稳定是十分重要的。

应该说,改革开放以来民族地区政府能力确实有了全方位的发展。但是,对比科学发展观和构建和谐社会的要求,民族地区政府当前的状况仍不容乐观。仔细地观察和审视民族地区各个具体的地方政府的情况就不难发现,能力缺失是一种普遍现象。将民族地区政府的能力与东部地区政府的能力两厢比较就会发现,东部地区政府的能力要强劲得多,这也正是东部地区在改革开放中步子迈得更大,发展更加迅速和有成效的重要原因。民族地区政府能力的“现有”同“应有”之间仍存在较大的差距,主要表现为以下几个方面:

1.传统的政治能力“过剩”与社会整合、平衡能力不足

改革开放以后,社会结构急剧分化,个体利益凸显并且差距加大,原来被人为压抑的社会矛盾一并涌现出来。由于民族地区社会保障救济系统和分配调节系统的不完善,社会不公平现象日益严重,再加上某些领域法制的缺乏和规制不力以及普遍存在的“道德危机”、“信仰危机”、“诚信危机”等,造成了一定程度的混乱无序现象。

解决上述问题,沿用传统的政治统治手段显然难以奏效,必须在新的历史

发展时期寻求新的社会整合与社会平衡的手段。民族地区政府在这方面的能力显然不够。一方面,民族地区规范市场主体行为、平衡社会矛盾的能力不足。改革开放以来,我国已经制定一系列的法律法规,试图以此来规范市场主体的行为。但是,适应市场经济需要完善法律体系毕竟是一个长期过程,并且需要实践和理论两方面的支撑,因此,市场经济建立之初,相当的市场活动领域仍然是法律的空白区。而且,即使是已经有法可依的领域,也存在执行不力的情况。于是市场主体之间的某些行为就处于无规制或者失控状态中。另一方面,民族地区政府部门的社会价值再分配政策不够完善,影响了其平衡协调能力。改革从深层次上讲是社会利益的大调整,是社会价值的重新分配。但受到计划体制下遗留下来的旧的分配规则的影响和旧的分配观念的束缚,目前社会价值在分配体制和政策方面还不够完善配套。

2. 规划发展能力不足

民族地区政府的政策规划发展能力不足主要表现为普遍存在的缺乏系统性、连续性和稳定性。一方面,民族地区政府在一定时期的全部发展政策应该是一个有机联系的、相互支撑的、完整的体系,各项发展政策不应该彼此孤立,更不应该抵触。但目前来看,民族地区主要是自治州和自治县由于缺少科学的政策规划,也缺少系统思维习惯,民族地区政府制定的各项发展政策,不管是长期、中期、还是短期政策,也不管是综合性还是专门性政策等,往往就事论事,对发展政策之间的匹配问题考虑较少,造成各项发展政策之间缺乏内在的有机联系,形不成政策的系统优势。另一方面,当民族地区政府选择和确定好战略目标后,服务于战略目标的政策在前后之间要保持一定的连续性和相对的稳定性,要避免前后政策之间的矛盾或抵触,也要避免前后政策的脱节或断档,否则会造成政策执行中的混乱或不知所措。但由于缺乏体制约束,民族地区政府发展政策存在着随领导者更换而不断更换以及朝令夕改的现象。民族地区政府发展政策缺少系统性、连续性和稳定性,带来的最大弊端就是内耗大,政策执行成本高,政策资源浪费严重,已经成为制约民族地区政府发展规划能力的痼疾,所以必须采取措施加以解决。

3.公共管理与公共服务能力不高

第一,投资环境跟不上民族地区社会发展的需求。首先,产权的界定和保护在民族地区仍显不足。市场上普遍流行的欠债问题,就是所有权不够明确、产权收益得不到有效保护的信号。从农村牧区到城市的"三乱"问题,也是个别民族地区政府侵犯个人和企业产权的典型例子。民族地区的产权状况如不改变,势必会滞阻市场经济的形成和公民信用观念的养成。其次,法律法规供给不足。改革开放以来,我国加快了立法步伐,初步建立了市场经济法律体系,但还没有根本解决法律缺乏问题,特别是民族地区配套法律法规的不完善直接到影响企业家的投资信心。再次,过多过滥的审批项目和繁琐的审批环节直接了影响投资者的热情。近年来,国家明令裁撤了一批行政审批项目,一些民族地区政府也紧随其后,但传统行政工作的惯性仍没有得到根本性解决。

第二,政府提供高质量的公共产品的服务能力不足。比如我国的义务教育,这些年来,我国公共教育经费占国民生产总值的比例始终没有超出4%。在原本很是可怜的基础教育支出中,中央和地方财政只占政府教育财政投入的12%左右,78%的费用由乡镇负担。而在我国的民族地区,乡镇一级政府的经费绝大部分来自于农牧民,工商税收所占份额很小,等于是农牧民在为当地义务教育"买单",这使本来就收入不高、负担较重的农牧民又背上了沉重的教育负担,严重影响了农村牧区义务教育的普及和发展。即使是在城市,种类繁多的杂费也让许多家庭为之疲于奔命。《中华人民共和国义务教育法》已经实施多年,民族地区绝大部分已宣布"基本普及九年制义务教育",但学龄儿童失学不能完全杜绝,教师工资被拖欠,基层地区教育设施落后,仍是客观现实。

第三,商业和信息服务业尚未形成成熟的公共产品网络系统,这不利于民族地区企业市场竞争能力的提高。世界银行发展报告指出,信息和协调问题也会通过削弱市场和产权的基础而阻碍发展。由于公民和企业只拥有有限的信息,认识也不全面,运作规则尚不明确,他们可能不了解获利机会以及潜在商业伙伴的正直与否。这不仅会危害社会信用,也会使社会交易成本上升。

综上所述,要想保持民族地区经济和社会持续、快速、健康发展,没有一个足够有力的政府是不行的。所以,尽快改变民族地区政府能力结构失衡的状况,按照社会发展的要求建立起与之相匹配的政府能力体系是当务之急。

(五)造成民族地区政府能力不足的原因

民族地方政府的能力不足是在长期的发展过程中形成的。从总体上说,既有外部的原因,也有内部的原因。

1.造成民族地区政府能力不足的内部原因

(1)依法自治能力比较弱。《民族区域自治法》中规定的自治权不能完全落实,制约了政府自治能力的提升。以变通权行使为例,变通权的行使是需要一定能力的,如果在缺乏行使变通权能力的前提下,民族地区政府就启动变通程序,行使变通权力,一旦出现某些消极问题,民族地区政府可能面对上级国家机关和社会公众的双重压力。为了减少政治风险,民族地区政府一般不轻易行使变通权,这样做的政治风险明显减小,确保与上级政府和同级党委融洽相处,减少冲突;对社会公众,也以"政策是上级制定的"为借口推托。这是导致民族地区政府领导层对争取和行使变通权缺乏热情的根本原因,也是自治权不能落实的根本原因。

(2)政府机构臃肿。同东部地方政府相比,民族地方政府的机构和人员都更多,与民族地区薄弱的经济基础和财政支持能力相比,更是人满为患。这种状况的存在,是同社会提供的机会和可供政府机关人员分流的经济单位少,政府又是获得相对较多的部门,民族地区分流政府机关工作人员还要考虑对社会和政治稳定的影响等方面的问题联系在一起的。在民族地区,要求进政府机关的人多,愿意出政府机关的人少,分流政府机关工作人员的困难很大,结果是政府机关人员过度膨胀。政府自身的规模庞大,结构臃肿,运转自然不灵。

(3)运行方式不合理。政府的功能要通过政府一定的运行方式体现出来,政府能力的发挥需要一个科学合理的运行方式。民族地方政府中,尤其是处于农村牧区的县乡级政府中,运行方式的不适应较为普遍。在民族地区政府的运行中,趋利性倾向较为突出,即政府的行为受到政府机关自身利益的影响,倾向于能够为自己带来实际利益的行为;政府观念落后,即政府在运行中所遵循的基本观念跟不上形势发展的要求,一些政府机关中盛行的仍然是计划经济时期的观念;政府的管理方式陈旧,还不能运用新的科学的管理方式来管理社会,管理方式上仍然保留着计划经济的色彩,导致政府工作的效率低下。这些问题的存在,使得政府具有的功能无法得到有效的发挥。

(4)政府工作人员素质不适应。政府能力深受政府机关公职人员的素质影响。民族地方政府机关公职人员,不论是受教育程度、思想观念的水平以及处理具体事务的能力等,都难以同东部地方政府相比。在东部发达地区,有博士市长、县长乃至于博士镇长,但是民族地区政府干部中,大学本科学历都尚未普及,受高学历教育的人更是凤毛麟角,思想观念普遍陈旧,难以适应现代化进程的要求,要担当起领导和推动当地现代化建设的重任,自然力不从心。这样,就严重地制约了民族地区政府功能的发挥和能力的提高。

2.造成民族地区政府能力不足的外部原因

(1)环境的制约。民族地区的自然条件以及经济、社会、文化发展的状况等,构成了民族地方政府存在和运行的外部环境。民族地区政府与外部环境是一种互动关系,政府与环境不断地进行着信息和能量的交换,同时也从环境中汲取能力。在民族地区,各级政府所处的自然环境、经济水平和社会发展程度等重要的外部条件,都无法与东部地区相提并论。这里不仅自然条件差,而且经济发展水平低,社会发育迟缓,在这样的基础上构建功能和力量强大的政府,其难度是可想而知的。

(2)资源缺乏。政府作为公共权力组织,其功能的发挥是同社会资源的调配紧密联系在一起的。这里所说的资源指各种有利于政府发挥职能的要素,既有自然的,也有经济的和社会的;既有物质的,也有非物质。政府体现功能,发挥能力,实现目标的过程,也是一个动员和调配社会资源的过程。民族地方政府在这方面所面临的困难非常大。民族地区的资源禀赋本来就不足,在经济社会的发展中又出现了资源的不合理利用和资源利用与资源建设不协调的问题。不用与发达地区政府相比,就是从民族地区政府要发挥自己的作用来说,也常常是捉襟见肘。民族地区政府在这方面的难题是资源总量有限,结构严重不合理。

（3）外援力量不足。为了解决由于历史和现实原因造成的民族地区经济、教育、文化等各个方面都较明显地落后于东部地区的现实问题，提升民族地区政府执政能力，国家先后建立起东部发达地区与少数民族地区对口支援的对子，并从国家的宏观政策、法律法规方面给予民族地区较大的扶持。但是，从这些政策、措施的实施和落实过程来看，地区间的对口支援仍停留在一种形式上的支持和帮助，国家对民族地区的优惠政策也较为普遍地出现落实不彻底的现象，特别是在资金援助与民族地区能源输出方面、后备人力资源培养、培训方面、教育事业政策倾斜与扶持方面……均表现出了极为不协调的情况。这些做法不但没有达到支援的目的和初衷，甚至在一定程度上损害了民族地区的利益。

（六）影响民族地区政府行政能力的因素

民族地区政府能做什么或能做好什么，受到多种因素的制约和影响。概括地说，按照这些影响因素与民族地区政府的关系，可以将其归纳为两类：一是内部自身因素，二是外部环境因素。

1. 影响民族地区政府能力的内部自身因素

（1）政府财政状况

"经费如同行政组织的血液"[①]一样，不仅政府的所有职能需要财力的支撑，而且工作人员、办公场所和用品等其他一切物质要素的取得都要依赖政府的财政资源。现代政府以"税收"为代表的财政汲取能力被认为是维系政府存在和运作的前提条件而一直受到统治者和学者的高度关注。从这个意义上说，民族地区政府财政状况不仅是政府社会汲取能力的重要组成部分，也是影响政府其他能力的基础性因素。一般而言，民族地区政府财政资源量上的减少会导致一系列的严重后果。如果政府财政资源严重下降，就会导致宏观经济调控能力下降，出现经济不稳定，甚至衰退。

（2）政府权威性

政府权威性主要体现在政府规则和政策的可预见性及与实施中的一致

[①] 沈亚平：《行政学》，南开大学出版社 1993 年版，第 63 页。

性。一定意义上说,政府权威性就是政府依法行政的状况。依法行政首先要有法可依,而政府首先应承担起建立和完善法律体系的责任。精心设计的法规体系可以帮助政府为公共目标而影响市场运行过程,可以保护消费者、劳动者和环境,可以促进竞争和创新而同时限制垄断权力的滥用。所以,健全的法律是提高民族地区政府权威性,保证经济和社会健康发展的前提条件。然而,更难的还在于规则的有效执行。妨碍公正执法的一个重要原因是腐败。腐败最直接的牺牲品之一,就是政府的权威性以及政府赖以存在的合法性基础。因此,依法行政的状况反映民族地区政府的权威性,政府的权威性又直接影响到民族地区政府的合法性。

(3)行政权力结构

行政权力是政府能力的一种支持性要素。民族地区政府的行政权力是一个综合性的概念,它是各种行政权力的集合,具体表现为一定的行政权力结构。行政权力结构的合理与否直接影响到政府能力的强弱。民族地区政府的行政权力结构表现于行政权力在纵向和横向上的排列组合。行政权力的横向结构是指行政权力在同级政府各部门的划分。这种划分原则上应该保证责权明确,防止有权无责或有责无权的情况发生。行政权力的纵向结构是指行政权力在不同层级政府之间和不同层级职能部门之间的划分。这里要特别注意的是上下级政府权力的划分问题,包括财权的划分和事权的划分。总的原则是,要把财权与事权结合起来,使权力与责任对等。

(4)政府职能

民族地区政府职能框定了民族地区政府能力的基本内容和发展方向,而政府能力的大小强弱又决定了政府职能的实现程度。政府能力与政府职能是一对互动关系,政府职能的合理界定对政府能力有着至关重要的意义。一般而言,民族地区政府职能范围与民族地区政府能力存在明显的负相关性。政府在缺乏资源和能力的条件下试图办更多的事,只能造成过大于功、费力不讨好的后果。政府能力是在其履行职能、对社会发生影响的过程中体现出来的,那么政府的应有职能得以实现的程度自然可以成为衡量政府能力大小的标尺,也是影响政府能力的重要因素。

（5）政府规模

政府的规模主要指政府机构、政府公务人员的数量和政府财政支出占国民生产总值的比重。伴随现代化过程中政府职能的增加，民族地区政府规模也呈不断扩大之势。政府规模过度膨胀必然带来机构重叠、人浮于事，降低行政效率，损害政府形象的结果。如此庞大的官僚机构和人员的维持需要大量的财政收入支撑。财政压力也使政府降低了在社会福利等方面的服务质量。因此，政府规模过大对政府能力的负面影响是显而易见的，表面上看似乎因为部门和人员的扩充增强了政府对社会的控制和协调能力，实际上造成了治理成本过高，降低了政府的社会控制能力和为公民提供良好公共产品和公共服务的社会服务能力。当然，政府规模也并非越小越好，重要的是要与其所应承担的职能相适应，规模不足的政府也不能实现政府能力的有效发挥。

（6）公务人员的素质

政府公务人员是政府能力的主体，处于行政管理活动的核心位置。所以，民族地区政府人员素质的高低决定并具体体现着政府能力的高低。"只要一个政治体系复杂而稳定，就会产生种种政治角色，最明显的政治角色或许就是由那些制订、解释并实施对政治体系成员有约束力的法规的人来扮演的，这些角色就是官职，而一个政治体系中官职的集合体就构成那个体系的政府。"①可见，政府公务员是政府行政的主体。这一主体的整体素质越高，在其内部能够协调一致的情况下，那么政府的能力就越强，在它制定和推行现代化政策以及将这种政策不断引向深入的过程中，其超强的指导能力、动员能力、分配能力以及整合能力就能得到充分的发挥。否则，政府能力也就无从谈起②。民族地区政府能力不高的现实很大程度上是由于民族地区政府公务人员的素质整体不高所导致的，从另一方面也表明，国家和民族地区自身在公务人员的选拔、培养方面还存在着一定的问题。

2.影响民族地区政府能力的外部环境因素

（1）政治因素

---

① ［美］罗伯特·达尔：《现代政治分析》，王沪宁、陈峰译，上海译文出版社1987年版，第26页。
② 陈炳水：《政府能力初论》，《浙江社会科学》1998年第3期，第88页。

民族地区政府是政治上层建筑的重要组成部分,政治状况对民族地区政府能力的影响是直接而深刻的。这里的政治因素主要是指民族地区乃至整个国家的政治局面和对民族地区的政策导向。这方面的因素影响政府履行公共职能的例子不胜枚举。在民族地区的发展上,国家的政策导向以及特殊的法律规定都起着巨大的作用。此外,政治因素还应该包括民主和法治状况。一方面,社会对政治体系的参与和影响的扩大,主要表现为民主化,被认为是政治现代化的重要标志之一;另一方面,健全的法律体系和法律至上的观念,特别是保证法律能够得到严格执行的一系列制度,也会促进公共权力的有效运作。

(2)经济因素

没有有效的政府,经济的、社会的持续发展是不可能实现的。同样,没有经济的、社会的持续发展,建设有效的政府也是不可能的。民族地区经济的发展水平,直接决定着民族地区政府能力的大小。经济的持续增长,保证了税源的充足和稳定,增加了民族地区政府的财政收入,提高了其社会控制和社会服务等项能力。同时,民族地区政府各项能力的提高又反过来促进经济的增长,从而形成政府与社会互动发展的良性循环。稳定的经济增长在满足人民群众日益增长的物质文化需求的同时,培养了公民对政府的认同和拥护,从而巩固了民族地区政府存在和发展的合法性。

(3)教育因素

行政管理活动搞得好坏,关键要看政府人员素质的高低。能否拥有一批具有较高行政管理能力的人才,直接影响着民族地区政府各项能力的实现程度。而这些人才除了录用任职后由政府对之进行培训之外,主要靠社会力量进行培养和教育。可以这样认为,教育水平的高低,决定着人才的多少及其水平的高低,进而决定着民族地区政府行为的优劣,并最终决定着民族地区政府能力的高低。如果教育比较发达,就能够造就出一批又一批的人才到政府任职,使民族地区政府有能力将应该管辖的事务归入其职能范围之内,并卓有成效地对之实施管理。民族地区教育水平整体不高是一个较为普遍的现象。与此同时,国家的某些教育行政管理部门不但对民族地区教育的支持力度不足,而且以与东部教育发达地区相同的标准要求民族地区的教育工作,这无疑在一定程度上造成了限制民族地区教育发展的现实。

(4)科技因素

科学技术特别是现代通信技术的迅速发展正在改变着政府自身的组织结构、运行方式、工作行为。信息技术和网络的发展对政府部门的改造是全方位的。网络使政府部门能够及时捕捉有效信息,在很大程度上弥补了政府在信息收集方面的缺陷,为行政决策提供了科学化工具。同时,网络技术又为政府与公民之间信息的双向互动提供了条件,畅通了公民的参政议政渠道,为公民更为广泛地参与行政活动提供了新的途径。既使公民的意见和建议能够被及时、迅速地反馈给政府,又使政府能够更为及时地调整政策以适应变化了的需要,增强政府的适应能力,提高了行政效率和社会服务能力。这一影响因素不但在民族地区,即便是就全国而言,也是一个影响和制约政府能力的主要外部因素。

三、民族地区政府行政能力的建设

(一)民族地区政府行政能力建设的目标

党的"十七大"明确提出了"建设服务型政府"的要求,这实质上就是要建设一个由有限政府、责任政府、法治政府、透明政府共同支撑的,以社会和公民需求为导向的政府,体现为从"以政府为中心的重管制模式"向"以满足社会和公民需要为中心的公共服务模式"的转变。对于民族地区政府而言,这就要求政府能力建设的目标应该是,以"建设服务型政府"为特定价值取向,依据《宪法》和《民族区域自治法》,大力提升自治水平,努力提升自身素质,勇于创新,科学规划本地区经济社会的发展,在确保本地区经济社会全面发展的基础上,提高为社会和公民提供优质高效的公共服务和公共产品,加快推进以改善民生为重点的社会建设的能力,努力把自己打造成为有力高效的政府。

民族地区政府能力建设的目标,不仅是党和国家对民族地区政府能力建设的要求,是新的历史发展时期对民族地区政府能力建设的要求,也是民族地区实际赋予民族地区政府能力建设的使命。

1.建设服务型政府,行政管理体制改革是深化改革的重要环节。党的十七大报告指出,"要抓紧制定行政管理体制改革总体方案,着力转变职能、理顺关系、优化结构、提高效能,形成权责一致、分工合理、决策科学、执行顺畅、监督有力的行政管理体制。健全政府职责体系,完善公共服务体系,推行电子政务,强化社会管理和公共服务。加快推进政企分开、政资分开、政事分开、政府与市场中介组织分开,规范行政行为,加强行政执法部门建设,减少和规范行政审批,减少政府对微观经济运行的干预。规范垂直管理部门和地方政府的关系。加大机构整合力度,探索实行职能有机统一的大部门体制,健全部门间协调配合机制。精简和规范各类议事协调机构及其办事机构,减少行政层次,降低行政成本,着力解决机构重叠、职责交叉、政出多门问题。"①这是党和国家在现阶段对各级政府建设的要求。民族地区政府必须按照这一要求,为"建设民族地区服务型政府"而努力提高自身能力。

2.在新的历史时期,最鲜明的特点是改革开放,最显著的成绩是快速发展,最突出的标志是与时俱进。这一新的历史发展时期要求民族地区政府增强发展的协调性,努力实现经济发展的又快又好;扩大社会主义民主,更好保障各族人民的权益和社会公平正义;加强文化建设,提高本地区各民族文明素质;加快发展社会事业,全面改善各族人民的生活;建设生态文明,形成节约能源资源和保护生态环境的产业结构、增长方式和消费模式;优先发展教育,建设人力资源;实施扩大就业的发展战略,促进以创业带动就业;深化收入分配制度改革,增加城乡(牧区)居民收入;加快建立覆盖城乡(牧区)居民的社会保障体系,保障人民基本生活;建立基本医疗卫生制度,提高全民健康水平;完善社会管理,维护社会安定团结。为了迎合新时期对民族地区政府的要求,民族地区政府能力建设必须配有相应的机制和制度作为保障。

3.民族关系、宗教关系的和谐,对于增进民族地区团结、凝聚力量,集中精力谋发展具有不可替代的作用。民族地区政府提高自身能力,应牢牢把握各

①　胡锦涛:《高举中国特色社会主义伟大旗帜,为夺取全面建设小康社会新胜利而奋斗——在中国共产党第十七次全国代表大会上的报告》,人民出版社2007年版。

民族共同团结奋斗、共同繁荣发展的主题,保障少数民族合法权益,巩固和发展平等团结协助和谐的社会主义民族关系,将这一任务作为自己神圣的使命。同时,民族地区政府要全面贯彻党的宗教工作基本方针,动员一切可以动员的力量,发挥宗教界人士和信教群众在促进经济社会发展中的积极作用。

(二)民族地区政府行政能力建设的原则

为实现民族地区政府能力建设的目标,在民族地区政府能力建设的过程中必须坚持以下原则:

1.维护民族法制、落实民族政策的原则

我国《宪法》以及《民族区域自治法》赋予了民族地区政府内容广泛的自治权。这为改善各民族关系,促进各民族团结,加快发展本地区经济建设,提高公民生活水平奠定了法制基础。在民族地区政府能力建设的过程中,应该大力落实国家法律规定的民族政策加强依法自治的能力,这同时也是对国家法律的尊重和维护。例如,行使立法自治权,在制定自治条例和单行条例时,必须依照当地民族的政治、经济和文化的特点,并经过法定的审批程序;在变通执行或者停止执行上级国家机关的决议、决定、命令和指示时,必须在不适合民族地区实际情况的条件下,并报经批准;在行使经济自治权时,是在国家的指导下和在法律规定的原则下,既有自主性,又确定在范围内。既要依法行政,又要从实际出发;既要维护国家法制的统一性,又要善于运用民族法律的灵活性;既要维护国家的整体利益,又要确保民族地区的利益。总之,在民族地区政府依法行政、履行自治权的过程中,必须自觉和坚持维护民族法制的严肃性,这是民族地区政府行使自治权的一个重要原则,也是民族地区政府能力建设必须坚守的一个重要原则。

2.发展民族经济、改善地区民生的原则

发展民族经济、提高民族地区公民生活质量和水平是民族地区政府的重要使命。特别是在当前时期,我国社会的主要矛盾仍然是人民日益增长的物质文化需要同落后的社会生产之间的矛盾,民族地区政府能力建设的主要任务仍然是促进民族地区的经济发展与建设。这就要求民族地区政府要善于挖掘、汲取并整合社会各种资源(包括权力资源、物质资源、人力资源和文化资

源等),科学规划地区发展,大力发展市场经济,既能够有效进行宏观调控,又能够平衡协调各种潜在的社会矛盾,为增强民族地区经济基础创造良好的环境和空间。

3. 弘扬优秀传统,发展民族文化的原则

弘扬民族地区优秀传统,发展民族文化,要求民族地区政府的主要精力应集中在发展民族教育事业和科学技术方面。现代教育是科技教育,民族教育不仅是为能够适合全国教育的需要,更重要的是为了发展本地区的经济人才而筹计。从这一角度看,职业技术教育和成人继续教育应成为民族地区政府大力扶持的工作。而民族地区从基础教育到高等教育普遍存在着教育投入不足、师资队伍整体素质亟待提高等现状,需要引起民族地区政府高度重视。因为只有科技和教育的先进性,才能有经济发展的稳定性和创造性,从而带来强大的社会经济效益。这就要求民族地区政府在资源汲取能力提高上下功夫,一是通过发掘权力资源、物质资源提高本地区的经济,二是为发展民族教育奠定物质和经济基础。另一方面,民族地区民族构成的多样性,要求民族地区政府善于发掘各民族优秀的传统文化并使之发扬传承,这有利于维护民族地区各民族团结,为各民族共同发展奠定基础。

(三)民族地区政府行政能力建设所采取的方式及途径

针对当前我国民族地区政府能力的现状及存在的问题,提升民族地区政府能力可以从两方面进行:一是民族地区政府能力建设的内部途径,二是民族地区政府能力建设的外部途径。

1. 民族地区政府能力建设的内部途径

(1)有效行使自治权

民族地区政府依法自治的能力主要是通过该政府对法定自治权的行使体现的。国家为加快少数民族和少数民族地区的经济社会发展,在《民族区域自治法》中赋予了民族地区政府内容广泛的自治权。由于多种原因,民族地区的自治权存在严重的流失现象。这不仅制约了民族地区政府能力的改善,少数民族权利的有效实现,而且制约了自治地方经济社会的发展步伐。

解决自治权流失问题是一个复杂的系统工程,涉及到政府体系内部和外

部的政治改革和行政改革。首先,要强化民族地区政府的自治意识,把《民族区域自治法》赋予的自治权进行研究和分析,在此基础上结合本地方经济社会发展的实际需要,制定一套实施自治权的具体方案和措施。其次,积极行使自治权。法律赋予了充分的自治权,如果不积极行使就是一纸空文,若主动争取,则自治权被截留的可能性减少,不争取,自治权被截留的几率就非常大。再次,提高行政领导能力。自治权的流失尽管存在着由客观因素造成,但更多的是主观因素造成的,那就是民族地区政府自治意识淡薄,行政领导能力较低、领导策略和领导方法不够灵活。我们发现,政府领导班子的综合素质和领导力较强的民族地区政府,自治权就很容易用好,相反,自治权就只能躺在法律条文中。所以我们要加强民族地区政府领导班子建设,切实提高综合素质和领导水平。

(2)制度化建设

制度是支撑政府能力的重要资源要素,是政府能力建设的重要内容和必然要求。只有通过制度化建设,提高政府的制度化程度,政府才可能变成一个强政府和一个好政府。通过制度化建设提升民族地区政府能力,关键做好两点:第一,建立健全行政领导制度。民族地区政府的领导班子成员中,民族构成较为复杂,民族意识或多或少地会反映在领导活动中,产生消极影响。为此,民族地区政府必须建立和完善以民主集中制、集体领导与个人分工负责相结合、行政首长负责制为核心的行政领导制度。只有在完备的制度规范下活动才会减少内耗,产生强大的领导力。第二,改革和创新各项具体工作制度。在民族地区政府中,不同的行政机关具有不同的具体工作制度,随着经济社会的发展,有的工作制度会随之僵化或失去作用,甚至会产生消极作用。由于人们在心理上习惯于固守老制度,对新制度具有排斥情绪。所以,在民族地区政府中,对具体工作制度必须持续改革和创新,以保证民族地区政府具体工作制度有活力、有效率。

(3)公务员队伍建设

民族地区政府能力的提高,关键取决于政府中民族干部整体素质和能力的提高。因此,民族地区政府应该采取有效措施,大力建设公务员队伍,以改善政府能力。第一,建立科学的选人用人机制。即是要建立以个人才干和业绩为基础的招聘与考核、晋升和奖惩、上岗与淘汰制度。这样一方面有助于引进高质量人员进入公务员队伍,提高公务员地位和声誉,为有作为的能人搭建一个脱颖而出的平台。另一方面,也可以形成公平竞争的氛围,提高公务员投身于工作的积极性。同时,健全的监督机制也会增强公务人员的责任意识和法制意识,提高他们的综合素质。第二,建立民族干部的学习和培训机制。民族地区政府要紧紧围绕着提高民族干部的科学判断形势能力、驾驭市场经济能力、应对复杂局面能力、依法行政能力、总揽全局能力等,设计培训内容和培训方式。学习培训要根据经济社会发展的实际需要,制定完整的培训计划,科学设立培训内容,保证高水平的培训师资,同时坚持理论培训与专业培训相结合、短期培训与中长期培训相结合、脱产培训与在职学习相结合、国内培训与国外培训相结合,切实提高培训的综合效果,逐渐形成一整套的专门为民族干部提供常态化、制度化、规范化的学习培训机制和制度。第三,建立健全少数民族干部交流机制。干部交流是开阔视野、增长才干、增进智慧和经验最有效的措施之一。民族地区应该制定一个专门针对少数民族干部交流的规定和实施办法,对在民族地区工作的少数民族干部,建立完善的交流机制,扩大交流范围和数量,使少数民族干部能够在不同的环境中开阔眼界、增长知识、提高能力。

(4)推进电子政务

电子政务就是要求各级政府通过综合运用计算机技术、通讯技术、网络技术构建一个不受时空限制的、便于信息处理的政务平台,并以这个电子政务平台为基础来从事公共管理和公共服务。民族地区政府推进电子政务,实现政府工作的电脑化、网络化和信息化,可以有效地节约政府成本,压缩政府层级,加快信息传递速度,提高行政效率。

推进民族地区电子政务,首先,必须提高民族地区政府各级领导者及其普通工作人员对电子政府建设重要性的认识。目前,由于这种认识不到位,是制约民族地区电子政府建设的最大的瓶颈。其次,积极争取国家对民族地区电子政府建设的大力支持。国务院对我国未来电子政府建设已经有了一个初步的设想和规划,民族地区政府要借助这种良好的发展机会,向国务院和上级政府提出强烈的发展诉求,争取国家和上级政府在资金、设备、技术、培训等方面的支持,加快电子政府建设。再次,民族地区政府应该加快对公务员信息知识和运用信息工具技能的培训。公务员的信息知识和运用信息工具的水平,决定着电子政府建设的顺利与否,决定着电子政府的功能能否得以有效发挥。最后,在电子化政府建设过程中,必须辅之以民族地区政府体制的变革和调整,对民族地区政府以往的职能配置、组织结构、行政流程进行重新调整,以使政府体制适应电子政府建设和发展的需要。

(5)保障民族地区政府的财政积累稳定增长

财力资源是政府一切活动的物质基础,是政府调控经济的主要手段,也是政府实现政治统治和政治管理意图,调控和平衡政治关系,维护政治稳定的主要手段。

增强民族地区政府财政汲取或增加政府财政积累可以从两方面着手:第一,提高政府汲取社会资源的能力,使相当一部分社会资源通过税收或非税收手段转变为政府资源;第二,提高政府运用财力的能力,使相当一部分政府资源通过稳定的分税制转变为政府资源。具体地说,强化民族地区政府的财政汲取能力主要途径是:涉农税收属于地方财政收入,而且在自治地方财政收入中的比重较大,税源潜力也较大,所以,民族地区政府首先应该重视农牧业发展,以巩固基础财源,稳定财政收入;工业对自治地方财源有巨大的带动和辐射作用,所以要搞活工业,优化支柱财源,保证财政收入;大多数民族地区或者有自然资源优势,或者有区位优势,民族地区政府要充分发挥这些优势,发展特色财源,扩大财政收入;第三产业是国家政策积极支持的产业方向,其税收主要归地方财政,而且这个产业具有投入小、见效快、吸收就业人口多等优点,因此,民族地区政府应该把第三产业作为重点来抓;民族地区政府的上级政府应该建立规范的转移支付制度,加大转移支付力度;严格财税法纪,强化税收征管,加强财政监督,建立综合财政预算;要增强和充分发挥财政的宏观调控、产业引导等功能,特别要强化对预算外资金的规范管理,以防止它削弱财政的功能;要充分运用财政自治权,探索有自己特色的税式支出模式,形成对某些产业或行业减免税——促进该产业或行业的迅速发展壮大——培育出更大的税源规模和税源体系的良性发展模式。①

(6)提高服务能力与水平

提高民族地区政府的服务能力和服务水平,必须做到以下几点:第一,民族地区政府必须建立健全科学的决策体制,保证政策性决策和一般事务性决策的科学化。决策失误,特别是重大决策失误对政府的权威性冲击很大。避免决策失误最有效的办法就是建立健全科学的决策体制,实现民族地区政府决策的民主化、科学化。第二,要把民族地区政府建设成为服务型政府、责任政府、廉洁务实型政府和诚信政府。服务型政府要求政府秉承"公众至上"的理念,把工作重心放在为社会公众提供周到服务上。责任政府要求政府把必须为一切行政行为和职务行为负责的理念转换成完善的责任追究制度,督促政府机关及其工作人员改善工作方式和作风。廉洁务实型政府要求政府及其工作人员以求真务实、清正廉洁为基本行为准则,政府相应地建立严格的监督机制和考评机制。诚信政府要求政府及其工作人员必须是社会中诚信的楷模。第三,民族地区政府从领导者到普通工作人员都必须具有公共关系意识和公共关系基本技巧,并且政府机关要把公共关系工作作为一项基本职能,通过系统的公共关系实务活动,有效地与社会公众进行双向交流和沟通,在各族群众中树立民族地区政府的良好形象。

2. 民族地区政府能力建设的外部途径

(1)中央政府或上级政府应进一步加大对民族地区政府的扶持力度。这种扶持包括政策扶持、财政扶持和资金扶持等具体方式。《民族区域自治法》从不同的方面规定了上级国家机关的职责,强调上级机关要从财政、金融、物资、技术、人才、信息、优惠政策、智力支持等方面加强对民族地区的支持和帮助。这种帮助的实质是上级机关向民族地区输入各种资源,包括:人力资源、财力资源、信息资源、权力资源、智力资源等,这对提升民族地区政府能力有重要的作用。但要把民族区域自治法规定的帮助落到实处,还需要上级国家机

---

① 戴小明:《论民族地区财政自治的目标选择》,《贵州民族研究》1998 年第 2 期,第 13 页。

关和民族地区政府付出巨大努力。

为切实保障上级政府对民族地区政府的能力输入,上级政府应该做好以下工作:在政府官员及普通工作人员中普及《民族区域自治法》,提高他们对民族地区的责任意识和服务意识。主动尊重自治地方政府的自治权,不做侵犯自治权的事情;建立规范的财政转移支付制度,提高财政转移支付的"造血"功能。在《民族区域自治法》的基础上,由财政部门牵头,制定具体的对民族地区财政转移支付制度的实施办法;上级政府应该制定针对民族地区的规范化的干部交流制度。

(2)地区间对口支援是民族地区政府能力提高的另一外援。为了帮助和支持民族地区加快发展,发扬各民族团结互助的精神,从1979年起国家建立了东部发达地区对口支援民族少数民族地区的对子,这种对口支援形式包括资金援助、项目援建、劳务输出、技术培训等。对口支援不仅加快了民族地区经济社会发展步伐,也有利于改善民族地区政府的能力。发达地区的政府切实帮助民族地区政府提高管理能力,是所有对口支援项目中的核心环节,只有抓住这个重点才能增强对口支援的效果。目前可以考虑从两个方面着手:一是建立规范化的政府间的干部交流制度。双方在协商基础上,制定干部交流计划,针对民族地区政府发展的薄弱环节和实际需要,每年发达地区政府同民族地区均选派一批干部交换挂职锻炼。这种干部的双向交流,有利于加速民族地区政府干部的培养,有利于新思想、新观念和新管理方法的引进,更重要的是有利于民族地区政府能力的迅速提升。二是建立政府间领导人的信息沟通交流制度。民族地区和负责对口支援的发达地区应该建立定期的信息沟通交流机制。可以轮流举办各种层面的政府领导人的信息交流活动,并形成制度坚持下来,如县长(市长)论坛、区域发展论坛等,在充分的信息交流中,既可以开阔领导者的视野,提升领导水平,还可以改善民族地区政府能力。

(3)鼓励企业和公民更多地参与民族地区的管理与决策。要在公共物品提供中应该引入竞争机制,或者使之社会化。对于基础设施、公共服务等来说,政府不必是唯一的提供者。公共服务改革的途径要按照市场化的价值取向,引入竞争与价格机制,打破政府垄断,更多地依靠社会与市场的力量。这样不仅可以弥补政府公共品提供不足的现实,还可以减轻政府的财政负担,使政府把有限的财力、物力、人力集中于更基础的领域。此外用户团体和社会团体等非政府组织的参与,还可以在缺乏竞争的条件下增强公众对政府部门的压力,刺激政府改善服务,提高服务效率和质量。民族地区政府可以以局外人的身份更好地管理、监督和评估社会服务的提供,从而专心致力于政府的更为重要的职责——即公共政策的制定及监督和执行。

(4)建立完备的信息收集、处理系统和政策咨询系统,为民族地区政府的政策规划和科学决策提供信息保障和智力支持。信息是一切政策规划和决策的前提和基础。政策规划和决策的科学性决定于信息的全面性、准确性和及时性。民族地区政府要提高规划发展能力,首先要建立完备的信息系统,提高对相关信息的收集、加工、分析、存储能力。民族地区政府所建立的信息系统既要做到经济、节省,又要确保获得的信息及时、全面、准确和适用。同时,政策规划是一项复杂的智力活动,只靠政府领导者和普通工作人员的知识储备和智力储备是远远不够的,必须建立专业门类齐全、业务水平较高的参谋咨询系统。没有完整的政策咨询,则政府的政策规划必然受经验支配,政策发生失误的可能性非常大。为了提高民族地区政府的规划发展能力,民族地区政府应该建立必要的参谋咨询机构,并对它们进行有效整合,发挥其优势,为民族地区政府的政策规划和科学决策提供专业化、高水平的政策方案和智力服务。

(5)加强对政府行为的监督,完善腐败制约机制。腐败是社会运行的腐蚀剂,社会不稳定的极大隐患,危及着政府的合法性基础。

减少腐败的主要途径有三:一是约束官员的随意支配的权力,以减少其从事腐败的机会。一般而言,能增强经济竞争力的任何改革都能减少从事腐败活动的激励因素。因此,放松对外贸易的控制、取消对私营部门在准入方面的限制以及用一种能够增强竞争力的方法实施私有化,都有利于减少腐败。二是强化监督和惩罚机制。新形势下的反腐败不能主要建立在道德自律的基础上,必须立足于法律保障的刚性制约上。减少腐败的关键在于完善对权力的监督制度,包括法律监督、党纪政纪监督、舆论监督和职业道德监督等。健全和完善干部资产和收入申报制度、离任审核制度、亲属回避制度、对涉案来源不明资产的没收制度、有案底者不得再任公务员的制度等。三是通过建立政府部门中独立的监督机构来控制腐败。有些国家和地区有独立的反腐败委员会或总监察长,由他们对指控进行调查,并对案子进行审判。

(6)立足民族地区实际,大胆吸取和借鉴。民族地区政府要立足本地区实际,大胆吸收和借鉴发达地区和发达国家依靠自身能力提高社会管理水平,特别是提高经济管理水平的成功经验和失败教训。虽然政府有其阶级性,但政府能力本身没有姓"社"还是姓"资"的区别。对刚刚走上市场经济道路的民族地区政府而言,研究发达地区和发达国家的案例可以使我们少走弯路,加快建设有民族地区市场经济的步伐,降低改革成本。这对于民族地区政府如何在经济管理中,从本地区实际出发,建立既能克服计划经济条件下政府管理经济的弊端,又能体现市场经济条件下政府有力指导作用的模式,无疑具有借鉴作用。

总之,当代民族地区社会的发展动力之一来自政府,政府自上而下启动和领导着民族地区由前市场经济社会向市场经济社会转型的过程。政府对民族地区现代化的贡献是不可或缺的,低效的政府是无法保障与促进民族地区的现代化事业发展的。为使社会转型成功,为使市场经济早日完善,就必须让政府拥有足够的相应能力。

第四章 民族地区政府
能力结构研究

任何一个整体都是由部分组成的,政府能力也不例外。构成政府能力的各个部分的关系和排列组合方式,就是政府能力结构。通常所说的政府能力结构包含两方面内容:一是政府能力的内部构成,即政府能力要素;二是政府能力要素之间相互作用、相互制约的关系。政府能力结构包含的要素非常多,几乎涵盖了政府生存和发展的各个方面,若对这些要素进行逐一分析将会是一个错综复杂且无头绪的局面。显然,在众多要素中存在着若干起主导作用的、对政府能力存在和发展有重要影响的核心要素,本研究的政府能力结构要素即指这部分核心要素。

一、民族地区政府能力结构研究回顾

前人对政府能力结构的研究成果是本研究政府能力结构研究的重要参考。到目前为止,学者对于政府能力结构的研究主要集中在要素的选择及其有效性上。要素选择是建立民族地区政府能力结构的基础,携带信息量大的要素无疑会给总体结构带来优化效应;同样,相关性高的要素亦会提高总体结构的有效性。因此,在对民族地区政府能力结构研究之前,首先对已有研究进行简要回顾。

(一)民族地区政府能力结构要素研究的回顾

系统论认为,系统整体的功能并不等于各组成部分(要素)功能之和,一个内部要素关系良好的系统的整体功能总是大于各要素功能之和的,反之则小于。马克思和恩格斯在论述分工、协作的效应时也指出:"许多人协作,许多力量溶合为一个总的力量……就造就了一种'新的力量',这种力量和它的一个个力量的总和有本质的差别。"①因此,确定政府能力结构的要素以及研究它们之间的相互关系,不仅可以为科学地进行政府能力测评指标体系的设计提供一个逻辑框架,也可以为理性地进行政府能力建设提供一个新思路。

对于政府行政能力的考察,不同学者从不同角度出发,都获得了有效的评价结果。

汪永成(2004)认为,政府能力构成要素包括人力资源、财力资源、权力资源、权威资源、文化资源、信息资源、制度资源(管理水平)7 种。它们之间的关系体现了动态关联、非线性关联和特定因素主导三大特性。7 个要素在政府能力结构系统中协同发生作用并通过政府外显能力表现出来。

吴家庆、徐容雅(2004)认为,地方政府能力由 10 个要素组成。第一,政府的市场规制能力;第二,公共服务能力;第三,公共政策执行能力;第四,信用能力;第五,软环境维护能力;第六,人力资源开发能力;第七,生态平衡能力;第八,社会公正与秩序维护能力;第九,危机处置能力;第十,制度创新能力。他们认为,政府能力是一种由若干要素结合而成的有机整体,其能力要素可以从横向和纵向角度进行考察。从纵向看,政府能力要素体现在政府行为的全过程之中;从横向看,政府能力要素从政府发挥其功能,处理地域社会的各种问题中体现出来。②

方盛举(2004)认为,政府能力作为一个整体系统,是由两大要素构成的:一是政府对自身的治理能力,二是政府对社会的治理能力。他认为前一种能力是后一种能力的基础,政府只有对自身实施了有效治理,才具备治理社会的基本素质和资格。后一种能力又是前一种能力的延伸和体现,也是前一种能力的促进力量。③

马衍伟(2007)认为,政府能力构成要素包括政府的合法性能力、匹配性能力、有限性能力和有效性能力。具体说来就是政府的角色能力、法定能力、绩效能力、限定性能力和投入产出能力。他认为政府要按照其在所属经济体中扮演的角色,不断地调整自身能力,使其与社会需要相适应,与人的自由发展相适应。①

胡穗、康铁庚(2007)在已有政府能力结构要素基础上,提出了新的要素——培育公民社会能力。他们认为,一个完善的公民社会是民主政治的前提,是和谐社会的基础。现代民主国家的成熟程度,与公民社会的发达程度是一致的。因此,培育公民社会是政府能力结构的必要要素。②

臧乃康(2001)将政府能力要素归纳为政治统治能力、经济调控能力和社会治理能力。其中政治统治能力内部又包括民主能力、强制能力和行政能力三个次级要素;经济调控能力内部包括公共产品供应能力、资源配置能力和宏观调控能力三个次级要素;社会治理能力又包括市场规制能力和社会调节能力两个次级要素。同时,他认为政府能力的大小强弱,取决于能力结构中要素关系的把握。③

李江涛(2002)认为,政府能力主要包括五个要素,即财政能力、控制能力、协调能力、危机处理能力和组织动员能力。五要素相辅相成,共同构成政府综合能力,这一综合能力的外显特征即为政府体制能力。因此,要提升政府体制能力,必须有效整合政府能力的诸要素。④

综上所述,学者对政府能力结构组成要素的认识有共性的部分,即都认为政府结构要素间的关系是相辅相成、互相作用的;要素间联系紧密与否、其关系是否协调,直接决定着整体能力的强弱。因此对政府能力结构要素的研究,关键是将要素间关系及其运动作用规律弄通透。但对政府能力的构成要素应该有哪些,学者们的观点还是有差异的。不同学者从不同学科、不同角度出发,阐述了对政府能力起重要作用的不同要素。本研究正需要借鉴这种多学

①　马衍伟:《重新厘定政府能力的概念模型》,《上海行政学院学报》2007年9月,第18页。
②　胡穗、康铁庚:《公民社会培育:政府能力建设的新维度》,《湖南商学院学报》2007年8月,第19页。
③　臧乃康:《论政府能力》,《甘肃社会科学》2001年第3期,第3页。
④　李江涛:《论政府能力》,《开放时代》2002年第3期,第107页。

科多视角的理论成果,建立全面的政府能力结构。

(二)民族地区政府能力要素筛选的原则

任何一个要素结构的研究都要遵循一定的原则,民族地区政府能力结构研究也不例外。观测指标的选取不仅决定着能力结构的有效性,而且对后续的评价分析工作也会产生重要影响。因此,选取哪些指标作为民族地区政府能力结构的要素,是本章研究的基础。为了更加科学、有效地建立民族地区政府能力结构,在要素选择过程中,本研究在遵循结构与要素自身的相关性、有效性、系统性和层次性的同时,也遵循了以下原则:

第一,多维度原则。一个普遍的常识:人们投掷骰子的次数越多,点数出现的频率就越接近其真实概率。本研究也遵循这一统计规律,即选取的观测指标越全面,建立的能力结构越接近民族地区真实情况。因此,本研究首先要遵循的就是尽可能全面地选取观测指标。政府能力强弱的直接反映就是该地方社会发展水平。社会发展是多层面多领域展开的,因此对于政府能力的考察也应该从多层面多领域展开。选取观测量之初,本研究拟定了地区经济总量、政府公共服务建设、社会公平和环境保护四个维度,每一个维度都尽可能多地选取观测指标。为了使选取的指标尽可能多地携带信息,真实完整地反映民族地区政府能力结构,本研究限定选取的指标相互之间是独立的。这样可以避免分析时出现多重共线性所产生的计量误差,影响能力结构的有效性。

第二,科学性原则。结构系统是一个科学的范畴,民族地区政府能力结构作为一种特定的结构系统,具有结构系统的一般性;同时,民族地区政府能力结构又是历史发展与地域条件相结合的产物,又有其自身的特殊性。因此,科学地分析民族地区政府能力结构,准确地反映其本质,是本研究的一重要原则。本研究的目的是旨在建立一个真实、完整、公平、客观准确的政府能力结构,因此,需要考察政府能力的哪些方面? 每一方面选取哪些观测量? 怎样确定观测量的时间跨度和空间跨度? 等等诸如此类的问题都要经过多次论证。民族地区地域广、地区差异大,同一个观测量在不同地区存在着很大差异,简单地拿来做比较没有任何意义。以"城镇贫困人口比例"这个指标为例,原则上看这个指标既可以很好地反映人民生活水平,同时也可以间接反映政府保障人民生活能力,但是部分地区是将"城镇家庭居民人均收入"最低的10%作为贫困人口。这样,城市"贫困人口比例"这一观测量在不同地区的值相等(都是10%),以此作结论就会认为政府在这方面的能力相当。事实上,由于不同地区城镇家庭居民人均收入相差很大——有的地区城镇居民人均收入仅为4937元,有的地区则可达到13218元①,所以即便是收入最低的10%那部分家庭,其绝对收入的差异还是很大的,用"城镇贫困人口比例"这一观测量并不能很好地反映政府在保障人民生活方面的能力。经过讨论,本研究决定不采用此类数据作为观测量。

第三,关键性原则。在尽可能多地选取观测量的同时,本研究也注意到,在一定的历史阶段,民族地区某些重要的指标方面都表现出了同样的取值水平,相互之间的差异很小。这些指标虽然重要,但对于民族地区政府能力结构研究来说,它们所携带的系统信息量却很小。民族地区政府能力结构作为一个系统,其系统结构中必定存在对系统起支配作用的关键性要素,这类要素决定着系统的性质。因此在尽可能多的层面和领域选取观测量的同时,本研究也注意统筹观测量携带信息量与民族地区政府能力结构建设需要,综合有效地选取观测量,在不失有效性的前提下,抓住关键性指标。

二、民族地区政府能力结构研究设计

政府能力是由多个要素组成的,但各个要素不是孤立存在的,而是通过内部的排列组合,各要素之间彼此联系,形成一定的结构次序,使得各要素成为一个有机系统。由于系统内部各要素是相互联系、相互制约、相互作用和相互影响的,因此选取哪些要素参与到系统中来、怎样处理要素之间的关系,都是民族地区政府能力结构设计所需要解决的问题。

(一)研究样本的确定

研究样本是研究系统中的基本元素,样本是根据研究需要进行选择的。

---

① 根据《中国区域经济统计年鉴2006》中统计资料显示,2005年,包括西部12省、自治区、直辖市以及湖南湘西州、湖北恩施州和吉林延边州在内的135民族地区中,甘肃临夏州的城镇人均收入最低,为4937元;最高的是内蒙古包头市,为13218元。

选择样本主要考虑空间跨度和时间跨度两个方面:

第一,空间跨度确定。跨度一词最初出现在建筑学中,用来描述建筑物中,梁、拱券两端的承重结构之间的距离,两支点中心之间的距离。后来逐渐被管理学、应用数学等学科所引用,用来限定概念所涵盖的领域,尤指空间领域和时间领域。本研究所说的空间跨度,是指民族地区政府能力评价体系所考察的地域范围。如题,简言之,本研究考察的空间跨度就是中国的民族地区,具体说来就是少数民族比例相对较高、具有民族多样性和复杂性的典型区域,这部分区域以西部为主。根据国家西部大开发"十一五"规划中的界定,"西部"包括新疆维吾尔自治区、西藏自治区、青海省、甘肃省、陕西省、宁夏回族自治区、内蒙古自治区、广西壮族自治区、云南省、四川省、重庆市、贵州省在内的 12 个省(自治区、直辖市)。这些地区自古以来就是我国的少数民族聚居区,民族成分多样,符合"民族地区"的内涵。同时,这 12 个省(自治区、直辖市)均等地享有国家西部大开发优惠政策,即受同样外部因素影响,因此在分析其政府能力时就可以忽略外部影响因素,将对政府能力的关注更多地集中在内部因素上。

本研究还注意到除以上地区外,湖北省的恩施土家族苗族自治州、湖南的湘西土家族苗族自治州和吉林的延边朝鲜族自治州同样享受西部待遇,也符合民族地区的定义。因此,本研究将上述三个自治州也纳入能力结构之内。本研究集中关注地级市或同等级别地域指标的收集,不统计小于地级市的行政区划的统计指标。

这样,民族地区政府能力评价体系的空间跨度即为包括西部 12 个省、自治区、直辖市的地级市以及湖北恩施州、湖南湘西州和吉林延边州在内的 135 个地级市、自治州、地区。详见附录 4.2。

第二,时间跨度确定。在时间跨度上,本研究统计的是年度数据指标,在年份确定上,本研究尽量选择最近的年份,以体现体系的时效性。但同时,考虑到数据收集工作的方便性以及数据的准确性,也没有贸然去调查本年度数据——因为这部分数据还没有权威统计结果。最后本研究选定 2005 年的统计数据建立评价体系。首先,大部分涉及 2005 年统计数据的统计资料已经出版或公开,这一年的统计数据相对易得。选择 2005 年的统计数据可以大大减少本研究数据收集部分的工作量,降低工作难度。其次,2005 年的数据大多是已经过再核实的,相比 2006、2007 年的数据更加准确。再次,2005 年是国家十五规划完成之年,本研究也希望通过对该年统计数据的分析,对民族地区"十五"期间政府能力建设方面取得的成绩和不足做一个小结。

(二)样本数据来源

按照以上时间和空间跨度,本研究最终确定了以上 32 个指标作为本次评价体系的观测量。数据类型均是数值型定量数据,数据来源全部是间接数据,且均取自公开可得的权威统计部门的统计文献。具体收集过程中,首先引用《中国城市统计年鉴 2006》中的相关统计数据,完成约 60% 的数据;然后引用《中国区域经济统计年鉴 2006》中的相关统计数据,至此共完成约 80% 的数据;最后引用可得的省、市和自治州统计年鉴,至此共完成 94.91% 的数据;其余为缺失数据,在下节中将进行处理。为了后续研究的方便,对这 32 个观测量分别命名为 V01—V32,如无特殊需要,后面分析本研究皆采用该命名。新观测量名称及其对应的指标含义详见附录 4.1。

(三)对本研究所采用指标的解释

为了便于准确理解指标含义,在此按照附录 4.1 中所列指标先后顺序,对部分指标的含义、选取理由、计算方法予以详解。

1. 地区总 GDP。指在一定时期内(一年),一个地区①的经济中所生产出的全部最终产品和劳务的价值。一直以来,GDP 便是公认的衡量一个国家和地区经济状况的最佳指标,具有横向和纵向的可比性,因此本研究将其纳入到民族地区政府能力结构中来。

2. 总 GDP 增长率。指一个地区当期(当年)GDP 总量较上一期增加的幅度,是反映一个地区经济增长速度指标。考察增长率指标,可以去除考察期之前地区间在经济总量上的差异,更真实地反映政府作为。其计算公式为:

总 GDP 增长率 = (2005 年地区总 GDP – 2004 年地区总 GDP)/2004 年地

---

① 本研究中指该市、自治州、地区的行政区划范围。

区总 GDP×100%

3.人均城镇居民可支配收入。指城镇居民家庭在支付个人所得税、财产税及其他经常性转移支出后所余下的人均实际收入。人均城镇居民可支配收入既受城镇居民家庭总收入水平影响,又受城镇居民家庭人口影响,可以较好地反映城镇居民生活水平。

4.城镇居民收入增长率。指一个地区当期(当年)城镇居民人均可支配收入较上一期增长的幅度,它反映的是城镇居民收入增长速度指标。选取这个指标可以弥补人均城镇居民可支配收入基数差异,更真实地反映政府在提高城镇居民可支配收入方面的能力。其计算公式为:

城镇居民收入增长率=(2005 年人均城镇居民可支配收入 –2004 年人均城镇居民可支配收入)/2004 年人均城镇居民可支配收入×100%

5.人均 GDP 增长率。指一个地区当期(当年)人均 GDP 较上一期增加的幅度。它也是反映地区经济增长的速度指标。这一指标是根据统计年鉴中"人均 GDP"这一指标计算得出的,计算公式如下:

人均 GDP 增长率=(2005 年人均 GDP –2004 年人均 GDP)/2004 年人均 GDP×100%

6.财政支出占 GDP 比重。这里的财政支出指地方财政支出,包括地方行政管理和各项事业费,地方统筹的基本建设、技术改造支出,支援农村生产支出,城市维护和建设经费,价格补贴支出等。引入这一指标是为了更好地反映民族地区政府通过转移支付促进地区经济发展的能力。其计算公式如下:

财政支出占 GDP 比重=地区 2005 年地方财政支出/2005 年地区总 GDP×100%

7.基础设施投资占财政收入比重。该指标所述基础设施投资指地方财政在基本建设方面的投资,不包括事业个人的基础设施及固定资产投资。具体包括属于基本建设范围内的基本建设有偿使用、拨款、资本金支出以及经国家批准对专项和政策性基建投资贷款,在部门的基建投资额中统筹支付的贴息

支出。基础设施投资支接取自相应统计年鉴,计算公式如下:

基础设施投资占财政收入比重 = 2005 年地方财政基本建设支出/2005 年
地区总 GDP × 100%

8. 人均全社会固定资产投资额。固定资产投资额是以货币表现的建造和购置固定资产活动的工作量,它是反映固定资产投资规模、速度、比例关系和使用方向的综合性指标。固定资产投资是社会固定资产再生产的主要手段,是增强地区经济实力,改善人民物质文化生活的物质条件,这对我国的社会主义现代化建设具有重要意义。本研究中人均全社会固定资产投资额是通过统计年鉴中全社会固定资产投资额除以地区总人口数计算得出的。

9. 初中辍学率。它是指已进入初中学习,应完成初中学业但实际未完成的人数占当年入学人数的比率。初中教育是九年义务教育的重要阶段,是提高人口素质、促进精神文建设的重要手段,对推动地区可持续发展有重要意义。其计算公式如下:

初中辍学率 = (2002 年初中入学人数 − 2005 年初中毕业人数)/2003 年
初中入学人数 × 100%

10. 高等级公路密度。公路根据使用任务、功能和适应的交通量分为高速公路、一级公路、二级公路、三级公路、四级公路五个等级。高等级公路指达到二级及以上的公路,包括二级公路、一级公路和高速公路。高等级公路密度是衡量一个地区城市化水平的重要指标,是一个地区政府能力的重要体现。其计算公式为:

高等级公路密度 = 高等级公路里程(公里)/地区行政区划面积(平方千米)

11. 建成区绿化覆盖率。建成区指城市行政区划范围中的城市化区域。具体指一个市政区范围内经过征用的土地和实际建设发展起来的非农业生产建设的地段,包括市区集中连片的部分以及分散在近郊区域与城市有密切联系、具有基本完善的市政公用设施的城市建设用地(如机场、污水处理厂、通

讯电台)。建成区绿化覆盖率也是衡量一个地区城市化水平的重要指标,是政府能的重要方面。其计算公式为:

建成区绿化覆盖率 = 建成区绿化覆盖面积/建成区面积 × 100%

12. 失业指数。指一个地区城镇失业人数占该地区总人口的比重。较低的失业指数是一个地区社会安定的保障,是社会和谐的重要内容,也是政府能力结构的重要组成部分。其计算公式为:

失业指数 = 城镇失业人口数/地区总人口数 × 100%

13. 城乡差距指数。该指标所映城镇人口与乡村人口收入水平的差异程度。提高农民收入,缩小收入差距是促进区域间平衡发展的重要内容,也是维护社会稳定的必然选择,对地区社会全面发展有着重要意义。因此,该指标也是政府能力结构的重要组成部分。其计算公式如下:

城乡差距指数 = (城镇人均可支配收入 – 农村人均纯收入)/农村人均纯收入

其他指标解释与相应统计年鉴中指标解释保持一致。

(四)样本缺失数据的处理

本研究分析所针对的主要是结构矩阵中某些位置上没有观测值的数据缺失。在一个数据矩阵中,原则上每一个矩阵元的位置上均有实际数值,但实际工作中并不能保证这一点——尤其对于大样本矩阵。产生缺失数据的原因很多,有的可能是由于调查或试验无法产生需要的数据,有的可能是由于与调查或试验过程无关的机制性的破坏而缺失。[①] 本研究在数据收集的过程中是尽量避免出现缺失的,但确有包括西藏自治区、四川甘孜州和阿坝州、青海省在内的部分指标缺失。造成以上观测值缺失的原因有如下几方面:

(1)文献资料匮乏。研究中本研究发现,许多指标省级统计年鉴中没有

---

① Roderick J. A. Little&Donald B. Rubin 著、孙山泽译,缺失数据统计分析,中国统计出版社 2004年版。

具体到市、自治州;想要更详细地查找该市、自治州的统计年鉴,却有半数不可得。本研究更试图通过查阅专业统计年鉴以填补缺失观测值,但此类专业年鉴中只统计了全国或省级数据而并未深入到市、自治州等。因此,文献资料的匮乏是造成样本缺失的最主要原因。

(2)现有文献资料中数据缺失。在已有的文献资料中也存在数值缺失的现象。本研究通过其他类别年鉴补充了大部分此类观测值,但仍有个别观测值未能得到补充,原因是本研究占有的文献资料中此个别数据均缺失。

(3)其他干扰因素。主要指各指标的统计口径不一致。对于以上两种原因导致的观测值缺失,本研究试图利用现有数据自行计算,在这一过程中遇到的难题就是各统计资料中的指标表述存在差异,且大部分文献资料中也未对各项指标的统计口径做出说明。为了保证本研究的科学性,本研究放弃采用这些统计口径不明晰的指标——这也是造成数据缺失的原因之一。

对于这部分不可避免的缺失:

1.对缺失数据的说明

本研究考察矩阵整体及单个序列缺失数据比例,根据缺失比例是否会对分析结果的可靠性和有效性产生影响,来判断采取什么样的处理方法。使用SPSS13.0对列观测量做的缺失值分析(Missing Value Analysis),发现观测量V12的缺失比例最高,达到39.3%;V05缺失16.3%。缺失值过高的指标会影响分析结果的有效性,因此剔除V12和V05两个指标。考察行变量的缺失情况,本研究发现除V12和V05外,其他存在数据缺失的观测量为V07、V08、V17、V18、V20、V26、V27、V28和V30。回阅结构矩阵进行直观观察,缺失值集中在恩施州、湘西州、拉萨市、昌都地区、山南地区、日喀则地区、那曲地区、阿里地区、林芝地区、海东地区、海北州、黄南州、海南州、果洛州、玉树州、海西州、吐鲁番地区、哈密地区、昌吉州、博尔塔拉州、巴音郭楞州、克孜勒苏州、阿克苏地区、喀什地区、和田地区、伊犁地区、阿勒泰地区和石河子市等29个地区。这类多变量在某一模块集中缺失且缺失比例均超过10%的模式(多变量两式样模式)会影响政府能力结构的分析结果,对于此类缺失值本研究的处理方法是直接将这些地区及其所包含观测量剔除。

经过以上处理,民族地区政府能力结构即修正为包括 106 个行变量(地区)和 30 个列变量(观测量)的结构形式。

2. 对缺失数据的分析

在研究过程中不可避免地会碰到数据缺失的现象,但数据缺失是否会影响本研究所要进行的研究是问题的关键,下面通过对缺失数据的进一步分析来加以说明,本研究再对修正后的能力结构重新做缺失值分析,取得如表4－1 所示结果:

表 4－1　缺失值分析结果

观测量	有效观测值数量	缺失值	
		缺失值数量	缺失比重
V01	106	0	0.0
V02	106	0	0.0
V03	106	0	0.0
V04	106	0	0.0
V06	106	0	0.0
V07	106	0	0.0
V08	106	0	0.0
V09	106	0	0.0
V10	106	0	0.0
V11	106	0	0.0
V13	106	0	0.0
V14	106	0	0.0
V15	106	0	0.0
V16	105	1	0.9
V17	83	23	21.7
V18	83	23	21.7
V19	106	0	0.0
V20	83	23	21.7

V21	106	0	0.0
V22	106	0	0.0
V23	106	0	0.0
V24	106	0	0.0
V25	106	0	0.0
V26	83	23	21.7
V27	83	23	21.7
V28	83	23	21.7
V29	106	0	0.0
V30	83	23	21.7
V31	106	0	0.0
V32	106	0	0.0

　　本能力结构的总体缺失比例为5.09%,从总体缺失比例来看不会对研究的有效性造成影响。单序列缺失分析显示仍有部分序列缺失比例较高,本研究考察缺失数据有无规律性,以确定采用哪种处理缺失数据的方法。

　　本研究采用直接观察法,并没有发现缺失数据存在规律性,数据缺失模式符合 Roderick J. A. Little&Donald B. Rubin[①] 所述"一般"模式,如图4-1。这类模式中缺失数据的出现具有典型的随机性,称为随机缺失(MAR)。对于随机缺失,如果是缺失比例不高就不会对分析结果造成影响。大部分缺失序列的缺失比例也在可接受范围内,又由于整体缺失比例非常低,所以本研究仍采用该能力结构进行下一步分析,只是在分析中增加对能力结构可靠性和有效性的检验。

---

　　① Roderick J. A. Little&Donald B. Rubin 将数据缺失模式归纳为6种:1.单一变量不响应模式,2.多变量两式样模式,3.单调模式,4.一般模式,即本评价矩阵缺失模式,5.文件匹配模式,6.因子分析模式。

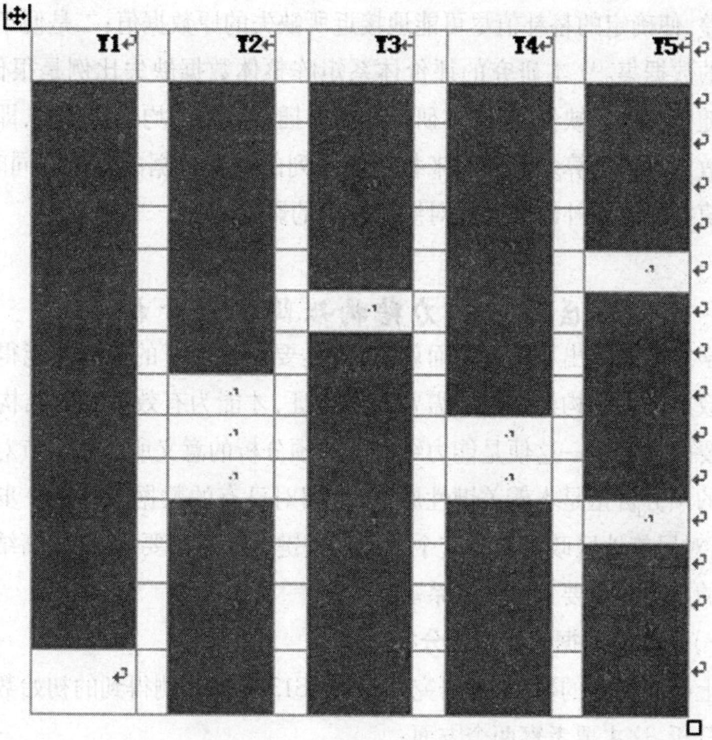

图 4-1 一般型数据缺失模式①

3. 对政府能力结构中的缺失数据的处理

对于随机性数据缺失的处理方法,通常采用插补法(Imputation)。插补法又称借补法,是指采用一定的方式,为调研中的缺失数据确定一个合理的替补值,插补到原缺失数据的位置上。计算公式为:

$$缺失值\ y_{ij} = \bar{y}_i^{(j)},\ 其中\ j = 1,2,\cdots\cdots,n$$

插补可以达到两个调整的目的:一是降低由于数据缺失可能造成的统计

估计偏差,使确定的替补值尽可能地接近所缺失的原数据值;二是便于构造一个完整的数据集。① 本研究的评价体系矩阵整体数据缺失比例是很低的,而且又是随机型数据缺失,所以本研究选择了插补法中的均值插补法,即用每一序列有效观测值的算术平均数来替补该序列的缺失数据的方法。同时,忽略使用均值插补法替补缺失数据对统计分析的影响。

三、民族地区政府能力结构矩阵的预分析

科学结论的提出不是一蹴而就的,而是要通过反复的验证才能得出。民族地区政府能力结构研究同样需要反复验证,才能为有效的能力结构的建立积累必要的量变——这便是能力结构矩阵预分析的意义所在。本节对能力结构矩阵的预分析正是本着关键性原则,力图对已有的数据资料进一步去粗取精,找出对民族地区政府能力这个整体起关键性作用的要素,在提高结构矩阵有效性的同时优化要素间的关系。

(一)对初始数据的探索性分析

从上面所得到的数据,本研究利用 SPSS13.0 对观测得到的初始数据进行探索性分析,这主要考察两个方面:

①数据是否有错误。过大或过小的数据均有可能是异常值、影响点或是错误输入的数据,由于异常值和影响点往往对分析结果影响较大,所以对于这样的数据首先要找出,然后分析原因,最后决定是保留或是剔除这部分数据。

②数据分布特征。因子分析对数据的分布是有要求的,一般要求样本来自正态分布总体,或不要偏离正态分布。所以在正式分析前进行探索分析用以验证样本是否符合正态分布规律。通过探索分析发现观测量 V16 有 6 个数据显示负值,V16(初中辍学率) = (2002 年初中入学人数 - 2005 年初中毕业人数)/2002 年初中入学人数,理论取值应该恒大于 0,重新核对年鉴发现并非输入错误,所以本研究未剔除以上 6 个数据。其余数据未发现有异常值。探索分析也未发现样本明显违背正态分布。

---

① 张健:《公司创业战略的概念发展与综合模型的实证研究》,清华大学博士论文 2005 年。

（二）能力结构矩阵的可靠性检验

能力结构矩阵可靠性检验主要考察能力结构矩阵是否具有较好的内部一致性，即已建立的矩阵是否可以很好地解释民族地区政府能力结构。本研究对结构可靠性与有效性的检验是通过对已替补缺失值但并未进一步处理过的矩阵进行预因子分析来检验的。采用 SPSS13.0 软件、不旋转、用主成分分析法提取公因子对体系矩阵预分析，得到下表：

表4－2 能力结构矩阵可靠性检验结果

主成份	初始特征值		
	特征值	贡献率	累积贡献率
1	9.767	32.558	32.558
2	5.010	16.698	49.256
3	2.099	6.996	56.252
4	1.534	5.113	61.365
5	1.385	4.617	65.982
6	1.281	4.271	70.252
7	1.120	3.733	73.985
8	1.024	3.415	77.400

Extraction Method: Principal Component Analysis.

如表4－2，特征值大于1的因子共有8个，它们的累积贡献率为77.4%。对分析来说，77%的累积贡献率虽然可以解释大部分观测量，但显著性略有不足；同样，8个因子的结果并不理想，给定性判断民族地区政府能力结构带来了一定的困难。

（三）能力结构调整

对民族地区政府能力结构调整的目的是为了提高能力结构的有效性，同时优化结构形式。调整的方式主要采用考察观测量内涵是否具有很好的差异性，同因子的观测量之间是否具有很好的内部一致性等。

1.通过对政府能力结构的主成分矩阵进行预分析①,本研究发现部分观测量的含义十分接近,只是观测角度不同。如表4-3所示,在包含指标最多的前三个因子中,与GDP有关的指标就有6个。例如因子1中的V01(地区GDP)和因子3中的V02(GDP增长率),二者的内涵非常接近,因此去掉其中的一个观测量会使研究工作更加清楚明了。由于V01观测量会受前期积累和地区规模的干扰,因此本研究去掉V01,只保留V02。因子3中的V06(人均GDP)和V07(人均GDP增长率)观测量也存在同样现象,考虑到V06是一定被普遍接受的指标,采用它会使本政府能力结构更具有可比性,因此本研究去掉V07,而保留V06。

表4-3　政府能力结构的主成分矩阵

观测量	主成分							
	1	2	3	4	5	6	7	8
V01	0.958							
V04	0.601							
V08	0.957							
V13	0.926							
V14	0.946							
V15	0.914							
V17	0.884							
V18	0.885							
V26	0.858							
V27	0.819							
V29	0.272							
V30	0.755							
V03		0.710						
V06		0.838						

①　本分析采用主成分分析法提取因子,未对结构矩阵进行旋转。

V07		0.551					
V11		0.826					
V22		0.668					
V23		0.573					
V28		0.571					
V02			0.836				
V20			0.326				
V21			0.006				
V16			0.760				
V25				0.378			
V32					0.449		
V19						0.646	
V24							0.638
V31							−0.542
V09							0.650
V10							0.556

　　至此,民族地区政府能力结构即修正为包括 106 个行变量(地区)和 28 个列变量(观测量)的结构形式。

　　2. 对这个能力结构矩阵,本研究再进行测试性因子分析,考察修正后的能力结构的有效性。重复上述分析过程,得主成分矩阵如表 4-4。修正后的能力结构矩阵的因子累积贡献率达到 79.412%,比修正之前提高了 2.012 个百分点,同时公因子数量减少到 7 个。可以说,修正后的能力结构矩阵的有效性提高了,同时要素间关系更加清晰。

表4-4　28个观测量的主成分矩阵①

观测量	主成分							
	1	2	3	4	5	6	7	8
V04	0.712							
V08	0.898							
V10	0.549							
V13	0.853							
V14	0.885							
V15	0.845							
V17	0.851							
V18	0.848							
V25	0.331							
V26	0.846							
V27	0.756							
V29	0.340							
V30	0.690							
V06		0.748						
V03		0.668						
V11		0.730						
V22		0.595						
V23		0.515						
V28		0.548						
V02			0.863					
V16			0.808					
V09				0.368				
V32				0.576				
V24					0.414			
V19						0.519		
V20						0.388		
V21							0.092	
V31							-0.544	

但同时,7个因子的政府能力结构仍显复杂。从表4-4中也可以看到,

---

① 主成分分析法提取因子,未对矩阵进行旋转。

观测量 V09 的因子得分不足 0.5,V09 在其他因子上的得分分布得也比较均匀,因此,本研究试剔除观测量 V09。修正后再观察能力结构矩阵的贡献率,发现特征根大于 1 的因子仍有 7 个,但它们的累积贡献率提高到了81.914%,说明政府能力结构矩阵的有效性又有一定的提高。这是一个好的提示,说明本研究对能力结构的简化所采取的方式是正确的。

因子 5 上对应的只有一个观测量 V24,同样 V24 也存在各因子上分布较均匀的现象,因此本研究也剔除观测量 V24。此时的民族地区政府能力结构即修正为包括 106 个行变量(地区)和 26 个列变量(观测量)的结构形式。

3.对再次修正后的能力结构矩阵再进行预分析,得其因子数量进一步减少到6 个,6 因子的累积贡献率为 80.454%。能力结构的有效性再一次得到提高。累积贡献率超过 80% 是一个比较令人满意的结果,但 6 个因子就差强人意了。本研究仍采用分析其主成分矩阵的方法,观察能力结构矩阵是否有进一步优化的空间。

表 4-5   26 个观测量的主成分矩阵①

观测量	主成分					
	1	2	3	4	5	6
V04	0.712					
V08	0.898					
V10	0.548					
V13	0.853					
V14	0.885					
V15	0.845					
V17	0.851					
V18	0.848					
V25	0.331					
V26	0.846					

① 主成分分析法提取因子,未对矩阵进行旋转。

V27	0.757				
V30	0.691				
V03		0.669			
V06		0.749			
V11		0.730			
V22		0.595			
V23		0.515			
V28		0.548			
V02			0.867		
V16			0.810		
V29				0.364	
V31				−0.548	
V32				0.548	
V19			0.266	0.385	0.473	0.460
V20						0.420
V21						0.185

如表4-5,因子5对应的观测量只有一个(V19),且V19在第二至第五个因子上得分相近,为了简化分析,本研究剔除观测量V19。剔除后因子分析预分析结果显示公因子数量进一步减少到5个,但这5个因子的累积贡献率降到77.953%。虽然简化了能力结构但却降低了其有效性,这是本研究不愿看到的。因此,本研究对能力结构矩阵做进一步调整,以提高其有效性。[①]

4.首先观察因子1中的观测量,本研究发现V10(税收收入占GDP比重)反映的是相对量,与其他反映绝对量的观测量存在明显差异;V10虽然在因子1中的得分在0.5以上,但是在全部5个因子上的得分分布比较均匀。因此本研究认为,V10并非构成能力结构的关键性要素,故本研究将之剔除。

观测量V31是一个逆向变量。与V31在同一因子的其他观测量反映的

---

① 此时的民族地区政府能力结构矩阵形式为106个行变量(地区)及25个列变量(观测量)。

均是政府基础资源建设情况,V31 与其存在明显差异;又知,V31 所反映的失业情况不包括农村待业人员,由于部分地区的经济运行仍是以农业生产为主而部分地区工业化水平则较高,因此经济生产方式的地区差异对能力结构矩阵的有效性影响很大。因此,出于科学原则考虑,本研究也剔除观测量 V31。

本研究试图通过观测量 V20 和 V21 考察地方政府在教育方面投入调控能力,但由于 V21 在以上各次预分析中得分都比较低,可见其并非能力结构中的关键性要素,因此本研究也剔除 V21。

至此,民族地区政府能力结构即修正为包括 106 个行变量(地区)和 22 个列变量(观测量)的结构形式。

5. 本研究再对 22 个观测量的结构矩阵进行因子分析预分析,如表 4-6。

表 4-6 22 个观测量的累积贡献率

主成分	初始特征值		
	特征值	贡献率%	累积贡献率%
1	8.763	39.830	39.830
2	4.645	21.115	60.945
3	1.989	9.040	69.985
4	1.210	5.498	75.483
5	1.176	5.344	80.827

从分析结果来看,能力结构矩阵共包含 5 个特征值大于 1 的公因子,累积贡献率达到了 80.825%,因此本研究认为此矩阵即可以很好地反映政府能力结构。

四、对民族地区政府能力结构进行因子分析

经过以上预分析过程,本研究确定了 106 个行变量(地区)和 22 个列变量(观测量)的民族地区政府能力结构矩阵。在此通过因子分析法对此能力结构进行研究。通过因子分析研究民族地区政府能力有如下四点优点:首先,

它既充分利用尽可能全面的信息,又不特别依赖于某一单项指标,从而避免因某项指标选择不当而影响整个分析过程。其次,避免了各原指标的权数带有主观性,比较科学客观,从而提高了评价结果的可靠性与准确性。再次,将各原指标联系成一有机整体,便于反映这些指标的综合效能,有利于被分析对象的比较。最后,选用软件 SPSS13.0 进行因子分析,步骤规范之余,亦可提高分析速度和运算准确性。

(一)使用因子分析模型进行分析的前提及假设

并不是所有数据都适合做因子分析,即因子分析有其前提条件。因此本研究在做具体分析之前先验证体系矩阵是否适合做因子分析。因子分析的前提条件有四条:一是观测量必须是等间隔测度的或是比率的数值型变量;二是数据必须明显可以做 Pearson 相关系数计算;三是观测量彼此独立;四是参数计算假设所有特殊因子彼此不相关,而且与公因子也不相关。其中大部分前提是可以通过对矩阵处理来实现的,本研究主要做观测量的相关性测试。

这里相关性测试主要是考察 Pearson 相关系数。因子分析的一个重要前提就是观测量之间具有相关性,简言之,只有明显可以做 Pearson 相关系数计算的数据才适合进行因子分析。又因为选取的观测量存在较大的主观性,因此在因子分析之前,本研究用 Pearson 相关系数来检验观测量之间的相关性。

Pearson 相关系数也称积差相关系数,是英国统计学家 Pearson 于 20 世纪提出的一种计算线性相关的方法。其计算公式为:

$$r_{x_1 x_2} = \frac{\text{cov}(x_1, x_2)}{\delta_{x_1} \delta_{x_2}} = \frac{\sum (x_1 - \bar{x}_1)(x_2 - \bar{x}_2)}{n \delta_{x_1} \delta_{x_2}}$$，其中，$r_{x_1 x_2}$ 为 Pearson 相关系数，$\bar{x}_1$ 和 $\bar{x}_2$ 为 x_1 和 x_2 的样本均值,和分别为和的标准差。

Pearson 相关系数的取值范围是[-1,1],根据两个变量变化的密切程度,本研究把相关关系分为完全相关、高度相关、中度相关、低度相关、不相关。[①]本研究用 SPSS13.0 对 22 观测量直接处理,未发现其中有显著不相关观测量;

---

① 完全相关:|r| = 1;高度相关:0.7 ≤ |r| < 1;中度相关:0.4 ≤ |r| < 0.7;低度相关:|r| < 0.4;不相关:r = 0。

进一步分析也未发现其余观测量存在自相关现象。因此,此能力结构矩阵满足进行因子分析的条件。

(二)对因子分析的 KMO 和 Bartlett 球体检验

首先本研究对体系矩阵进行 KMO 和 Bartlett 球体检验,来判断观测量是否适合作因子分析。KMO 样本测度检验的是所有变量的偏相关系数的平方和是否在这些变量简单相关系数的平方和中占很小的比例。KMO 越接近于 1,越适合于做因子分析,KMO 值越小时,表明观测变量不适合做因子分析。通常对 KMO 取值按以下标准来解释该指标值的大小:KMO 在 0.9 以上,非常适合;KMO 介于 0.8~0.9 之间,很适合;KMO 介于 0.7~0.8 之间,适合;KMO 介于 0.6~0.7 之间,不太适合;KMO 介于 0.5~0.6 之间,很勉强;KMO 在 0.5 以下,不适合做因子分析[①]。Bartlett 球体检验从整个相关系数矩阵来考虑问题,其零假设 H0 是相关系数矩阵为单位矩阵。Bartlett 统计值的显著性概率 p≤时,拒绝 H0 可作因子分析。能力结构矩阵 KMO 和 Bartlett 球体检验结果见表 4-7:

表 4-7 KMO 和 Bartlett 球体检验结果

Kaiser – Meyer – Olkin Measure of Sampling Adequacy.	0.805
Bartlett's Test of Sphericity Approx. Chi – Square	2984.996
Df	231
Sig.	0.000

检验结果显示,Bartlett 球体检验 p 值为 0.000<0.005,拒绝原假设,政府能力结构可以做因子分析;KMO 值为 0.805,介于 0.8~0.9 之间,说明能力结构矩阵很适合作因子分析;卡方为 2984.996、自由度为 231,表明结构矩阵间有共同因子存在。KMO 和 Bartlett 球体检验结果显示能力结构矩阵可以并很

[①] 郭志刚主编:《社会统计分析方法——SPSS 软件应用》,中国人民大学出版社 1999 年版,第 93 页。

适合作因子分析。

（三）运用因子分析法对数据进行处理

1. 能力结构矩阵指标处理

能力结构矩阵中包含两种类型的指标，一种是指标数值越大代表政府能力越好，本研究称其为正指标；另外一种与之相反，指标数值越大代表政府能力越弱，称之为逆指标。为了保证分析的客观性和公平性，排除由于指标方向的原因所造成的差异，本研究对各指标进行同向化处理。首先，正指标保持不变。本研究分析时采用正指标，所以对正指标不需进行处理。这些指标包括V02 – V04、V06、V08、V11、V13 – V18、V20、V22、V23、V25 – V30、V32。其次，对逆指标做同向化处理。能力结构矩阵中存在的逆指标包括 V20、V25 和 V32 四列。V19、V20、V25 反映的都是比率关系，因此本研究采用 100 减去逆指标数值的方法，对逆指标进行同向化处理，使其符合因子分析要求。公式为 $V_i = 100 - V_i$。V32 指标体现的是数值，在此本研究用该序列观测量最大值减去每一观测值的方法对逆指标进行同向化处理。之所以用序列观测量最大值而不用平均数（Mean）作同向化处理，是出于不希望序列中出现负值的考虑。

为了对观测量进行比较，消除由于观测量纲的差异及数量级所造成的影响，本研究将能力结构矩阵进行标准化处理，使标准化后的观测量均值为 0，方差为 1。其处理方法如下：

$$x_{ij}^{*} = \frac{x_{ij} - \bar{x}_i}{s_i}, \text{其中}: \bar{x}_i = \frac{1}{n}\sum_{i=1}^{n} x_i, s_i^2 = \frac{1}{n}\sum_{i=1}^{n}(x_{ij} - \bar{x}_i)^2$$

2. 方差最大旋转

如前述，能力结构矩阵中各序列并非完全正态分布，且数据集较大，因此本研究先用方差最大旋转法对体系矩阵进行旋转，目的是使因子载荷矩阵的元素（载荷阵元素反映原始变量和公共因子的相关程度）取值尽可能地向两极分化，因此可以简化对因子的解释。旋转后的载荷阵为

$$\Delta = Q\Lambda = (\delta_{ij})$$

其中是旋转前因子载荷阵，$S = \Lambda\Lambda + \Psi$，$Q$ 为一个 $k \times k$ 阶正交阵。

3. 观察碎石图

政府能力结构矩阵因子分析的碎石图见图 4 - 2：

Scree Plot

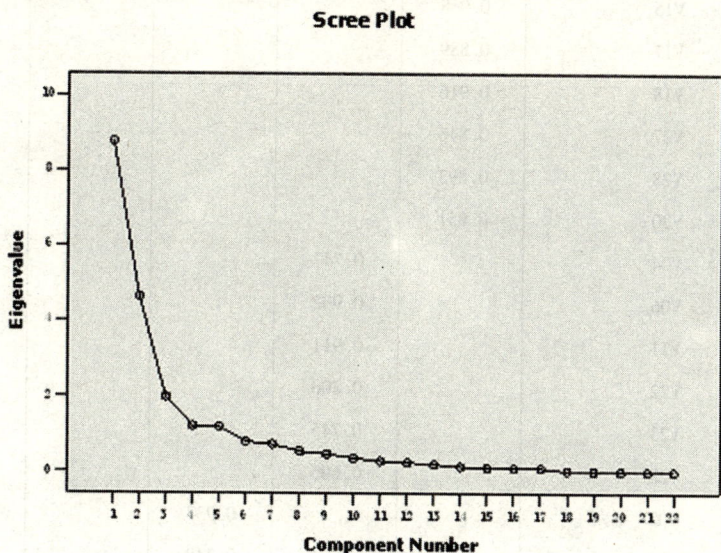

图 4 - 2　民族地区政府能力结构的碎石图分析

　　旋转后的因子累积贡献率同旋转前一样，都是 80.827%。因子分析显示，提取特征值大于 1 的观测量作为公因子共可得 5 个因子。碎石图也提示选取 5 个公因子即可具有较高的负载。5 个公因子的因子负载矩阵如表 4 - 8 所示。

表 4 - 8　旋转后的因子负载矩阵①

观测量	主成分				
	1	2	3	4	5
V08	0.967				

① 采用主成分分析法提取公因子,方差最大旋转。

V13	0.975				
V14	0.960				
V15	0.968				
V17	0.889				
V18	0.916				
V27	0.846				
V28	0.893				
V30	0.851				
V04		0.747			
V06		0.902			
V11		0.911			
V22		0.800			
V23		0.745			
V28		0.606			
V02			0.937		
V20			0.248		
V16			0.946		
V25				0.629	
V29				0.765	
V03					0.636
V32					0.933

Extraction Method: Principal Axis Factoring.

Rotation Method: Varimax with Kaiser Normalization.

五、因子分析结果的解释

通过因子分析,本研究降低了民族地区政府能力结构的维度,优化了要素结构。但分析工具输出的结果仍比较抽象。依据前文对民族地区政府能力的研究,本研究认为本章因子分析结果包含以下几方面内容:

1.对因子1的解释

因子1包含社会消费品零售总额、固定电话数量、城乡居民储蓄年末余额、卫生机构床位数、公共图书馆藏书量、互联网用户数、货物运输量、旅客运输量、废水排放量9个观测量。这9个观测量均反映一个地区社会经济发展的发展水平和发展情况,因此从政府能力角度出发,本研究将因子1定义为政府对经济社会的调控能力。因子分析提示,该方面对政府综合能力的贡献最大,为39.83%。马克思认为,社会生产是由生产力、生产关系、生产资料组成的,在这三部分中,生产力起决定作用。由于以上9个观测量可以很好地反映地区生产力发展水平,因此因子1在政府能力结构中亦起主导性作用。本研究将之确立为民族地区政府结构的主导因素。

2. 对因子2的解释

因子2包括人均城镇居民可支配收入、人均GDP、人均全社会固定资产投资额、每万人医生拥有数、每万人公共汽车拥有量、人均绿地面积6个观测量。这6个观测量所共同反映的是"人均"社会资源的拥有情况,体现了政府在促进社会公平方面的能力,因此从政府能力角度出发,本研究将因子2定义为社会资源分配能力。

如果仅以经济发展作为考察政府能力结构的要素的话,就会出现"以GDP为纲"的结果。这种能力结构应用在实践中最可能导致"二元经济"的产生。因子2恰好规避了这一风险。因子分析提示,该因子对政府综合能力的贡献率为21.115%。

3. 因子3包括总GDP增长率、初中辍学率、教育支出占财政收入比重3个观测量。GDP的增长率反映了未来的经济发展水平,初中辍学率综合反映了一个地区的经济发展、社会观念以及对知识和技术的重视程度,教育支出占财政收入比重反映了未来的教育发展潜力,这三个观测量反映的都是比率情况,它们共同反映了一个地区对未来发展前景的规划情况,因此本研究将因子3定义为未来发展规划能力。

4. 因子4包括高等级公路密度和建成区绿化覆盖率两个观测量。公路对生态环境有一定的影响,黄宝涛等(2005)认为公路建设造成的环境破坏分为两部分,一部分是生态破坏,另一部分是环境污染。生态破坏主要表现在毁林占地;水土流失严重;施工及运营期车辆的扬尘降落到作物植株表面,将会堵塞植株毛孔,影响光合作用和植物生长;公路建设对沿线地区的局部分割,可能会影响或改变动物的迁移路线①。所以,公路的密度在一定程度上反映了生态环境的情况,建成区的绿化覆盖率则直接反映了区域的生态环境状况,这两个观测量都共同反映了人类社会对自然环境的改造情况。因此,从政府能力角度出发,本研究将因子4定义为政府对生态环境的建设能力。

5.因子5包括农村居民人均纯收入和城乡差距指数两个指标。直观可以看出这两个指标反映的都是一个地区农村发展水平情况。农村发展是解决地区整体发展问题的重要方面,鉴于此考虑,本研究将因子5定义为政府调控区域协调发展能力。

通过对能力结构矩阵的因子分析,本研究也发现定量分析结果与本研究在分析之初对政府能力结构定性分析中主观拟定的考察方面基本一致,说明因子分析结果具有维度有效性。值得注意的是,本研究所说的民族地区政府能力结构的5个方面并不是孤立的,而是相辅相成、综合存在于社会统一体中,但为分析之便,本研究才将其分开叙述。

六、研究结论和建议

研究政府能力结构,实际上就是研究一个静态的、以政府能力强弱为因变量的函数关系,函数中的自变量即为政府能力结构构成要素——因子。通过定性与定量相结合的方法,本研究最终建立一个民族地区政府能力结构定量分析模型。政府能力结构要素之间的关系是非常复杂的。一方面,它们相辅相成:一种要素的提高总会带动其他要素的改善,同样欲提高一种要素质量总要其他要素相配合。另一方面,它们相互制约:一种要素的提高意味着占有比其他要素更多的资源。因此,仅仅输入定量分析结果还不够,研究民族地区政府能力是什么样的结构,结构中要素关系如何,必须要将定量分析与定性分析相结合,而这种结合是非常有实证意义的。

---

① 黄宝涛、周洁、赵庆娟、杨光友、李国锋:《高速公路建设对热带雨林地区生态环境价值的损失分析》,《筑路机械化与施工机械化》2005年第4期,第57页。

(一)民族地区政府能力结构

根据因子分析输出结果,民族地区政府能力结构归纳为如表4-9所示。

表4-9 民族地区政府能力结构

	政府能力构成要素	要素内部结构
政府能力	经济社会调控能力	社会消费品零售总额 固定电话数量 城乡居民储蓄年末余额 卫生机构床位数 公共图书馆藏书量 互联网用户数 货物运输量 旅客运输量 废水排放量
	社会资源分配能力	人均城镇居民可支配收入 人均 GDP 人均全社会固定资产投资额 每万人医生拥有数 每万人公共汽车拥有量 人均绿地面积
	未来发展规划能力	总 GDP 增长率 初中辍学率 教育支出占财政收入比重
	生态环境建设能力	高等级公路密度 建成区绿化覆盖率
	区域协调发展能力	农村居民人均纯收入 城乡差距指数

1. 政府能力结构与其构成要素间关系。此二者之间的关系是整体与部分的关系,同时二者也相互促进、相互转化。政府调控社会经济发展、资源分配、规划未来发展方向、保护生态环境、协调区域发展五方面能力是政府综合能力的构成要素,是构成政府能力的内部条件和内在的可能性。要素质量提高,则政府能力也相应提高;反之政府能力下降。在这五种要素中,存在一种或多种主导要素,对其他要素起引导和支配作用。政府综合能力会受主导要素影响而体现其特点,实证显示民族地区社会发展表现为资源密集型、均衡型、生态

型等不同形态,即是很好的例证。政府能力与其构成要素之间也存在相互转化的可能性。要素寓于政府能力之中,并通过其表现出来。在一定条件下,要素对整体有着强大的主导作用,即成为非常具有外显性的要素,此时政府能力反过来促进该要素的发展。

2. 政府能力要素之间关系。五要素之间的关系是相互联系、相互制约的。经济发展能力是主导要素,社会公平能力是保证,环境协调能力和区域协调能力是要素间平衡的制约因素。

(二)关于提高民族地区政府能力的建议

1. 发挥主导要素的作用。经济发展是社会发展的带动力,只有取得了一定的物质积累,政府才拥有促进社会全面发展的能力。事实上,民族地区经济总量不足已是一个长期而广泛存在的现象了,也正因此中央政府才推出了"西部大开发"、补偿机制等规划和决策,然而现实的问题却是越开发差距越大。民族地区主导要素带动作用不足既有历史原因,也有区位劣势原因,在此本研究不过多讨论。但是它的负面影响却是显而易见的。

因此,政府加强主导因素的带动作用,促进地区经济发展,是当前加强政府能力建设的首要内容。

2. 建立公平的社会资源分配机制。社会资源再分配属于社会保障的范畴,社会资源分配机制合不合理、能不能保障并促进社会发展,是政府能力强弱的重要表现。公平的社会资源分配机制包括居民平等享有政治资源的权利,平等地享有经济资源的权利,平等地享有教育资源的权利,平等地享有自然资源的权利,平等地享有卫生及社会保障资源的权利。社会公平是一个地区安定有序发展的保障,一个公平的社会环境可以为政府调控经济发展免去后顾之忧。民族地区政府在建立社会资源分配公平机制方面的能力应该得到加强。

3. 促进要素间协调发展。一个协调的社会环境是再发展的前提,科学发展观中对社会发展的要求就是"全面、协调、可持续"的发展。民族地区政府调控社会协调的能力主要体现在其处理各种关系的能力上,调控的结果体现在该地区是否是一个和谐的社会。要素的作用力之于系统之整体能力是有方向性的,即要素间作用力均向一个方向发挥,则整体能力要大于各要素能力之和。但还有一种情况就是,要素间作用力并非向着一个方向的,那么整体能力显然就要小于各要素能力之和——要素间相互作用力抵消了一部分整体能力。因此,要素间协调发展,使之作用力集中在一个方向,便是民族地区政府结构能力建设的重要内容。

附录4.1 文中所涉及统计指标及其代码

指标名称	代码	备注
地区总 GDP	V01	单位:亿元
总 GDP 增长率	V02	单位:元
农村居民人均纯收入	V03	单位:元
人均城镇居民可支配收入	V04	单位:元
城镇居民收入增长率	V05	
人均 GDP	V06	单位:元
人均 GDP 增长率	V07	
社会消费品零售总额	V08	单位:万元
财政支出占 GDP 比重	V09	
税收收入占 GDP 比重	V10	
人均全社会固定资产投资额	V11	单位:元
居民人均生活用电量	V12	单位:千瓦时
固定电话数量	V13	单位:万户
城乡居民储蓄年末余额	V14	单位:万元
卫生机构床位数	V15	单位:张
初中辍学率	V16	(2002 年初中入学人数 – 2005 年初中毕业人数)/2002 年初中入学人数
公共图书馆藏书量	V17	单位:千册
互联网用户数	V18	单位:户
基础设施投资占财政收入比重	V19	
教育支出占财政收入比重	V20	
教育支出占财政支出比重	V21	

每万人医生拥有数	V22	
每万人公共汽车拥有量	V23	
第三产业从业人员比重	V24	
高等级公路密度	V25	单位:公里/平方千米
货物运输量	V26	单位:万吨
旅客运输量	V27	单位:万人
人均绿地面积	V28	单位:平方米/人
建成区绿化覆盖率	V29	
废水排放量	V30	单位:万吨
失业指数	V31	城镇失业人员数/地区总人口
城乡差距指数	V32	(城镇人均可支配收入 - 农村人均纯收入)/农村人均纯收入

附录4.2　民族地区区划范围

省、自治区、直辖市	市、自治州、地区
重　庆	
内　蒙	呼和浩特、呼伦贝尔、包头、巴彦淖尔、乌海、乌兰察布、赤峰、兴安盟、通辽、锡林郭勒盟、鄂尔多斯、阿拉善盟
吉　林	延边朝鲜族自治州
湖　北	恩施土家族苗族自治州
湖　南	湘西土家族苗族自治州
广　西	南宁、钦州、防城港、柳州、贵港、崇左、桂林、玉林、河池、梧州、百色、来宾、北海、贺州
四　川	成都、遂宁、广安、绵阳、自贡、内江、达州、广元、攀枝花、乐山、雅安、宜宾、泸州、南充、巴中、凉山州、德阳、眉山、资阳、阿坝州、甘孜州
贵　州	贵阳、黔西南州、六盘水、毕节地区、遵义、黔东南州、安顺、黔南州、铜仁地区
云　南	昆明、曲靖、玉溪、保山、昭通 临沧、楚雄州、红河州、文山州、西双版纳州 丽江、思茅、大理州、德宏州、怒江州、迪庆州
西　藏	拉萨、昌都地区、山南地区、日喀则地区、那曲地区、阿里地区、林芝地区

陕　西	西安、延安、铜川、汉中、宝鸡、榆林、咸阳、安康、渭南、商洛
甘　肃	兰州、平凉、武威、嘉峪关、酒泉、张掖、金昌、庆阳、临夏州、白银、定西、甘南州、天水、陇南
青　海	西宁、海南州、海东地区、果洛州、海北州、玉树州、黄南州、海西州
宁　夏	银川、石嘴山、吴忠、固原、中卫
新　疆	乌鲁木齐、博尔塔拉蒙古自治州、和田地区、克拉玛依、巴音郭楞蒙古自治州、伊犁州、吐鲁番地区、阿克苏地区、塔城地区、哈密地区、克孜勒苏柯尔克孜自治州、阿勒泰地区、昌吉回族自治州、喀什地区、石河子市

附录4.3　民族地区政府能力结构观测量及观测值

地区 指标	重庆	呼和浩特	包头	乌海	赤峰	通辽	鄂尔多斯	呼伦贝尔
地区总 GDP	3,070.50	743.66	848.70	125.60	347.56	329.32	594.82	324.08
总 GDP 增长率	11.50	28.60	28.60	28.00	21.60	23.20	37.00	24.40
农村居民人均纯收入	2,809.00	4,631.00	4,667.00	4,635.00	2,817.00	3,318.00	4,601.00	3,202.00
人均城镇居民可支配收入	10,244.00	12,150.00	13,218.00	10,006.00	7,572.00	7,680.00	11,025.00	8,228.00
城镇居民收入增长率	0.11	0.20	0.15	0.22	0.13	0.13	0.26	0.15
人均 GDP	10,982.00	29,049.00	40,457.00	27,187.00	7,894.00	10,616.00	40,167.00	11,919.00
人均 GDP 增长率	0.14	0.43	0.70	0.35	0.21	0.19	0.71	0.24
社会消费品零售总额	12,157,584.00	3,048,979.00	2,900,778.00	289,725.00	1,372,398.00	911,368.00	1,516,877.00	1,081,205.00
财政支出占 GDP 比重	0.16	0.08	0.09	0.11	0.20	0.04	0.08	0.05
税收收入占 GDP 比重	0.06	0.04	0.05	0.06	0.04	0.03	0.07	0.04
人均全社会固定资产投资额	6,331.00	21,547.00	26,753.00	20,939.00	5,100.00	6,681.00	29,282.00	9,579.00
居民人均生活用电量	443.60	443.17	389.12	186.38	194.93	207.45	281.18	462.22
固话户数	688.91	87.63	75.40	17.93	49.78	38.00	32.46	70.20
城乡居民储蓄年末余额	25,021,450.00	3,795,946.00	3,894,793.00	793,722.00	2,255,336.00	1,104,521.00	1,620,865.00	2,288,800.00
卫生机构床位数	64,674.00	8,449.00	8,743.00	2,126.00	11,445.00	5,739.00	4,874.00	9,666.00
初中辍学率	0.23	0.05	0.22	0.11	0.05	-0.04	0.06	0.16
公共图书馆藏书量	7,675.00	2,279.00	2,825.00	148.00	960.00	740.00	478.00	567.00
互联网用户数	1,286,600.00	162,716.00	118,000.00	25,850.00	64,828.00	48,100.00	18,950.00	61,000.00
基础设施投资占财政收入比重	0.19	0.15	0.14	0.43	0.53	0.53	0.37	0.51

教育支出占财政收入比重	0.24	0.22	0.12	0.13	0.87	0.53	0.13	0.41
教育支出占财政支出比重	0.12	0.13	0.10	0.08	0.20	0.16	0.09	0.13
每万人医生拥有数	11.80	26.40	30.80	27.60	16.70	15.80	19.70	27.80
每万人公共汽车拥有量	2.29	3.88	5.37	9.39	0.40	0.68	0.76	1.27
第三产业从业人员比重	0.32	0.40	0.46	0.45	0.34	0.23	0.37	0.32
高等级公路密度	0.34	0.20	0.14	0.31	0.13	0.14	0.10	0.04
货物运输量	39,198.00	6,540.00	20,492.00	4,554.00	8,443.00	6,424.00	22,998.00	8,663.00
旅客运输量	63,424.00	4,546.00	12,317.00	522.00	3,139.00	3,016.00	2,111.00	3,771.00
人均绿地面积	13.29	30.75	49.40	24.61	12.43	11.69	16.00	33.72
建成区绿化覆盖率	0.22	0.26	0.41	0.19	0.24	0.28	0.14	0.31
废水排放量	84,885.00	2,114.00	5,159.00	727.00	2,123.00	1,141.00	3,787.00	5,141.00
失业指数	5.00	11.00	15.00	16.00	5.00	5.00	7.00	9.00
城乡差距指数	2.65	1.62	1.83	1.16	1.69	1.31	1.40	1.57

附录4.3 民族地区政府能力结构观测量及观测值(续表1)

地区\指标	巴彦淖尔	乌兰察布	兴安盟	锡林郭勒盟	阿拉善盟	延边州	恩施州	湘西州	南宁
地区总GDP	217.03	230.21	120.40	169.20	64.60	212.20	258.30	258.30	723.36
总GDP增长率	24.00	21.00	21.90	23.10	22.40	10.00	14.40	14.40	13.40
农村居民人均纯收入	4,265.00	2,869.00	2,375.00	2,890.00	3,897.00	2,661.00	2,616.90	2,616.90	2,680.00
人均城镇居民可支配收入	8,002.00	7,519.00	7,159.00	7,902.00	8,941.00	10,001.00	7,063.00	7,781.00	9,203.00
城镇居民收入增长率	0.16	0.16	0.11	0.19	0.18	0.36	0.07	0.18	0.14
人均GDP	12,560.00	8,480.00	7,513.00	17,093.00	30,587.00	9,749.00	4,509.00	5,026.00	11,057.00
人均GDP增长率	0.21	0.02	0.23	0.24	0.36	0.10	0.05	0.24	0.21
社会消费品零售总额	524,348.00	664,613.00	489,600.00	494,600.00	146,500.00	1,025,000.00	862,639.00	862,639.00	3,780,023.00
财政支出占GDP比重	0.06	0.05	0.21	0.22	0.22	0.27	0.54	0.54	0.10
税收收入占GDP比重	0.05	0.04	0.03	0.03	0.06	0.04	0.09	0.09	0.05
人均全社会固定资产投资额	9,004.00	7,706.00	3,856.00	16,549.00	31,538.00	4,114.00	6,077.00	6,077.00	5,502.00
居民人均生活用电量	153.51	574.17	260.17	260.17	260.17	260.17	260.17	260.17	381.04
固话户数	34.79	34.02	37.20	34.90	8.10	99.20	32.50	29.60	148.43

城乡居民储蓄年末余额	1,287,364.00	197,700.00	536,000.00	651,000.00	313,000.00	3,111,000.00	913,000.00	920,000.00	5,982,307.00
卫生机构床位数	4,560.00	3,897.00	4,078.00	2,539.00	830.00	7,788.00	6,572.00	6,187.00	17,257.00
初中辍学率	0.25	0.22	0.26	0.18	0.16	0.15	0.19	0.25	-0.57
公共图书馆藏书量	410.00	330.00	1,056.59	1,056.59	1,056.59	1,056.59	1,056.59	1,056.59	3,481.00
互联网用户数	26,198.00	32,630.00	121,050.28	121,050.28	121,050.28	121,050.28	121,050.28	121,050.28	732,893.00
基础设施投资占财政收入比重	0.37	0.39	0.59	0.48	0.50	0.35	0.41	0.02	0.17
教育支出占财政收入比重	0.42	0.47	0.65	0.65	0.65	0.65	0.65	0.65	0.24
教育支出占财政支出比重	0.15	0.13	0.16	0.09	0.08	0.11	0.22	0.20	0.15
每万人医生拥有数	12.30	8.80	18.20	25.00	41.00	22.10	10.60	11.10	15.90
每万人公共汽车拥有量	0.62	0.39	0.85	0.47	1.98	4.12	0.31	0.38	3.20
第三产业从业人员比重	0.29	0.35	0.21	0.35	0.35	0.39	0.38	0.27	0.28
高等级公路密度	0.07	0.11	0.08	0.03	0.01	0.14	0.23	0.15	0.26
货物运输量	2,833.00	2,758.00	4,266.10	4,266.10	4,266.10	4,266.10	4,266.10	4,266.10	7,236.00
旅客运输量	2,463.00	1,250.00	5,156.29	5,156.29	5,156.29	5,156.29	5,156.29	5,156.29	9,131.00
人均绿地面积	12.43	29.10	18.65	18.65	18.65	18.65	18.65	18.65	23.10
建成区绿化覆盖率	0.25	0.25	0.29	0.16	0.26	0.25	0.33	0.18	0.32
废水排放量	3,190.00	610.00	5,252.61	5,252.61	5,252.61	5,252.61	5,252.61	5,252.61	11,765.00
失业指数	6.00	5.00	5.00	8.00	10.00	11.00	3.00	8.00	4.00
城乡差距指数	0.88	1.62	2.01	1.73	1.29	2.76	1.70	1.97	2.43

附录4.3　民族地区政府能力结构观测量及观测值(续表2)

地区 指标	柳州	桂林	梧州	北海	防城港	钦州	贵港	玉林
地区总GDP	517.50	536.92	228.40	181.62	94.80	205.52	227.02	356.25
总GDP增长率	13.60	13.50	14.60	15.20	16.00	14.80	16.20	13.10
农村居民人均纯收入	2,535.00	3,003.00	2,575.00	3,179.00	2,704.00	3,091.00	2,693.00	2,573.00
人均城镇居民可支配收入	9,556.00	9,268.00	8,118.00	8,018.50	7,254.00	8,942.00	7,642.00	8,297.00
城镇居民收入增长率	0.16	0.14	0.20	-0.09	0.15	0.13	0.23	0.23
人均GDP	14,554.00	10,858.00	7,512.00	12,225.00	11,872.00	6,000.00	4,800.00	5,998.00
人均GDP增长率	0.27	0.18	0.14	0.11	0.11	0.17	0.38	0.19
社会消费品零售总额	2,002,532.00	1,637,780.00	855,486.00	462,378.00	227,502.00	707,642.00	914,162.00	1,300,109.00

指标							
财政支出占 GDP 比重	0.05	0.05	0.05	0.06	0.05	0.04	0.10	0.09
税收收入占 GDP 比重	0.04	0.03	0.03	0.03	0.02	0.02	0.02	0.02
人均全社会固定资产投资额	4,816.00	4,014.00	3,271.00	4,505.00	5,382.00	2,634.00	2,752.00	2,216.00
居民人均生活用电量	557.57	473.48	548.12	323.22	129.30	102.38	74.16	144.26
固话户数	83.33	92.15	50.72	40.05	18.19	39.07	74.94	96.73
城乡居民储蓄年末余额	3,300,794.00	3,661,599.00	1,423,165.00	1,117,185.00	586,375.00	984,963.00	1,510,629.00	2,519,963.00
卫生机构床位数	10,868.00	11,436.00	5,206.00	2,885.00	1,353.00	4,324.00	4,606.00	8,083.00
初中辍学率	0.26	0.22	0.32	0.18	0.20	0.20	0.21	0.18
公共图书馆藏书量	1,117.00	2,640.00	922.00	387.00	206.00	442.00	457.00	1,095.00
互联网用户数	164,910.00	115,212.00	40,119.00	48,303.00	22,159.00	76,269.00	68,636.00	60,185.00
基础设施投资占财政收入比重	0.14	0.19	0.16	0.14	0.22	0.34	0.17	0.12
教育支出占财政收入比重	0.25	0.45	0.45	0.32	0.38	0.48	0.67	0.57
教育支出占财政支出比重	0.14	0.20	0.20	0.19	0.17	0.21	0.28	0.26
每万人医生拥有数	16.90	11.30	9.50	10.10	9.40	6.50	5.50	8.30
每万人公共汽车拥有量	2.36	1.17	0.87	1.15	1.38	0.45	0.41	0.35
第三产业从业人员比重	0.36	0.23	0.24	0.81	0.24	0.24	0.27	0.33
高等级公路密度	0.17	0.21	0.24	0.53	0.19	0.29	0.18	0.38
货物运输量	4,805.00	1,684.00	316.00	2,681.00	1,503.00	992.00	3,258.00	4,392.00
旅客运输量	4,402.00	5,558.00	13,345.00	3,030.00	2,574.00	1,559.00	1,984.00	4,609.00
人均绿地面积	55.20	29.28	38.26	63.64	5.17	18.66	6.52	13.76
建成区绿化覆盖率	0.32	0.40	0.36	0.48	0.15	0.18	0.49	0.23
废水排放量	29,322.00	4,700.00	5,271.00	2,599.00	2,217.00	4,855.00	9,003.00	5,709.00
失业指数	8.00	4.00	4.00	5.00	3.00	2.00	2.00	3.00
城乡差距指数	2.77	2.09	2.15	1.52	1.68	1.89	1.84	2.22

附录4.3 民族地区政府能力结构观测量及观测值(续表3)

地区 指标	百色	贺州	河池	来宾	崇左	成都	自贡	攀枝花
地区总 GDP	239.36	164.33	206.96	170.04	151.13	2,370.76	273.95	248.01
总 GDP 增长率	15.20	14.00	13.50	13.40	13.90	13.50	14.20	14.20
农村居民人均纯收入	1,783.00	2,351.00	1,912.00	2,385.00	2,298.00	4,485.00	3,188.00	3,463.00

人均城镇居民可支配收入	8,077.00	7,516.00	7,170.00	8,166.00	7,102.00	11,359.00	7,201.00	9,124.00
城镇居民收入增长率	0.21	0.19	0.16	0.27	0.14	0.09	0.10	0.11
人均 GDP	6,415.00	7,824.00	5,405.00	6,913.00	6,566.00	19,627.00	9,924.00	21,969.00
人均 GDP 增长率	0.15	0.17	0.18	0.16	0.17	0.04	0.09	0.23
社会消费品零售总额	487,187.00	345,248.00	604,969.00	327,680.00	269,836.00	10,058,833.00	1,054,055.00	620,083.00
财政支出占 GDP 比重	0.16	0.10	0.16	0.12	0.16	0.08	0.09	0.13
税收收入占 GDP 比重	0.03	0.02	0.03	0.03	0.03	0.04	0.02	0.05
人均全社会固定资产投资额	4,697.00	3,942.00	3,579.00	2,305.00	2,290.00	13,469.00	1,848.00	8,765.00
居民人均生活用电量	296.15	109.57	86.78	126.71	153.40	461.50	249.25	288.30
固话户数	58.05	21.27	55.30	29.86	21.92	428.40	48.16	32.64
城乡居民储蓄年末余额	1,062,381.00	668,291.00	1,225,544.00	636,497.00	849,825.00	20,740,894.00	1,898,179.00	1,423,433.00
卫生机构床位数	6,825.00	2,381.00	6,453.00	3,476.00	3,394.00	42,808.00	6,513.00	5,356.00
初中辍学率	0.13	0.27	0.12	0.24	0.13	0.15	0.21	0.11
公共图书馆藏书量	833.00	581.00	826.00	438.00	587.00	8,123.00	355.00	442.00
互联网用户数	81,254.00	29,082.00	74,798.00	19,806.00	25,344.00	1,237,300.00	80,627.00	81,668.00
基础设施投资占财政收入比重	0.24	0.16	0.17	0.36	0.43	0.11	0.21	0.29
教育支出占财政收入比重	0.56	0.59	0.70	0.68	0.49	0.15	0.39	0.13
教育支出占财政支出比重	0.23	0.24	0.24	0.22	0.17	0.11	0.14	0.08
每万人医生拥有数	10.60	9.40	10.50	8.40	6.30	24.20	10.10	31.00
每万人公共汽车拥有量	0.23	0.39	0.58	0.31	0.59	4.49	2.01	5.31
第三产业从业人员比重	0.15	0.16	0.16	16.74	0.19	0.37	0.27	0.30
高等级公路密度	0.13	0.25	0.16	0.19	0.24	0.91	0.30	0.16
货物运输量	5,000.00	1,551.00	2,622.00	3,531.00	3,226.00	26,718.00	3,264.00	5,050.00
旅客运输量	3,956.00	2,313.00	6,738.00	2,930.00	2,657.00	38,113.00	10,447.00	2,815.00
人均绿地面积	33.92	9.04	15.08	1.90	17.27	27.61	9.45	23.90
建成区绿化覆盖率	0.38	0.27	0.30	0.07	0.47	0.36	0.38	0.42
废水排放量	5,258.00	2,766.00	16,530.00	29,677.00	3,631.00	32,517.00	3,248.00	2,460.00
失业指数	2.00	5.00	4.00	2.00	2.00	5.00	5.00	12.00
城乡差距指数	3.53	2.20	2.75	2.42	2.09	1.53	1.26	1.63

附录4.3 民族地区政府能力结构观测量及观测值(续表4)

地区 指标	泸州	德阳	绵阳	广元	遂宁	内江	乐山	南充
地区总GDP	284.91	462.17	482.53	145.19	206.58	254.83	306.72	335.27
总GDP增长率	12.60	13.70	13.00	12.30	13.50	12.10	12.80	12.80
农村居民人均纯收入	3,165.00	3,585.00	3,179.00	2,000.00	2,828.00	2,987.00	3,242.00	2,646.00
人均城镇居民可支配收入	8,790.00	9,150.00	8,201.00	6,115.00	6,667.00	6,355.00	7,520.00	7,764.00
城镇居民收入增长率	0.07	0.08	0.06	0.09	0.13	0.17	0.05	0.08
人均GDP	6,753.00	12,593.00	9,774.00	4,731.00	5,789.00	6,432.00	9,116.00	5,409.00
人均GDP增长率	0.09	0.10	0.06	0.01	0.07	0.04	0.15	0.06
社会消费品零售总额	1,098,739.00	1,433,050.00	1,807,058.00	633,614.00	870,900.00	849,098.00	1,194,761.00	1,423,004.00
财政支出占GDP比重	0.12	0.08	0.11	0.19	0.12	0.12	0.11	0.15
税收收入占GDP比重	0.02	0.02	0.02	0.02	0.01	0.02	0.03	0.01
人均全社会固定资产投资额	2,148.00	2,892.00	2,933.00	2,224.00	2,196.00	1,847.00	3,456.00	1,921.00
居民人均生活用电量	327.49	303.69	301.13	506.19	96.26	185.16	167.16	178.42
固话户数	64.70	85.80	109.60	48.15	41.04	56.45	64.99	99.68
城乡居民储蓄年末余额	2,282,016.00	2,825,204.00	3,451,337.00	1,248,691.00	1,733,662.00	2,086,030.00	2,408,809.00	3,556,240.00
卫生机构床位数	7,271.00	9,461.00	13,484.00	7,761.00	5,500.00	6,436.00	8,350.00	11,774.00
初中辍学率	0.24	0.15	0.14	0.14	0.17	0.24	0.13	0.19
公共图书馆藏书量	1,182.00	648.00	896.00	497.00	292.00	412.00	335.00	913.00
互联网用户数	132,353.00	20,258.00	184,081.00	51,462.00	26,998.00	82,753.00	139,191.00	64,022.00
基础设施投资占财政收入比重	0.25	0.21	0.39	0.35	0.40	0.28	0.13	0.53
教育支出占财政收入比重	0.48	0.24	0.31	1.21	0.87	0.60	0.42	1.16
教育支出占财政支出比重	0.15	0.12	0.11	0.17	0.17	0.15	0.16	0.21
每万人医生拥有数	9.00	9.90	8.70	11.60	8.30	9.10	17.00	8.40
每万人公共汽车拥有量	1.07	0.80	1.50	0.40	0.40	1.09	0.82	0.65
第三产业从业人员比重	0.19	0.30	0.34	0.22	0.23	0.21	0.28	0.18
高等级公路密度	0.47	0.57	0.21	0.21	0.34	0.37	0.23	0.32
货物运输量	2,976.00	3,684.00	3,018.00	5,436.00	1,581.00	3,464.00	3,323.00	2,377.00
旅客运输量	10,417.00	5,781.00	8,100.00	3,077.00	3,746.00	9,301.00	5,417.00	15,335.00

人均绿地面积	13.27	18.33	19.33	13.48	6.08	3.61	13.14	10.71
建成区绿化覆盖率	0.31	0.39	0.34	0.22	0.21	0.16	0.24	0.35
废水排放量	10,667.00	5,589.00	8,245.00	3,785.00	2,537.00	5,022.00	9,947.00	3,791.00
失业指数	4.00	3.00	6.00	3.00	4.00	4.00	5.00	3.00
城乡差距指数	1.78	1.55	1.58	2.06	1.36	1.13	1.32	1.93

附录 4.3　民族地区政府能力结构观测量及观测值(续表 5)

指标 ＼ 地区	眉山	宜宾	广安	达州	雅安	巴中	资阳	阿坝州
地区总 GDP	245.07	370.04	246.32	342.56	126.46	129.01	254.84	75.20
总 GDP 增长率	13.60	12.50	12.80	12.40	11.30	11.40	13.70	15.00
农村居民人均纯收入	3,284.00	3,068.00	2,915.00	2,943.00	2,829.00	2,032.00	2,989.00	1,881.00
人均城镇居民可支配收入	7,360.00	7,626.00	7,740.00	6,541.00	7,861.00	6,400.00	7,521.00	8,018.50
城镇居民收入增长率	0.11	0.07	0.17	0.11	0.11	0.09	0.07	0.11
人均 GDP	8,012.00	7,890.00	6,566.00	6,068.00	8,310.00	4,237.00	6,014.00	8,488.00
人均 GDP 增长率	0.14	0.10	0.08	0.06	0.04	0.02	0.07	0.19
社会消费品零售总额	734,689.00	1,299,448.00	896,561.00	1,288,081.00	431,006.00	484,205.00	867,774.00	165,100.00
财政支出占 GDP 比重	0.10	0.14	0.11	47.52	0.15	0.19	0.11	0.41
税收入占 GDP 比重	0.02	0.03	0.01	0.01	0.03	0.01	0.01	0.05
人均全社会固定资产投资额	3,825.00	2,851.00	2,650.00	2,584.00	5,746.00	1,341.00	1,526.00	9,188.00
居民人均生活用电量	196.93	326.93	34.48	513.85	301.52	96.40	146.18	260.17
固话户数	47.36	70.03	46.49	72.84	31.65	29.48	47.80	14.00
城乡居民储蓄年末余额	1,856,280.00	2,093,648.00	2,274,383.00	3,083,376.00	1,011,978.00	877,395.00	2,038,531.00	373,000.00
卫生机构床位数	5,543.00	10,252.00	4,898.00	10,175.00	4,349.00	4,172.00	6,131.00	2,741.00
初中辍学率	0.14	0.20	0.13	0.16	0.16	0.23	0.15	0.16
公共图书馆藏书量	226.00	741.00	1,409.00	560.00	522.00	370.00	498.00	1,056.59
互联网用户数	30,657.00	114,019.00	45,926.00	51,507.00	63,125.00	52,374.00	59,555.00	121,050.28
基础设施投资占财政收入比重	0.44	0.52	0.25	0.55	0.35	0.92	0.11	1.20
教育支出占财政收入比重	0.57	0.44	0.56	0.84	0.48	1.62	0.80	0.65
教育支出占财政支出比重	0.16	0.13	0.16	0.15	0.12	0.17	0.18	0.14
每万人医生拥有数	13.70	7.70	6.10	11.30	19.30	10.20	9.30	24.90

每万人公共汽车拥有量	0.52	0.63	0.32	0.33	0.23	0.34	0.34	1.98
第三产业从业人员比重	0.22	0.25	0.21	0.10	0.28	0.26	0.22	0.27
高等级公路密度	0.40	0.19	0.28	0.31	0.16	0.23	0.23	0.04
货物运输量	1,466.00	4,100.00	2,290.00	3,967.00	1,169.00	2,148.00	2,693.00	4,266.10
旅客运输量	5,853.00	10,522.00	5,371.00	10,286.00	2,734.00	2,788.00	5,379.00	5,156.29
人均绿地面积	10.84	11.60	13.44	15.92	32.16	3.02	3.85	18.65
建成区绿化覆盖率	0.25	0.30	0.26	0.18	0.25	0.29	0.23	0.26
废水排放量	8,491.00	9,747.00	2,157.00	3,575.00	2,435.00	745.00	3,172.00	5,252.61
失业指数	3.00	4.00	4.00	2.00	4.00	3.00	2.00	5.00
城乡差距指数	1.24	1.49	1.66	1.22	1.78	2.15	1.52	3.26

附录4.3　民族地区政府能力结构观测量及观测值(续表6)

地区 指标	甘孜州	凉山州	贵阳	六盘水	遵义	安顺	铜仁地区	黔西南州	毕节地区
地区总GDP	50.10	300.20	525.62	207.55	407.57	106.03	128.10	119.90	231.00
总GDP增长率	13.80	13.80	14.60	17.50	13.50	12.70	12.10	13.40	16.60
农村居民人均纯收入	1,310.00	2,438.00	3,135.00	1,863.00	2,319.00	1,828.00	1,700.00	1,785.00	1,876.00
人均城镇居民可支配收入	8,018.50	7,496.00	9,928.00	8,032.00	8,207.00	7,337.00	6,712.00	8,022.00	6,529.00
城镇居民收入增长率	0.11	0.09	0.10	0.12	0.13	0.09	0.13	0.09	0.17
人均GDP	5,439.00	6,934.00	14,934.00	6,879.00	5,497.00	4,026.00	3,271.00	3,864.00	3,200.00
人均GDP增长率	0.18	0.19	0.18	0.36	0.12	0.20	0.26	0.16	0.18
社会消费品零售总额	166,000.00	1,013,100.00	2,043,210.00	580,626.00	1,222,403.00	280,210.00	317,000.00	367,800.00	389,300.00
财政支出占GDP比重	0.68	0.02	0.14	0.13	0.14	0.21	0.25	0.21	0.19
税收入占GDP比重	0.04	0.03	0.07	0.05	0.04	0.03	0.03	0.04	0.05
人均全社会固定资产投资额	6,294.00	3,192.00	9,797.00	4,087.00	2,674.00	1,258.00	1,807.00	1,719.00	1,536.00
居民人均生活用电量	260.17	260.17	829.46	332.87	281.14	41.37	260.17	260.17	260.17
固话户数	10.60	41.50	115.80	44.68	85.73	24.36	22.00	31.30	45.00
城乡居民储蓄年末余额	296,000.00	1,472,000.00	4,977,423.00	956,400.00	2,348,683.00	773,356.00	731,000.00	688,000.00	973,000.00
卫生机构床位数	2,787.00	8,738.00	13,694.00	6,158.00	10,007.00	4,655.00	4,164.00	4,640.00	6,686.00
初中辍学率	0.14	0.18	0.25	0.14	0.12	0.08	0.16	0.10	0.06

公共图书馆藏书量	1,056.59	1,056.59	3,140.00	237.00	1,017.00	350.00	1,056.59	1,056.59	1,056.59
互联网用户数	121,050.28	121,050.28	364,300.00	26,443.00	63,901.00	20,850.00	121,050.28	121,050.28	121,050.28
基础设施投资占财政收入比重	3.02	0.58	0.06	0.02	0.02	0.03	0.01	0.11	0.04
教育支出占财政收入比重	0.65	0.65	0.15	0.41	0.68	0.66	0.65	0.65	0.65
教育支出占财政支出比重	0.10	1.65	0.13	0.19	0.26	0.22	0.26	0.25	0.28
每万人医生拥有数	22.90	12.30	30.50	8.20	6.70	7.80	7.10	5.60	4.70
每万人公共汽车拥有量	1.98	0.52	8.44	0.49	0.76	1.15	0.22	0.28	0.48
第三产业从业人员比重	0.15	0.17	0.39	0.27	0.32	0.22	0.37	0.27	0.30
高等级公路密度	0.05	0.11	0.37	0.25	0.25	0.29	0.21	0.24	0.27
货物运输量	4,266.10	4,266.10	6,277.00	5,777.00	2,988.00	1,385.00	4,266.10	4,266.10	4,266.10
旅客运输量	5,156.29	5,156.29	21,066.00	13,352.00	12,492.00	5,540.00	5,156.29	5,156.29	5,156.29
人均绿地面积	18.65	18.65	100.40	6.39	24.66	4.06	18.65	18.65	18.65
建成区绿化覆盖率	0.26	0.18	0.41	0.05	0.45	0.16	0.33	0.22	0.05
废水排放量	5,252.61	5,252.61	4,988.00	3,577.00	1,642.00	558.00	5,252.61	5,252.61	5,252.61
失业指数	3.00	3.00	9.00	4.00	3.00	3.00	2.00	2.00	2.00
城乡差距指数	5.12	2.07	2.17	3.31	2.54	3.01	2.95	3.49	2.48

附录 4.3 民族地区政府能力结构观测量及观测值(续表 7)

指标 \ 地区	黔东南州	黔南州	昆明	曲靖	玉溪	保山	昭通	丽江	思茅
地区总 GDP	145.40	168.00	1,061.55	440.97	368.23	117.42	167.20	60.33	106.60
总 GDP 增长率	11.70	11.80	11.10	12.90	9.80	13.10	10.40	10.80	11.80
农村居民人均纯收入	1,728.00	1,846.00	3,258.00	2,078.00	3,314.00	1,879.00	1,300.00	1,459.00	1,553.00
人均城镇居民可支配收入	7,707.00	7,393.00	9,516.00	8,878.00	8,842.00	9,040.00	7,570.00	9,290.00	7,440.00
城镇居民收入增长率	0.09	0.13	0.05	0.06	0.06		-0.02	0.02	0.07
人均 GDP	3,304.00	4,256.00	17,016.00	7,898.00	17,630.00	4,954.00	3,163.00	5,328.00	4,167.00
人均 GDP 增长率	0.25	0.14	-0.09	0.31	0.12	0.21	0.12	0.15	0.17
社会消费品零售总额	482,500.00	386,100.00	4,154,883.00	914,934.00	609,518.00	360,344.00	446,914.00	158,073.00	330,000.00
财政支出占 GDP 比重	0.27	0.22	0.11	0.12	0.11	0.19	0.22	0.29	0.27

指标									
税收收入占GDP比重	0.03	0.03	0.07	0.05	0.07	0.04	0.04	0.05	3.82
人均全社会固定资产投资额	1,992.00	1,361.00	10,286.00	3,864.00	5,018.00	2,484.00	1,767.00	4,857.00	2,413.00
居民人均生活用电量	260.17	260.17	584.09	152.98	204.47	93.53	75.90	262.18	260.17
固话户数	50.10	41.30	183.43	43.15	40.59	19.94	21.59	18.93	19.90
城乡居民储蓄年末余额	1,064,000.00	997,000.00	9,938,095.00	2,128,614.00	1,888,479.00	781,438.00	855,253.00	536,555.00	743,000.00
卫生机构床位数	6,084.00	6,269.00	25,176.00	11,038.00	6,902.00	4,642.00	5,584.00	2,445.00	3,944.00
初中辍学率	0.13	0.11	0.31	0.15	0.13	0.08	0.08	0.13	0.20
公共图书馆藏书量	1,056.59	1,056.59	4,045.00	906.00	1,250.00	482.00	692.00	401.00	1,056.59
互联网用户数	121,050.28	121,050.28	308,754.00	117,400.00	124,707.00	38,757.00	60,401.00	45,226.00	121,050.28
基础设施投资占财政收入比重	0.00	0.07	0.14	0.04	0.02	0.13	0.23	0.19	0.17
教育支出占财政收入比重	0.65	0.65	0.17	0.44	0.28	0.81	1.04	0.78	0.65
教育支出占财政支出比重	0.27	0.25	0.13	0.24	0.21	0.23	0.24	0.18	0.21
每万人医生拥有数	9.20	7.60	30.20	6.90	18.40	9.30	5.60	9.80	9.20
每万人公共汽车拥有量	0.50	0.82	8.13	0.49	0.49	0.31	0.10	0.67	0.38
第三产业从业人员比重	0.14	0.32	0.36	0.19	0.23	0.15	0.19	0.15	0.16
高等级公路密度	0.16	0.16	0.41	0.39	0.91	0.34	0.26	0.15	0.17
货物运输量	4,266.10	4,266.10	11,225.00	7,531.00	2,370.00	1,206.00	876.00	1,068.00	4,266.10
旅客运输量	5,156.29	5,156.29	8,229.00	5,753.00	1,131.00	875.00	3,291.00	715.00	5,156.29
人均绿地面积	18.65	18.65	22.97	11.19	16.83	5.51	3.22	16.07	18.65
建成区绿化覆盖率	0.19	0.36	0.26	0.04	0.38	0.10	0.10	0.19	0.05
废水排放量	5,252.61	5,252.61	4,758.00	2,664.00	1,849.00	3,419.00	2,353.00	133.00	5,252.61
失业指数	2.00	3.00	5.00	2.00	2.00	3.00	3.00	3.00	4.00
城乡差距指数	3.46	3.00	1.92	3.27	1.67	3.81	4.82	5.37	3.79

附录4.3　民族地区政府能力结构观测量及观测值(续表8)

地区　指标	临沧	楚雄州	红河州	文山州	西双版纳州	大理州	德宏州	怒江州	迪庆州
地区总GDP	96.51	193.30	308.50	148.20	78.00	235.10	58.90	23.90	28.00
总GDP增长率	11.80	11.90	9.00	13.30	12.30	12.30	7.00	14.00	11.50

农村居民人均纯收入	1,346.00	2,223.00	1,991.00	1,365.00	2,172.00	2,251.00	1,504.00	1,034.00	1,425.00
人均城镇居民可支配收入	7,451.00	9,195.00	7,947.00	8,718.00	7,874.00	8,974.00	8,395.00	8,018.50	9,796.00
城镇居民收入增长率	0.08	0.06	0.11	0.05	0.07	0.02	0.04	0.11	0.09
人均GDP	4,103.00	7,296.00	7,185.00	4,404.00	7,459.00	6,803.00	5,149.00	4,643.00	7,627.00
人均GDP增长率	0.11	0.15	0.16	0.61	-0.05	0.14	0.11	0.33	0.16
社会消费品零售总额	227,584.00	553,100.00	647,800.00	534,200.00	215,200.00	624,100.00	226,700.00	73,100.00	67,500.00
财政支出占GDP比重	0.24	0.18	0.17	0.21	0.16	0.17	0.29	0.43	0.38
税收收入占GDP比重	0.03	0.05	0.06	0.04	0.03	0.04	0.04	0.05	0.04
人均全社会固定资产投资额	2,389.00	2,728.00	3,705.00	2,441.00	5,399.00	2,386.00	3,013.00	6,077.00	8,569.00
居民人均生活用电量	111.83	260.17	260.17	260.17	260.17	260.17	260.17	260.17	260.17
固话户数	19.68	28.20	61.10	23.90	27.80	48.20	52.20	52.20	3.70
城乡居民储蓄年末余额	485,105.00	1,071,000.00	2,028,000.00	782,000.00	633,000.00	1,431,000.00	718,000.00	159,000.00	126,000.00
卫生机构床位数	3,448.00	6,900.00	10,661.00	4,958.00	3,422.00	8,423.00	3,363.00	1,272.00	736.00
初中辍学率	0.17	0.13	0.13	0.18	0.27	0.12	0.13	0.09	0.11
公共图书馆藏书量	514.00	1,056.59	1,056.59	1,056.59	1,056.59	1,056.59	1,056.59	1,056.59	1,056.59
互联网用户数	31,814.00	121,050.28	121,050.28	121,050.28	121,050.28	121,050.28	121,050.28	121,050.28	121,050.28
基础设施投资占财政收入比重	0.36	0.27	0.13	0.10	0.20	0.22	0.27	0.33	0.76
教育支出占财政收入比重	1.09	0.65	0.65	0.65	0.65	0.65	0.65	0.65	0.65
教育支出占财政支出比重	0.22	0.19	0.18	0.27	0.20	0.18	0.17	0.19	0.15
每万人医生拥有数	7.50	12.80	9.70	7.10	13.80	10.10	11.80	11.70	15.70
每万人公共汽车拥有量	1.98	0.34	0.36	0.98	1.03	0.98	0.19	1.98	1.98
第三产业从业人员比重	0.17	0.17	0.17	0.19	0.17	0.19	0.20	0.16	0.21
高等级公路密度	0.22	0.25	0.37	0.19	0.26	0.30	0.30	0.15	0.14
货物运输量	1,636.00	4,266.10	4,266.10	4,266.10	4,266.10	4,266.10	4,266.10	4,266.10	4,266.10
旅客运输量	622.00	5,156.29	5,156.29	5,156.29	5,156.29	5,156.29	5,156.29	5,156.29	5,156.29
人均绿地面积	5.43	18.65	18.65	18.65	18.65	18.65	18.65	18.65	18.65
建成区绿化覆盖率	0.24	0.26	0.30	0.26	0.40	0.26	0.36	0.26	0.26
废水排放量	2,892.00	5,252.61	5,252.61	5,252.61	5,252.61	5,252.61	5,252.61	5,252.61	5,252.61

| 失业指数 | 3.00 | 2.00 | 3.00 | 2.00 | 4.00 | 3.00 | 3.00 | 4.00 | 8.00 |
| 城乡差距指数 | 4.54 | 3.14 | 2.99 | 5.39 | 2.63 | 2.99 | 4.58 | 6.75 | 5.87 |

附录4.3 民族地区政府能力结构观测量及观测值（续表9）

地区 指标	拉萨	昌都地区	山南地区	日喀则地区	那曲地区	阿里地区	林芝地区	西安	铜川
地区总GDP	86.80	32.50	24.50	44.10	28.70	9.60	24.50	1,270.14	69.52
总GDP增长率	14.00	9.20	10.70	11.40	12.40	15.80	11.20	13.10	12.70
农村居民人均纯收入	2,402.00	1,844.00	2,159.00	1,896.00	2,123.00	1,801.00	2,723.00	3,460.00	2,010.00
人均城镇居民可支配收入	9,437.00	9,437.00	9,437.00	9,437.00	9,437.00	9,437.00	9,437.00	9,628.00	5,871.00
城镇居民收入增长率	0.11	0.11	0.11	0.11	0.11	0.11	0.11	0.13	0.15
人均GDP	19,332.00	5,444.00	7,538.00	6,642.00	7,139.00	12,000.00	15,506.00	15,940.00	8,240.00
人均GDP增长率	0.19	0.19	0.19	0.19	0.19	0.19	0.19	0.12	0.13
社会消费品零售总额	336,400.00	59,000.00	67,100.00	135,200.00	69,300.00	21,500.00	42,600.00	6,664,782.00	223,341.00
财政支出占GDP比重	0.16	0.31	0.39	0.29	0.29	0.49	0.27	0.08	0.11
税收收入占GDP比重	0.03	0.02	0.04	0.02	0.02	4.06	0.03	0.05	0.03
人均全社会固定资产投资额	14,058.00	4,613.00	7,880.00	5,300.00	3,346.00	7,838.00	15,829.00	11,259.00	4,087.00
居民人均生活用电量	260.17	260.17	260.17	260.17	260.17	260.17	260.17	397.99	133.45
固话户数	20.00	5.40	5.00	8.00	3.90	2.00	4.60	321.48	16.00
城乡居民储蓄年末余额	671,000.00	98,000.00	107,000.00	140,000.00	58,000.00	35,000.00	121,000.00	17,167,574.00	660,300.00
卫生机构床位数	1,564.00	1,005.00	683.00	1,455.00	909.00	504.00	647.00	30,087.00	3,443.00
初中辍学率	0.13	0.13	0.13	0.13	0.13	0.13	0.13	0.22	0.13
公共图书馆藏书量	1,056.59	1,056.59	1,056.59	1,056.59	1,056.59	1,056.59	1,056.59	3,671.00	346.00
互联网用户数	121,050.28	121,050.28	121,050.28	121,050.28	121,050.28	121,050.28	121,050.28	1,192,500.00	9,866.00
基础设施投资占财政收入比重	0.37	0.02	0.05	2.22	3.37	0.03	0.07	0.06	1.99
教育支出占财政收入比重	0.65	0.65	0.65	0.65	0.65	0.65	0.65	0.17	0.46
教育支出占财政支出比重	0.22	0.25	0.22	0.27	0.19	0.15	0.19	0.13	0.18
每万人医生拥有数	31.40	10.10	19.40	10.70	12.20	35.60	29.60	16.30	20.20
每万人公共汽车拥有量	16.86	1.98	1.98	4.26	1.98	1.98	1.98	6.32	1.98

第三产业从业人员比重	0.35	0.25	0.26	0.25	0.27	0.32	0.31	0.40	0.24
高等级公路密度	0.05	0.02	0.02	0.01	0.00	0.00	0.01	0.38	0.52
货物运输量	52.80	52.80	52.80	52.80	52.80	52.80	52.80	15,752.00	2,342.00
旅客运输量	68.50	68.50	68.50	68.50	68.50	68.50	68.50	11,323.00	776.00
人均绿地面积	18.65	18.65	18.65	18.65	18.65	18.65	18.65	9.15	24.17
建成区绿化覆盖率	0.00	0.26	0.26	0.26	0.26	0.26	0.26	0.30	0.24
废水排放量	653.00	653.00	653.00	653.00	653.00	653.00	653.00	16,969.00	322.00
失业指数	2.00	2.00	4.00	2.00	0.00	6.00	4.00	11.00	11.00
城乡差距指数	2.93	4.12	3.37	3.98	3.45	4.24	2.47	1.78	1.92

附录4.3　民族地区政府能力结构观测量及观测值(续表10)

地区 指标	宝鸡	咸阳	渭南	延安	汉中	榆林	安康	商洛
地区总 GDP	415.79	432.52	312.42	370.62	216.58	320.04	137.85	100.16
总 GDP 增长率	13.20	12.60	11.70	15.90	10.60	18.10	9.60	9.60
农村居民人均纯收入	2,231.00	2,268.00	1,882.00	2,159.00	1,893.00	1,803.00	1,799.00	1,513.00
人均城镇居民可支配收入	8,592.00	8,780.00	6,764.00	7,471.00	6,257.00	6,100.00	6,388.00	7,038.00
城镇居民收入增长率	0.10	0.06	0.02	0.18	0.02	0.02	0.11	0.07
人均 GDP	11,258.00	8,791.00	5,723.00	17,669.00	5,771.00	9,723.00	5,191.00	4,151.00
人均 GDP 增长率	0.13	0.12	0.12	0.15	0.11	0.18	0.09	0.10
社会消费品零售总额	1,395,300.00	1,350,876.00	904,800.00	460,942.00	651,547.00	715,500.00	463,800.00	353,957.00
财政支出占 GDP 比重	0.06	0.07	0.09	0.15	0.12	0.14	0.14	0.15
税收收入占 GDP 比重	0.02	0.02	0.03	0.05	0.02	0.06	0.02	0.02
人均全社会固定资产投资额	4,741.00	4,292.00	1,947.00	7,603.00	1,992.00	6,016.00	2,113.00	1,538.00
居民人均生活用电量	365.61	245.91	260.17	106.27	253.50	134.82	140.98	114.31
固话户数	92.43	76.95	99.48	28.69	81.42	52.20	39.12	28.83
城乡居民储蓄年末余额	3,287,900.00	3,566,230.00	3,072,236.00	1,563,264.00	2,162,829.00	1,752,412.00	1,096,588.00	956,004.00
卫生机构床位数	11,183.00	12,947.00	10,939.00	6,049.00	10,195.00	7,672.00	5,146.00	3,996.00
初中辍学率	0.14	0.14	0.11	0.19	0.18	0.21	0.21	0.18
公共图书藏书量	860.00	691.00	526.00	431.00	490.00	723.00	455.00	473.00
互联网用户数	78,000.00	139,227.00	52,900.00	26,652.00	42,300.00	87,603.00	24,925.00	35,078.00

指标								
基础设施投资占财政收入比重	0.02	0.01	0.09	0.22	0.03	0.09	0.01	1.63
教育支出占财政收入比重	0.54	0.89	0.85	0.19	1.01	0.44	1.54	2.05
教育支出占财政支出比重	0.25	0.32	0.26	0.16	0.26	0.23	0.28	0.33
每万人医生拥有数	30.10	13.20	9.70	16.30	12.50	11.80	13.50	12.20
每万人公共汽车拥有量	1.64	0.81	0.70	0.57	0.74	0.17	0.60	0.55
第三产业从业人员比重	0.51	0.54	0.26	0.40	0.42	0.28	0.40	0.28
高等级公路密度	0.26	0.46	0.44	0.14	0.21	0.16	0.22	0.28
货物运输量	2,897.00	2,836.00	2,789.00	1,520.00	5,764.00	2,759.00	6,629.00	775.00
旅客运输量	5,572.00	4,717.00	4,571.00	1,444.00	6,750.00	1,822.00	4,440.00	2,057.00
人均绿地面积	22.07	18.53	6.55	10.26	5.33	1.15	7.16	6.49
建成区绿化覆盖率	0.42	0.26	0.24	0.21	0.18	0.01	0.33	0.15
废水排放量	7,200.00	8,120.00	4,678.00	887.00	1,720.00	1,208.00	582.00	969.00
失业指数	5.00	4.00	6.00	5.00	27.00	112.00	3.00	2.00
城乡差距指数	2.85	2.87	2.59	2.46	2.31	2.38	2.55	3.65

附录4.3　民族地区政府能力结构观测量及观测值(续表11)

地区　指标	兰州	嘉峪关	金昌	白银	天水	武威	张掖	平凉	酒泉
地区总GDP	567.04	81.31	115.87	146.54	146.17	141.81	110.79	474.92	146.03
总GDP增长率	12.00	16.00	16.00	12.90	12.50	12.30	11.20	12.20	12.60
农村居民人均纯收入	2,713.00	4,750.00	3,982.00	2,023.00	1,550.00	2,802.00	3,751.00	1,820.00	4,465.00
人均城镇居民可支配收入	8,529.00	10,654.00	10,175.00	7,928.00	6,957.00	6,606.00	7,595.00	7,134.00	9,224.00
城镇居民收入增长率	0.11	0.14	0.08	0.09	0.08	0.10	0.09	0.10	0.11
人均GDP	18,296.00	44,686.00	24,950.00	8,395.00	4,189.00	7,322.00	8,651.00	4,915.00	14,937.00
人均GDP增长率	0.11	0.77	0.35	0.16	0.16	0.31	0.11	0.14	0.18
社会消费品零售总额	2,557,861.00	116,510.00	180,058.00	405,405.00	484,600.00	349,005.00	309,308.00	402,401.00	383,328.00
财政支出占GDP比重	0.09	0.06	0.08	0.12	0.20	0.12	0.14	0.04	0.12
税收收入占GDP比重	0.04	0.04	0.02	0.02	0.02	0.01	0.02	0.01	0.02
人均全社会固定资产投资额	8,327.00	29,501.00	8,531.00	3,778.00	1,690.00	3,434.00	4,756.00	2,226.00	8,155.00
居民人均生活用电量	407.48	560.57	329.41	240.80	171.05	84.30	127.03	117.11	124.98

固话户数	153.00	9.96	11.54	33.74	46.41	38.56	44.67	20.95	20.50
城乡居民储蓄年末余额	5,817,105.00	356,226.00	578,300.00	938,482.00	1,193,037.00	929,094.00	764,406.00	771,900.00	1,582,300.00
卫生机构床位数	13,954.00	1,020.00	1,724.00	4,770.00	6,468.00	4,419.00	3,641.00	5,008.00	3,861.00
初中辍学率	0.16	0.69	0.01	0.08	0.09	0.18	0.49	0.38	0.40
公共图书馆藏书量	3,922.00	98.00	122.00	513.00	608.00	253.00	446.00	245.00	395.00
互联网用户数	210,759.00	22,941.00	9,700.00	27,600.00	38,000.00	27,937.00	28,000.00	13,600.00	28,341.00
基础设施投资占财政收入比重	0.13	0.24	0.32	0.49	0.42	0.87	0.66	0.29	0.57
教育支出占财政收入比重	0.32	0.02	0.24	0.77	1.21	1.68	0.87	0.93	0.66
教育支出占财政支出比重	0.18	0.02	0.12	0.21	0.21	0.25	0.19	0.23	0.16
每万人医生拥有数	25.50	28.40	21.60	11.30	8.20	12.60	14.50	9.80	16.60
每万人公共汽车拥有量	6.90	5.17	0.90	0.83	0.60	1.31	1.98	0.58	0.51
第三产业从业人员比重	0.42	0.34	0.36	0.21	0.20	0.30	0.23	0.21	0.37
高等级公路密度	0.16	0.37	0.11	0.12	0.17	0.08	0.07	0.21	0.02
货物运输量	5,973.00	2,033.00	1,319.00	3,042.00	1,488.00	2,874.00	757.00	2,662.00	1,443.00
旅客运输量	2,546.00	157.00	612.00	1,435.00	1,544.00	1,323.00	1,594.00	793.00	1,656.00
人均绿地面积	24.59	64.11	29.41	19.04	9.30	2.97	8.13	9.28	15.72
建成区绿化覆盖率	0.35	0.32	0.23	0.21	0.33	0.23	0.21	0.18	0.28
废水排放量	4,352.00	2,025.00	2,011.00	1,950.00	716.00	537.00	960.00	994.00	946.00
失业指数	6.00	19.00	12.00	4.00	1.00	4.00	4.00	3.00	6.00
城乡差距指数	2.14	1.24	1.56	2.92	3.49	1.36	1.02	2.92	1.07

附录 4.3　民族地区政府能力结构观测量及观测值(续表 12)

地区 / 指标	庆阳	定西	陇南	临夏州	甘南州	西宁	海东地区	海北州	黄南州
地区总 GDP	143.82	71.30	74.18	56.20	26.10	237.57	74.20	20.40	22.70
总 GDP 增长率	12.50	108.80	12.50	10.50	11.50	14.20	12.90	12.00	2.10
农村居民人均纯收入	1,734.00	1,670.00	1,353.00	1,380.00	1,514.00	2,593.00	2,011.00	2,084.00	1,807.00
人均城镇居民可支配收入	6,883.00	6,510.00	6,304.00	4,937.00	5,182.00	8,397.00	7,066.00	7,798.00	7,383.00
城镇居民收入增长率	0.10	0.10	0.12	0.09	0.11	0.10	0.11	0.11	0.17

人均GDP	5,582.00	2,396.00	2,730.00	2,893.00	3,868.00	11,398.00	4,768.00	7,538.00	10,367.00
人均GDP增长率	0.31	0.13	0.16	0.31	0.19	0.34	0.11	0.11	0.14
社会消费品零售总额	362,803.00	251,095.00	191,913.00	160,800.00	91,100.00	816,030.00	186,100.00	40,500.00	23,300.00
财政支出占GDP比重	0.19	0.30	0.32	0.36	0.60	0.11	0.23	0.29	0.25
税收收入占GDP比重	0.03	0.02	0.02	0.02	0.03	0.04	0.03	0.03	0.03
人均全社会固定资产投资额	3,167.00	1,203.00	1,096.00	1,104.00	2,894.00	5,509.00	2,142.00	4,636.00	5,195.00
居民人均生活用电量	121.52	45.69	68.89	260.17	260.17	389.76	260.17	260.17	260.17
固话户数	34.45	22.32	34.21	20.00	10.00	71.79	13.30	3.30	1.70
城乡居民储蓄年末余额	1,012,392.00	645,910.00	666,418.00	468,000.00	198,000.00	2,346,265.00	350,000.00	78,000.00	63,000.00
卫生机构床位数	4,173.00	4,530.00	3,965.00	2,813.00	1,675.00	8,299.00	1,925.00	839.00	615.00
初中辍学率	-0.09	-2.22	0.36	0.19	0.19	0.20	0.19	0.09	0.66
公共图书馆藏书量	433.00	557.00	1,722.00	1,056.59	1,056.59	2,110.00	1,056.59	1,056.59	1,056.59
互联网用户数	23,407.00	17,100.00	12,182.00	121,050.28	121,050.28	54,169.00	121,050.28	121,050.28	121,050.28
基础设施投资占财政收入比重	0.27	0.96	0.91	1.32	3.13	0.23	0.22	0.39	0.26
教育支出占财政收入比重	0.92	2.21	2.02	0.65	0.65	0.43	0.65	0.65	0.65
教育支出占财政支出比重	0.23	0.26	0.23	0.17	0.12	0.19	0.25	0.16	0.17
每万人医生拥有数	8.80	7.70	8.90	10.30	20.70	15.90	6.80	16.70	18.00
每万人公共汽车拥有量	0.37	0.43	1.98	0.61	0.35	7.65	1.98	1.98	1.98
第三产业从业人员比重	0.26	0.20	0.16	0.20	0.20	0.04	0.31	0.08	0.22
高等级公路密度	0.11	0.16	0.09	0.19	0.06	0.40	0.43	0.08	0.10
货物运输量	1,770.00	1,621.00	904.00	4,266.10	4,266.10	2,494.00	4,266.10	4,266.10	4,266.10
旅客运输量	1,114.00	1,536.00	812.00	5,156.29	5,156.29	3,349.00	5,156.29	5,156.29	5,156.29
人均绿地面积	6.57	3.16	1.01	18.65	18.65	17.30	18.65	18.65	18.65
建成区绿化覆盖率	0.16	0.05	0.01	0.22	0.06	0.30	0.26	0.26	0.26
废水排放量	213.00	295.00	509.00	5,252.61	5,252.61	4,343.00	5,252.61	5,252.61	5,252.61
失业指数	3.00	2.00	2.00	3.00	4.00	10.00	2.00	4.00	5.00
城乡差距指数	2.97	2.90	3.66	2.58	2.42	2.24	2.51	2.74	3.09

附录4.3 民族地区政府能力结构观测量及观测值(续表13)

指标 \ 地区	海南州	果洛州	玉树州	海西州	银川	石嘴山	吴忠	固原	中卫
地区总GDP	29.10	7.90	13.90	134.30	288.50	109.63	98.11	44.88	65.85
总GDP增长率	11.30	7.30	9.60	16.00	13.00	12.40	13.70	9.90	11.20
农村居民人均纯收入	2,442.00	1,917.00	1,794.00	2,303.00	3,493.00	3,650.00	2,891.00	1,715.00	2,537.00
人均城镇居民可支配收入	6,850.00	8,348.00	8,637.00	8,693.00	8,852.00	7,917.00	7,516.00	6,528.00	7,196.00
城镇居民收入增长率	0.01	0.09	0.10	0.10	0.11	0.14	0.13	0.02	0.10
人均GDP	7,001.00	5,281.00	4,872.00	32,725.00	20,725.00	15,118.00	8,079.00	2,992.00	6,423.00
人均GDP增长率	0.21	0.07	0.00	0.32	0.49	0.23	-0.06	0.26	0.30
社会消费品零售总额	61,500.00	18,700.00	24,500.00	167,500.00	945,245.00	271,481.00	242,017.00	146,561.00	138,089.00
财政支出占GDP比重	0.27	0.63	0.49	0.09	0.10	0.14	0.16	0.42	0.17
税收收入占GDP比重	0.03	0.01	0.01	0.04	0.04	0.04	0.04	0.01	0.03
人均全社会固定资产投资额	6,212.00	3,497.00	2,471.00	15,919.00	14,342.00	10,213.00	5,336.00	2,381.00	5,439.00
居民人均生活用电量	260.17	260.17	260.17	260.17	532.08	236.62	185.96	123.24	129.83
固话户数	4.10	0.90	1.50	16.10	61.50	23.86	21.93	13.40	14.99
城乡居民储蓄年末余额	110,000.00	30,000.00	35,000.00	478,000.00	2,649,514.00	914,682.00	751,351.00	275,389.00	504,039.00
卫生机构床位数	1,148.00	419.00	538.00	1,322.00	8,058.00	2,801.00	2,780.00	2,067.00	1,863.00
初中辍学率	-2.20	-0.17	0.00	-0.58	0.24	0.09	0.50	0.22	0.13
公共图书馆藏书量	1,056.59	1,056.59	1,056.59	1,056.59	2,097.00	268.00	640.00	505.00	490.00
互联网用户数	121,050.28	121,050.28	121,050.28	121,050.28	221,700.00	55,764.00	35,266.00	21,000.00	10,080.00
基础设施投资占财政收入比重	0.24	1.12	0.85	0.28	0.20	0.41	0.48	2.24	0.60
教育支出占财政收入比重	0.65	0.65	0.65	0.65	0.20	0.25	0.63	3.00	0.92
教育支出占财政支出比重	0.16	0.11	0.00	0.11	0.13	0.12	0.20	0.22	0.23
每万人医生拥有数	15.00	23.80	13.80	19.60	31.20	19.40	11.00	11.20	12.10
每万人公共汽车拥有量	1.98	1.98	1.98	1.98	6.70	1.96	1.72	0.68	0.49
第三产业从业人员比重	0.19	0.22	0.27	0.33	0.39	0.31	0.30	0.22	0.24
高等级公路密度	0.07	0.04	0.02	0.01	0.33	0.31	0.23	0.20	0.24

货物运输量	4,266.10	4,266.10	4,266.10	4,266.10	3,807.00	1,771.00	1,151.00	806.00	1,218.00
旅客运输量	5,156.29	5,156.29	5,156.29	5,156.29	2,680.00	1,425.00	1,853.00	1,005.00	758.00
人均绿地面积	18.65	18.65	18.65	18.65	42.34	58.94	4.77	12.81	3.07
建成区绿化覆盖率	0.26	0.26	0.26	0.26	0.24	0.26	0.10	0.21	0.08
废水排放量	5,252.61	5,252.61	5,252.61	5,252.61	2,468.00	1,124.00	3,927.00	321.00	2,370.00
失业指数	2.00	89.00	45.00	21.00	11.00	18.00	5.00	3.00	4.00
城乡差距指数	1.81	3.35	3.81	2.77	1.53	1.17	1.60	2.81	1.84

附录4.3 民族地区政府能力结构观测量及观测值(续表14)

地区 指标	乌鲁木齐	克拉玛依	吐鲁番地区	哈密地区	昌吉回族自治州	博尔塔拉蒙古自治州	巴音郭楞蒙古自治州
地区总GDP	562.50	385.73	119.80	68.60	251.70	55.50	325.70
总GDP增长率	13.90	8.80	12.40	11.40	14.00	9.70	14.00
农村居民人均纯收入	4,250.00	5,428.00	3,668.00	3,029.00	4,568.00	4,056.00	4,014.00
人均城镇居民可支配收入	9,605.00	10,902.00	7,497.00	8,018.50	7,614.00	8,018.50	7,537.00
城镇居民收入增长率	0.11	0.11	0.11	0.11	0.11	0.11	0.11
人均GDP	25,507.00	88,562.00	20,580.00	12,865.00	15,169.00	12,188.00	27,302.00
人均GDP增长率	0.12	0.33	0.22	0.29	0.17	0.42	0.39
社会消费品零售总额	2,331,363.00	185,088.00	152,100.00	189,000.00	558,300.00	105,200.00	325,400.00
财政支出占GDP比重	0.07	0.07	0.08	0.15	0.09	0.17	0.08
税收收入占GDP比重	0.07	0.05	0.04	0.04	0.04	0.05	0.03
人均全社会固定资产投资额	10,180.00	44,793.00	7,116.00	3,161.00	5,302.00	3,611.00	13,671.00
居民人均生活用电量	520.04	431.84	260.17	260.17	260.17	260.17	260.17
固话户数	150.92	14.97	20.50	19.40	63.60	18.50	48.70
城乡居民储蓄年末余额	5,957,300.00	1,202,167.00	407,000.00	755,000.00	1,412,000.00	392,000.00	1,462,000.00
卫生机构床位数	16,269.00	1,914.00	2,059.00	2,536.00	7,122.00	1,943.00	5,498.00
初中辍学率	0.26	0.06	0.11	-0.02	0.11	0.09	0.13
公共图书馆藏书量	1,416.00	312.00	1,056.59	1,056.59	1,056.59	1,056.59	1,056.59
互联网用户数	350,890.00	25,415.00	121,050.28	121,050.28	121,050.28	121,050.28	121,050.28
基础设施投资占财政收入比重	0.12	0.21	0.12	0.12	0.08	0.18	0.05
教育支出占财政收入比重	0.10	0.17	0.65	0.65	0.65	0.65	0.65

教育支出占财政支出比重	0.12	0.14	0.21	0.22	0.19	0.18	0.19
每万人医生拥有数	44.90	24.10	23.00	30.10	21.20	27.40	24.30
每万人公共汽车拥有量	20.19	16.44	1.30	3.46	3.67	2.05	4.47
第三产业从业人员比重	0.67	0.35	0.26	0.35	0.28	0.31	0.35
高等级公路密度	0.12	0.06	0.03	0.02	0.10	0.07	0.01
货物运输量	13,644.00	1,976.00	4,266.10	4,266.10	4,266.10	4,266.10	4,266.10
旅客运输量	3,640.00	390.00	5,156.29	5,156.29	5,156.29	5,156.29	5,156.29
人均绿地面积	21.40	52.86	18.65	18.65	18.65	18.65	18.65
建成区绿化覆盖率	0.25	0.36	0.44	0.35	0.34	0.37	0.40
废水排放量	4,597.00	1,708.00	5,252.61	5,252.61	5,252.61	5,252.61	5,252.61
失业指数	15.00	12.00	7.00	4.00	4.00	8.00	12.00
城乡差距指数	1.26	1.01	1.04	1.65	0.67	0.98	0.88

附录 4.3 民族地区政府能力结构观测量及观测值(续表 15)

地区 指标	阿克苏 地区	克孜勒苏柯尔 克孜自治州	喀什 地区	和田 地区	伊犁州	塔城 地区	阿勒泰 地区	石河子市
地区总 GDP	170.40	17.50	136.00	48.80	168.60	144.00	60.50	53.70
总 GDP 增长率	13.00	7.80	13.80	12.50	13.30	11.70	9.20	12.70
农村居民人均纯收入	2,975.00	1,453.00	1,699.00	1,296.00	2,923.00	3,311.00	3,196.00	5,380.00
人均城镇居民可支配收入	8,018.50	5,350.00	8,018.50	7,590.00	6,656.00	8,424.00	8,018.50	7,947.00
城镇居民收入增长率	0.11	0.11	0.11	0.11	0.11	0.11	0.11	0.11
人均 GDP	7,620.00	3,654.00	3,941.00	2,712.00	7,011.00	11,113.00	10,822.00	17,854.00
人均 GDP 增长率	0.13	0.20	0.13	0.11	0.22	0.11	0.14	0.19
社会消费品零售总额	363,700.00	38,100.00	310,900.00	95,600.00	451,100.00	204,700.00	165,800.00	862,639.19
财政支出占 GDP 比重	0.18	0.64	0.27	0.44	0.21	0.13	0.25	0.10
税收收入占 GDP 比重	0.06	0.03	0.03	0.03	0.04	0.04	0.03	0.06
人均全社会固定资产投资额	3,272.00	1,994.00	1,680.00	1,557.00	2,948.00	4,843.00	4,440.00	4,832.00
居民人均生活用电量	260.17	260.17	260.17	260.17	260.17	260.17	260.17	260.17
固话户数	46.80	5.50	46.10	15.30	69.60	28.50	16.70	29.70
城乡居民储蓄年末余额	1,492,000.00	137,000.00	1,238,000.00	304,000.00	1,493,000.00	689,000.00	359,000.00	904,000.00
卫生机构床位数	6,927.00	1,459.00	9,024.00	5,075.00	8,951.00	3,276.00	2,042.00	4,017.00

初中辍学率	0.08	0.13	0.10	0.07	0.19	0.12	0.13	0.95
公共图书馆藏书量	1,056.59	1,056.59	1,056.59	1,056.59	1,056.59	1,056.59	1,056.59	1,056.59
互联网用户数	121,050.28	121,050.28	121,050.28	121,050.28	121,050.28	121,050.28	121,050.28	121,050.28
基础设施投资占财政收入比重	0.18	0.74	0.29	0.25	0.16	0.12	0.21	0.08
教育支出占财政收入比重	0.65	0.65	0.65	0.65	0.65	0.65	0.65	0.65
教育支出占财政支出比重	0.20	0.21	0.27	0.24	0.20	0.18	0.22	0.10
每万人医生拥有数	15.70	18.80	11.60	10.90	18.70	21.80	24.30	35.00
每万人公共汽车拥有量	1.12	0.53	0.70	0.61	1.69	0.93	0.92	1.98
第三产业从业人员比重	0.24	0.31	0.25	0.22	0.27	0.23	0.32	0.44
高等级公路密度	0.04	0.03	0.03	0.01	0.09	0.04	0.03	1.84
货物运输量	4,266.10	4,266.10	4,266.10	4,266.10	4,266.10	4,266.10	4,266.10	4,266.10
旅客运输量	5,156.29	5,156.29	5,156.29	5,156.29	5,156.29	5,156.29	5,156.29	5,156.29
人均绿地面积	18.65	18.65	18.65	18.65	18.65	18.65	18.65	18.65
建成区绿化覆盖率	0.39	0.23	0.32	0.21	0.40	0.34	0.36	0.26
废水排放量	5,252.61	5,252.61	5,252.61	5,252.61	5,252.61	5,252.61	5,252.61	5,252.61
失业指数	5.00	2.00	4.00	3.00	4.00	4.00	6.00	3.00
城乡差距指数	1.70	2.68	3.72	4.86	1.28	1.54	1.51	0.48

第五章 建立民族地区政府能力评价指标模型

良好的政府能力是一个民族和国家可持续发展的重要条件,民族地区政府能力直接影响着民族地区的经济发展和和谐社会建设。建立民族地区政府能力评价指标体系,对民族地区政府能力的现状进行分析和评价,了解自身的优势和弱势,从宏观上把握整个民族地区政府能力建设与经济发展及和谐社会建设的内在联系;并从中把握变化和发展规律以及未来的发展趋势,进而为整个民族地区的政府能力建设,区域的战略规划与合理布局等科学决策提供理论依据具有重要的意义。

一、建立民族地区政府能力评价指标体系的意义

我国少数民族地区大多数集中于边疆,尽管有着一些得天独厚的优势,但是相对中东部较发达地区来说,这些地区地理条件相对较差,地势崎岖,交通不畅,自然环境也比较差,加上缺乏科学的思想意识和发展观念,这些自然和人为因素会直接和间接地影响到民族地区政府能力的建设。因此,用层次分析法对民族地区政府能力构建科学合理的模型,进行客观评价,很有现实意义。

(一)增加政府能力提升的预见性

政府能力问题是一个国家或地区在现代化发展过程中必须重视的一个问题,政府能力与经济发展有天然的联系。一方面,经济建设和经济发展的过程中必然会涉及到政府能力问题,强政府能力会积极推动经济和社会的发展,而弱政府能力会制约经济和社会的发展。譬如,在我国许多地区,经济得到快速

发展的都与政府的有效行政密切相关;相反,很多地方主要领导因涉嫌重大经济问题、组织问题、作风问题等而被曝光,该地区的经济发展在很长一段时间内大多是停滞不前。这正如世界银行所做的研究,"历史反复地表明,良好的政府不是一个奢侈品,而是非常必须的。没有一个有效的政府,经济和社会的可持续发展都是不可能的。"①另一方面,经济的发展也会推动政府能力不断增强和提升,这主要表现三个方面,一是经济发展对政府能力提出了更高的要求。我国改革开放的 30 年来,经济处于高速发展时期,民族地区也不例外,政府只有不断增强自身的能力建设,才能更好地驾驭经济发展,才能顺应时代的发展。二是经济发展带来科技的进步,使得政府管理的手段日新月异,譬如,十年前一个"计算机盲"可以在政府部门很好地"混"下去,但现在很多行政审批手续都是在网上完成的,自动化办公在政府部门随处可见。政府能力随着行政管理手段的日益丰富而得到了很快的提升。三是行政环境的新变化、新特点和新态势对政府能力建设提出了新的要求。进入新世纪新阶段,我国政府的行政环境发生了深刻的变化。在国际层面,随着经济全球化的变化趋势,中国经济在世界经济发展中的地位时刻发生变化,综合国力在日趋激烈的竞争中不断增强;在国内层面,改革发展处在关键时期,社会利益关系更为错综复杂,新情况新问题不断出现,民族关系问题层出不穷,这些国内外情况的变化都要求政府有较高的行政能力和对未来的预见性。

由于经济发展和行政环境的变化,加强政府的预见能力建设显得相当重要。这正如汪永成所说的,政府能力建设时,不仅要强调政府能力的增强与提升,也必须加强对其运行的控制和制约,使之"做正确的事"和"正确地做事",最大限度地以公共利益为指向,正确行使而不被滥用②。而政府能力评价能更好地了解政府自身行政能力,也能更好地知道行政环境的复杂性和不确定性,增加政府对未来不确定性的预见。

———————————

① 世界银行:《变革世界中的政府》,中国财政经济出版社 1997 年版。
② 汪永成:《新时期我国政府能力建设的意义与任务》,《深圳大学学报》(人文社会科学版)2004年第 6 期,第 41 页。

(二)促进政府能力结构合理化的需要

制度建设是一个动态的过程,制度建设本身的合理性与完备性最终都会以各种方式对处于制度环境中的经济、社会及政府自身产生影响,得到最直观的体现[1]。汪永成(2004)认为,政府能力结构的合理化是指在一定经济、社会发展战略目标要求下,实现政府能力供求结构平衡、各种外显能力以及能力内部各要素协调发展,以取得较好结构效益。他同时认为合理的政府能力结构要做到四个方面:一是充分有效地利用政府可能拥有的资源,使其在政府部门、机构之间得到合理的分配和使用,以取得较高的社会经济效益;二是要和行政环境的能力需求结构相适应,以实现能力供给结构与需求结构的平衡;三是各种能力形式之间在运作上要相互衔接、紧密配合;四是要有利于政府能力结构向高级发展[2]。政府能力结构合理不合理不是凭想象来判断的,而是应该建立在科学评价的基础上。

通过对政府能力的评价,把政府能力结构不合理的地区,从计划能力、决策能力、创新能力、执行能力和监督能力逐一加以改进和完善,使政府的各种能力相互衔接和匹配,相互促进和协调,功能更加齐全,结构更趋合理。同时,政府能力结构随着科技进步、社会发展,分工的专业化和精细化,政府能力结构不断向高技术化、高集约化、高人文化方向演进,从而更充分更有效地利用资源,更好地满足复杂多变的行政环境需要。

(三)构建和谐社会,推动社会主义新农村建设的需要

我国是农业大国,建设社会主义和谐社会,迫切需要振兴农村经济,大力改善农民生活。建设社会主义新农村是实现农业现代化的有效途径,而如何建设的问题则关系到国家大政方针的有效实施和农业基础地位的稳定问题。在发展农村经济的同时,如何处理好民族地区农村落后的经济现状和农民日益增加的物质和文化需要的矛盾、民族地区各民族之间的利益关系等问题,无疑成了一个极大的难点和重点。

---

① 李军、诸彦含:《层次分析法在政府制度绩效评价中的应用》,《财经界》2007年4月,第66页。
② 汪永成:《新时期我国政府能力建设的意义与任务》,《深圳大学学报》(人文社会科学版)2004年第6期,第44页。

同时,推进社会主义新农村建设,是我国现阶段经济社会发展的客观要求和迫切任务。在推进社会主义新农村建设和构建社会主义和谐社会过程中,要激发农村自身活力,要努力实现城乡协调发展,要处理好农村经济发展与农村政府能力之间的矛盾。在大力发展农村生产力,加快改善农村的生产生活条件和整体面貌的同时,保护好农村政府能力,以促进农村经济社会和政府能力全面进步。陈锡文认为改善民族地区生态环境,是建设新农村的需要,新农村建设要实现"三新",即城乡之间的良性互动,农村社会制度的完善和农村和谐社会的构建,农村人文传统和自然环境的全面恢复①。建设社会主义新农村离不开政府加大财政的投入,让农村也逐渐享受到"公共财政阳光普照"的温暖,如国家对西部地区公共设施的投资,扩建公路,这必然会导致对政府能力的影响,这就需要权衡经济投入与政府能力的协调发展。

显然,在推进社会主义新农村建设和构建和谐社会中,一方面,政府能力将成为农村经济现代化建设的一个不可忽视的因素;另一方面,也是对民族地区政府能力提出的挑战。因此,构建科学的评价指标,建立民族地区政府能力评价指标体系,对政府能力的建设和提升,进而对促进民族地区新农村建设,构建和谐社会将有积极的意义。

(四) 符合科学发展观的要求

党的十六届三中全会明确提出:"坚持以人为本,树立全面、协调、可持续的发展观,促进经济社会和人的全面发展。"它要求我们在经济建设过程中,坚持以人为本,树立全面、协调、可持续的发展观,促进经济社会和人的全面发展。科学发展观作为一个全新的发展理念,包含着丰富的内涵,是对发展理念的理论创新。科学发展观之所以"科学",就在于尊重和把握客观规律,包括自然规律、社会规律、经济规律等。科学发展观强调了发展是一个科学理性的认知过程、思维过程和实践过程,它有利于克服以往发展中感性大于理性、机械大于辩证、经济大于社会的倾向,在实际发展中就能使我们从"做什么"的感性认识层面,上升到"怎样做"的理性认识层面,就能解决我们不仅要"做得

---

① 陈锡文:《推进社会主义新农村建设》,《理论参考》2006 年 1 月。

对",更要"做得好"的问题。① 民族地区的政府能力评价既要符合科学发展观的思想,又要体现科学发展观的要求,是科学发展观的理论和实践的统一。

在民族地区经济建设过程中,尤其应该坚持走生产发展、生活富裕、生态良好、社会和谐的文明发展道路,统筹人与自然和谐发展,促进人与自然的和谐,实现经济发展和人口、资源、环境相协调。这就要求我们必须十分重视民族地区的政府能力建设和评价问题。首先要建立科学的评价机制对民族地区的政府能力进行合理、有效的评价;同时要建立民族地区政府能力评价指标体系,对民族地区的政府能力进行科学的分析和评价。这对落实科学发展观,指导政府行政,提高行政效率都具有积极的实证性的意义。

二、建立民族地区政府能力评价指标体系的原则

政府能力是一个复杂的系统,它是由多个相互联系的组成部分构成一个有序的递阶层次的结构,构成了政府能力结构。通过研究系统各部分、各要素的相互关系,与各要素功能的相互作用以及它们对整个系统的影响,以达到系统整体目标的层次化、概念化和条理化。所以评价政府能力系统或结构时,确立评价指标体现的原则和思想是很重要的。在建立民族地区政府能力的评价指标体系时,主要应遵循以下基本原则②。

(一)科学性原则

评价指标体系只有建立在科学的基础上,才能够客观地反映民族地区政府能力的本质和内在规律,真实地反映政府能力的行政质量和水平。评价指标体系的建立应该把理论与实际相结合起来,它必须是对客观实际的抽象描述的同时,又具有可操作性,尽可能用定量化指标加以描述。政府能力是一个复杂的系统,它涉及的因素很多,所以指标体系的科学性就尤为重要。其科学性主要表现在两个方面:一是选择评价指标要科学,要从客观实际出发,对内

① 王四炯:《关于我国新的科学发展观的理论思考》,《河南教育学院学报》(哲学社会科学版)2004年第3期,第62—66页。
② 谢作渺等:《我国科研体制评价体系的设计思想和评价方法研究》,《科学学与科学技术管理》2003年5月,第11页。

外部因素进行高度的抽象和概括,关键是抓住最重要、最本质、最有代表性的东西来设计指标体系,对客观实际抽象描述越清楚、越简练、越符合实际,其科学性也就越强。二是评价方法要科学,不能是想当然、自以为是地进行指标设计,而要运用科学的方法进行分析,加强定量分析技术,包括运用诸如计量、统计等定量分析技术,使得评价指标体系尽可能地接近客观实际、反应客观现实。

(二) 整体性原则

事物总是普遍联系的,构成一个整体,孤立地片面地处理问题只能是说明现象,而不能揭示本质。政府能力系统也是一样,它是由多个子系统复合而成的生态系统,是一个复合系统,所选指标应能够反映政府能力系统的状态和发展变化状况,系统、整体的角度全面衡量所选取的指标体系。民族地区政府能力评价指标构建的整体性原则,要求所构建的指标体系应当全面、系统地体现政府能力的各个方面内容,要具有综合性和整体性,既能反映民族地区政府系统的客观属性,又要反映它们之间的相互关系。通过指标的设置,不仅要考虑行政系统内部所包含的各种能力要素以及各个能力子系统及各关联因子间的相互影响,还要把引起能力变化的内部组织因素和外部影响因素联系起来,把潜在能力评价和现实能力评价有机结合起来,克服单一方面指标带来的弊端。这样才既能反映局部的、当前的和系统内部的个性特征,又能反映全面的、长远的和综合的特征。采取系统设计、整体评估,才能全面、客观、合理地做出评价。

(三) 前瞻性原则

一切的评价体系都必须建立在客观实际的基础上,不从具体问题出发,不切合实际都是不可行的,是违背科学性原则的,但这并不表明评价不需要前瞻性,相反,评价体系的建立应力求寻找事物发展的客观规律,反映事物未来的发展趋势。尤其,我国政府能力现在正处于改进、提升和完善的历史进程中,前瞻性原则更显得重要,这既能从实际出发,符合中国的实际情况,又能展示政府能力的未来发展走向以及政府能力的动态发展规律。前瞻性原则要求建立的评价体系,能在未来较长一段时间内,使得政府具有与我国经济发展和国内外政治环境变化相吻合相适应的执政水平。

(四)可行性原则

所谓可行性原则,概括起来说,就是"SMART"原则。"SMART"是五个英文单词的缩写,分别是:"S"代表"Specific",它要求政府能力评价指标应该是具体的、明确的、切中目标的,而不是模棱两可的、抽象的;"M"代表"Measurable",它要求政府能力评价指标最终是可衡量的、可评价的,能够形成数量指标或行为强度指标,而不是笼统的、主观的、描述的;"A"代表"Achievable",它要求政府能力评价指标是可实现的,而不是"过高或过低"或者不切实际的;"R"代表"Realistic",它要求政府能力评价指标是现实的,而不是凭空想象的或假设的;"T"代表"Time-bound",它要求政府能力评价指标具有"时限性的",是动态的概念,随着时间的推进而不断地进行修正。

具体来说,可行性原则主要包括三层含义:一是指所选指标要简单明确,含义清楚,易于量化,便于操作。指标体系的设置应尽可能使指标明确易懂,简繁适中,指标的设置既可以进行定量处理,也可以是定性的,但在政府能力的评价中,应尽可能采用定量指标,避免定性指标。如果某个定性指标很重要,一定要在整个评价体系中出现,那也得要探索具有可操作性的量化分析方法,如对定性指标进行分解等,尽量加强其精确性,尽可能做到定性指标定量化。二是指标具有易获取性,数据易于采集、计算,数据要进行标准化、规范化处理。有些指标对政府能力有很好的表征作用,但其数据缺失或不全,或者难以获取数据,这就无法计算和加入评价指标体系中来。如果,一个指标在设计时缺乏数据支持,那么无论它如何漂亮也是没有意义的。所以在指标确定时,可获得性是可行性原则中的重要体现。三是整个体系的评价方法和相应的各项指标的计算方法要简便、科学、易于操作,运用科学的方法才能保证评价结果的有效性。

民族地区政府执政能力评价指标体系的构建要力求规范且通俗易懂,便于获得,易于测算,并注意与其他统计口径相协调,以便于不同统计数据之间的"对接"和不同统计目的的统计活动所得数据的共享,提高数据资源的利用率。

三、民族地区政府能力评价指标体系的设计思想

影响我国政府能力的因素是多方面的,它构成一个层次性、综合性的系统工程。因此,评价指标体系的设计旨在评价政府能力的外部因素和内部要素,对政府能力做出尽量全面的衡量,那么就必须全面反映政府能力的内在本质特征。在这里,对我国政府能力评价指标体系的设计包含了以下一些思想:

(一)有效性思想

在构建评价指标体系时往往涉及到多学科领域,评价指标种类和数量也繁多,所以选择恰当的评价指标是很重要的。并不是指标越多越细,其评价效果就越好,相反,在设置评价指标时要求精简有效,能用一个指标说明问题的决不用两个,要把一些高度相关性的指标浓缩,指标要少而精,这样才能抓住关键。精简不是随便删除,而是要有效,精简有效是统一的。有效性表现在两个方面,一是指标和评价结果要具有可比性,我国地域辽阔,民族地区跨越的疆土很大,不同地区之间都存在一定的差异性,所以,在设定指标时既能反映民族地区的自身特点,体现民族地区的个性特征,但同时,对不同民族地区要用统一指标进行评价,避免评价结果失去可比性。二是指标尽量概念明确且便于采集数据,评价是建立在数据基础上的,只有能采集确实有效的数据,其结果才能有效地反映民族地区政府能力的整体质量和水平,使得评价富有现实意义。

在对政府能力进行分析时,不仅要立足我国国情,建立一套符合中国实际情况的卓有成效的政府能力评价机制,还要把它融入国内和国际的政治环境中,在整个社会范围内来考虑它的评价效果。有效性思想是政府能力在与内外部因素交互配置的基础上,反映出政府能力的整体效能,它不仅体现了各个指标的最优组合,各个要素的有效整合,而且更主要的是通过各个指标来表现出政府能力在社会、经济、人文和资源可持续等各个方面中的协调与互动,使整个社会更合理有效地配置政府资源,更科学高效地发展。

(二)动态性思想

政府能力的动态性思想是符合未来的、发展的观点,它不仅要考虑现有的

政治环境、功能特征,还要注重潜在的变化因素和潜在的社会演进因素,以保证可持续发展的动力。譬如,政府能力要求用科学发展观来发展地区经济,在经济发展中注重可持续发展,在社会主义新农村建设中把政府能力与社会经济协调发展等观点,用这些观点来设计和评价政府能力才能体现动态性思想,因为应用这样的理念来设计指标体系,不仅包含了对现有社会环境的考虑,也注重了对未来发展概念的考虑。政府能力评价的动态性思想具有对未来社会和政治环境的预测功能和预警作用,因而指标体系也能反映民族地区政府能力演变序列和发展趋势。

(三)权变性思想

政府能力的任何变化过程都包含了对政府能力的动态调整和动态适应的过程,它要求与不断改变的政府能力的内部条件和不断变化的政府能力的外部因素相适应。外部环境的变化主要有两种情形:一种情形是国内的政治环境,这要求民族地区政府要与中央政府保持高度一致,民族地区政府要充分理解并掌握中央政府的战略部署、方针政策、行政理念,并把它们变成符合实际情况的行动方案;另一种情形是国际政治环境,因为很多民族地区都处于我国领土的边疆,与其他国家领土接壤,很容易受国际的政治思想影响,这就使得民族地区具有更加复杂的国际环境,民族地区的政府更加要具有抗非主流政治思想侵蚀,抗不良政治思想影响的能力。

民族地区政府能力的内部条件因素包括该政府管辖范围内的各级政府相应的组织形式,如直线型、职能型等形式;领导风格,如民主决策型的、"拍脑袋型"的;内部沟通,团队协作,组织支持等。政府能力的权变性设计思想要求内外部环境的变化要协调一致,并使得政府能力的内外部因素变化趋于和谐。因此,在指标设计时,就要把内部指标与外部指标联系起来,着重考虑人类社会的活动,并留有一定的发展空间,使外部活动和内部变化反映在对政府能力的评价指标体系中。

四、民族地区政府能力评价指标体系的建立

对民族地区政府能力的评价不仅要考虑政府能力自身的特点,还应该与

民族地区的实际情况结合起来。建立政府能力的评价指标体系,关键是通过评价政府能力的水平和功能,寻找政府能力的内在逻辑关系和内外部影响因素,从而客观地识别政府能力类型、目前所处的阶段和地位以及存在的问题,为提升和增强民族地区政府能力、优化民族地区政府能力结构,提供科学的评价方法和现实的判别依据,进而为民族地区经济发展、社会主义新农村建设发挥更大作用。

(一)对已有研究的回顾

国内外很多专家和学者都对政府能力进行了研究。Polidano(2000)从政策能力、实施权威和运作效率三个方面定义政府能力,并建立了对政府能力的量化研究。

张钢等(2004)对长江三角洲 16 个城市政府能力进行比较研究,从资源获取能力、资源配置能力、资源整合能力和资源运用能力四个方面建立地方政府能力结构,并运用 16 个指标构建地方政府能力的评估指标体系[①]。在他们(2005)的一篇论文中,运用了层次分析法对浙江省的 11 个城市的政府能力进行分析,作者仍然从资源获取能力、资源配置能力、资源整合能力和资源运用能力 4 个方面建立地方政府能力的评价指标体系,但在指标层次对前面的指标进行了修正,使用了 19 个指标[②]。有趣的是作者在这里所使用的指标与前面[③]的指标完全不同,那么是不是用前面的指标对浙江省的 11 个城市进行评价,其结果也一样呢? 如果该作者建立的指标都是有科学性的,那么是不是可以推断这两组指标具有良好的替代性呢? 或者说,譬如,在资源获取能力中,前面使用的财政收入占 GDP 比重、利税总额占 GDP 比重、公共图书馆藏书量和互联网用户比重 4 个指标与后面使用的获取人力资源能力、获取物力资源能力、获取财力资源能力和获取信息资源能力的 4 个指标是否可以相互

---

① 张钢、徐贤春、刘蕾:《长江三角洲 16 个城市政府能力的比较研究》,《管理世界》2004 年第 8 期,第 18—27 页。

② 张钢、徐贤春:《地方政府能力的评价与规划——以浙江省 11 个城市为例》,《政治学研究》2005 年第 2 期,第 96—107 页。

③ 这里所说的前面的指标是指作者在 2004 年发表的论文《长江三角洲 16 个城市政府能力的比较研究》中所使用的指标。

替代评价呢？这是很值得商榷的。

邹再进等（2005）从资源获取力、资源配置力、资源整合力和资源运用力4个方面对地方政府能力评价进行研究，他们的变量层是构成能力值的基本单元，或称为指标层，共计由16个指标组成。在通过因子分析，对我国涉及东部、中部和西部的30个省进行地方政府能力评价并排序过程中，他们所使用的指标与张钢等人使用的指标也有较大的不同[①]。

周楠楠等（2007）阐述了地方政府在1978～1982年农地制度变迁中发挥的关键性作用，从谈判能力和执行能力两个维度的4个指标来构建地方政府能力评估体系，并从地方政府作为地方利益代理人与中央政府谈判的能力，和地方政府作为中央政府代理人执行中央政策的能力来对地方政府作为双重代理人能力的评估[②]。但该评估未涉及对指标的处理和所运用的评估方法的阐述。

周平（2002）从规划发展能力、制度创新能力、资源配置能力、市场规制能力、提供公共物品的能力、组织协调能力、社会控制能力7个方面对县级政府的能力进行评价[③]。评价采用5级量表，并分别对7个指标的5个等级进行详细的描述，但所采用的评价方法和对7个方面的重要性如何进行判断等诸多方面尚未做出交待，只是对上述7个方面的定性化概述。

杜钢建（2000）认为我国政府的制度性能力建构包括依法行政能力、人力投资能力、宏观调控能力和市场规制能力4个方面的建设。而政府规制能力的评估标准分为界定度、自主度、参与度、课责度、透明度、可预度、自由度、强硬度8个方面，每个方面又分为5个等级，并对每个方面及每个等级分别进行了详细的描述，同时每一个等级又分为3个测评点，每个测评点赋值1分，总分为120分[④]，对评价的指标权重采用主观赋值，认为都是等值的。虽然论文

---

①　邹再进、张继良：《中国地方政府能力评价研究》，《云南财贸学院学报》2005年第5期，第86—91页。

②　周楠楠、赵敏娟：《1978～1982年农地制度变革中地方政府能力评估》，《经济问题探索》2007年第11期，第171—175页。

③　周平：《县级政府能力的构成和评估》，《云南行政学院学报》2002年5月，第25—28页。

④　杜钢建：《政府能力建设与规制能力评估》，《政治学研究》2002年第2期。

从一个全新的角度对我国政府的规制能力进行评估,但对具体的评价方法并未进行阐述,只是一些概念性、主观性、定性化的描述。

黄燕(2007)认为当前我国政府改革目标就是要按照科学发展观的要求,在更大程度和更大范围内发挥市场在资源配置中的基础性作用,地方政府从"经济建设型"政府转向"公共服务型"政府的过程中,要发挥好政府的公共保障职能、公共环境能力、公共行政能力、公共服务能力4种职能,并以此为基础建立了4个维度16个指标的评价体系,利用因子分析法对广东省21个地市政府能力进行检验和分析,最后运用聚类分析对这21个城市进行分类①。

丁杨(2007)在对政府危机管理能力进行科学和正确地评价时,引入了模糊数学的基本原理,建立了公共危机管理能力的多层次评价指标体系,从自然灾害防御能力、环境治理效度、公共卫生管理能力和社会防御能力四个维度的17个指标对公共危机管理能力进行评价②。

孙洁(2006)首先讨论了国外最具代表性的三种主要评估方法,即"3E"评价法(Economy,Efficiency,Effectiveness)、标杆管理法和平衡记分卡法,它们主要代表应用在政府绩效的三个不同发展阶段。维持自身发展的能力、履行基本职能的能力和推动社会整合和可持续发展的能力3个一级指标,11个二级指标以及33个三级指标建立地方政府能力综合评价指标体系③。

王惠娜(2006)认同了浙江大学课题组的政府能力内涵界定,认为以动态能力、资源基础理论为理论基础来界定政府能力,更具有合理性和科学性。同时指出,浙江大学课题组张刚正是借鉴了动态能力中的第二点解释,采用获取、整合和配置资源来体现政府能力。现采用动态理论来分析政府的四种能力的运作模式,使得政府能力更容易理解。通过对政府能力与公共服务能力进行相关性分析,其中政府能力和公共服务服务能力 Spearman 相关系数高达

---

① 黄燕、杨振斌、孟繁邺:《对广东省21个地市政府能力的检验与分析》,《科技管理研究》2007年5月,第91—93页。

② 丁杨:《公共危机管理能力的多层次模糊综合评价》,《黑龙江对外经贸》2007年第9期,总第159期,第111—112页。

③ 孙洁:《试论构建地方政府能力评价的改善与指标体系》,《山东行政学院山东省经济管理干部学院学报》2006年第6期(总第79期),第15—17页。

0.82,两者的走向基本一致①。可见,它们具有很强的相关性,虽然王没有给出具体的评价指标,但在能力分类上是认同了张钢等人资源获取能力、资源配置能力、资源整合能力和资源运用能力四种分类方法。

许成科(2007)认为,地方政府执政能力评价的总目标可分解为社会发展潜在能力、社会管理能力、社会平衡能力、公共服务能力四项分目标,在此基础上,对各分目标细化分解,得到 23 个子目标指标②。论文以陕西省 6 个地市为评价对象,应用已建立的地方政府执政能力评价指标体系,运用模糊综合评判和层次分析法进行实证分析。他同时认为,地方政府执政能力的准确客观的评价,除了要设计出科学合理的评价指标体系,选择逻辑严密的评价模型,进行有效的数据收集和精确的数据计算之外,还应当提供有效的制度安排作为保障。

通过以上对已有中央或地方政府能力研究的回顾来看,大部分学者都是集中在地方这个层面上,除了一位研究学者没有明确说明外(但从他的著作全文来看,可以确定为对一般性政府能力的评价,不管是中央的还是地方的,都是可以运用的)。他们研究的方法都集中在层次分析法、因子分析法和模糊综合评判等评价方法上,有的是几种方法的综合运用。为了更清楚地比较已有研究的情况,把对政府能力评价指标体系研究的基本情况整理出来,具体见在表 5 - 1。

表5-1 已有对政府能力评价指标体系的基本情况

提出者	评价层面	指标层次	指标数量	指标权重确定方法	无量纲处理方法	综合评价方法	发表论文的年份
孙洁	地区	四级	33	专家咨询	未提及	层次分析	2006
张钢等	地区	三级	16	未提及	标准化	因子分析	2004

① 王惠娜:《政府能力的界定与政府能力评估——政府执政能力内涵的比较研究》,《武汉理工大学学报》(社会科学版)2006 年第 4 期。
② 许成科:《地方政府执政能力评价研究——以陕西省为例》,陕西师范大学硕士学位论文 2007 年。

张钢等	地区	三级	19	专家咨询	未提及	层次分析	2005
邹再进	地区	三级	16	未提及	标准化	因子分析	2005
杜钢建	中央	二级	8	主观赋值	未提及	未提及	2000
黄燕等	地区	三级	16	未提及	标准化	因子分析	2007
丁杨	不明	三级	17	专家咨询	阈值法	模糊分析	2007
周平	地区	二级	7	未提及	未提及	未提及	2002
王惠娜	地区	三级	未提及	未提及	未提及	相关分析	2006
许成科	地区	三级	23	未说明	标准化	模糊综合	2007
周楠楠等	地区	三级	4	未提及	未提及	未提及	2007

从很多专家学者的研究来看,对政府能力评价的子系统或者二级指标,有一定的相似性,大抵上有两种情形:一种是从政府能力的职能化模块来划分的,政府为实现不同的功能需要不同的能力,这是不少学者的看法,但由于政府的功能很多,所以从这个角度上划分往往出现不完全一致的能力划分;另一种情形是从政府能力的目标化模块来划分的,为了确保实现预期的组织目标,政府必须具有处理资源的能力,这种能力包括从获取、配置、整合到运用,这种观点简洁有序,被不少学者所认同。但如果从三级指标或者对这些子系统细化的指标层来看,就千差万别了,还没有大致统一的看法,甚至有的相差很大。各种指标之间的偏差无疑对后续的进一步研究带来很大的不便,尤其会大大削弱对实际工作的指导意义,如果指标庞大而零乱的话,实际工作者应该采用哪套指标体系,或者在取舍指标时,都会带来很大的困难。

三级指标不一致的原因是很多的,这可能是由于每一个研究学者的知识背景不同,研究方向各异而导致研究视角不同;对评价的区域不同所构建的模型也会有不一致的地方。但笔者认为最关键的问题还在于指标选择上缺乏科学的依据。很多研究者只是引用了其他学者研究中的个别指标堆砌起来的,可能从单个指标选择来看是有道理的,是符合实际的,但从整体构成上看未必是有效的,科学的,这就所谓的"只见树木,不见森林"。总的说来,在这些学者的研究中,主要还是缺乏用一种科学的方法把这些指标进行有效的分类,并科学地组合起来形成一个体系。

如何进行分类和组合,这里关系到探索性研究和证实性研究。如果我们对政府能力的指标体系不太清楚,对观测数据背后存在多少个基础变量也一无所知的话,这种类型的研究就是为了寻找基本结构,探索基础变量的维度,那就需要进行探索性的分析和研究。如果我们能从已有的学者研究中,或者根据某些理论或其他先验知识对研究的基本结构或者指标体系做出假设,这种类型的研究就是用来检验这个假设,进一步证明其合理性和科学性,这就需要进行证实性研究。因子分析方法就可以用来进行探索性研究和证实性研究这两种类型的研究,它包括探索性因子分析和证实性因子分析[①]。

(二)政府能力评价指标体系的研究范式和方法

建立民族地区政府能力评价指标体系,寻找社会理论要素,建立研究范式是很重要的一环。艾尔·巴比认为范式指的是一般框架或视角,它是指看事情的出发点,它提供了观察现实的方式和关于真实本质特性的一些假设[②]。指出,对同一事物,通常会有多种解释方式,范式就构成了这些不同解释的基础。范式,是我们用来组织我们的观察和推理的基础模型或是参考框架[③]。所以,在研究中,首先建立一种范式很重要,这就意味着我们已经确立了研究框架,并获得了真实本质特性的一些假设。这个假设和框架是建立在前面对政府能力要素和指标的因子分析之上的,通过因子分析,建立民族地区政府能力的结构体系,这就使民族地区政府能力评价指标体系的建立迈出了实证性的一步。

民族地区政府能力的结构体系虽然为评价系统提供了基础性的支持,但这毕竟还是不一样的。不过,我们可以遵循这种结构体系,运用科学的方法来构建评价指标体系模型。在这一个评价指标体系中主要是采用何种方法来研究、指标权重的赋值以及无量纲化处理等问题,处理方法下面会进一步详细介

---

① 郭志刚主编:《社会统计分析方法——SPSS软件应用》,中国人民大学出版社1999年版,第88页。

② [美]艾尔·巴比:《社会研究方法》(第十版),邱泽奇译,华夏出版社出版2005年版,第43页。

③ [美]艾尔·巴比:《社会研究方法》(第十版),邱泽奇译,华夏出版社出版2005年版,第33页。

绍。这里主要想说明,在我们的研究框架下,运用层次分析法来建立评价指标体系模型。虽然研究评价指标体系的方法很多,如 Delphi 法、层次分析法、模糊评判分析和综合 RS 与 GIS、综合指标法、景观生态学方法、聚类分析法等多种方法,但王丽霞等(2005)认为,层次分析法是常用的方法之一,它简称为 AHP(Analytic Hierarchy Process)法,它是一种系统分析方法技术,它为分析众多因素构成的复杂系统问题提供了方便而实用的方法[1]。它是美国匹兹堡大学的运筹学家 Sacty 教授于 20 世纪 70 年代提出的一种定性与定量相结合的分析方法[2]。层次分析法被应用在多个领域,绍波等(2005)认为层次分析法在区域政府能力总质量及其变化规律、自然保护区质量评价和社会经济环境综合决策分析等方面得到广泛应用[3]。层次分析法要求我们从系统角度把握各能力要素之间的关系,又要确定各层要素和指标之间的内在相关关系,使得整个体系构成一个完整的体系。

(三)民族地区政府能力评价指标体系

通过上面对研究范式和指标选择的判定分析,在已有研究的基础上,根据上面的标准来选择民族地区政府能力的评价指标,如表 5 - 2 所示。在表 5 - 2 中,对二级指标的选取,都是根据上面通过因子分析的研究形成了政府能力评价的基本结构后加以总结出来的(具体的分析见上面有关章节)。需要说明的是,在进行因子分析时,我们总共选择了将近两倍于现在的指标,但由于在因子分析过程中,也就是在探索政府能力的基本架构过程中,存在检验不显著等方面的原因,所以对多个指标进行一一试验,逐一排除相关指标,并最终确定了这 22 个指标。

---

① 王丽霞等:《陕西省各地市生态环境质量评价与差异分析》,《干旱区地理》2005 年第 2 期。

② 徐建华:《现代地理学中的数学方法》,高等教育出版社 1994 年版,第 115 页。

③ 邵波等:《甘肃省生态环境质量综合评价的 AHP 分析》,《干旱区资源与环境》第 19 卷第 4 期,2005 年 7 月,第 29 页。

表5－2 民族地区政府能力评价指标体系

目标层	准则层	指标层
民族地区政府能力 A	经济社会调控能力 B_1	社会消费品零售总额 C_1
		固定电话户数 C_2
		城乡居民储蓄年末余额 C_3
		卫生机构床位数 C_4
		公共图书馆藏书量 C_5
		互联网用户数 C_6
		货物运输量 C_7
		旅客运输量 C_8
		废水排放量 C_9
	社会资源分配能力 B_2	人均城镇居民可支配收入 C_{10}
		人均 GDP 元 C_{11}
		人均全社会固定资产投资额 C_{12}
		每万人医生拥有数 C_{13}
		每万人公共汽车拥有量 C_{14}
		人均绿地面积 C_{15}
	未来发展规划能力 B_3	总 GDP 增长率 C_{16}
		初中辍学率 C_{17}
		教育支出占财政收入比重 C_{18}
	生态环境保护能力 B_4	高等级公路密度 C_{19}
		建成区绿化覆盖率 C_{20}
	区域协调发展能力 B_5	农村居民人均纯收入 C_{21}
		城乡差距指数 C_{22}

五、政府能力评价指标的解释与说明和研究方法

像评价生态环境一样,对建立民族地区政府能力评价的方法很多,较常用

的确定评价因子权重的方法有 Delphi 法、层次分析法（AHP）[①]以及综合 RS 与 GIS 的方法[②]等，其他的如综合指标法、景观生态学方法、聚类分析法和模糊综合评判法等，不同方法有不同的特点。在这里，对民族地区政府能力评价主要采用层次分析法（AHP），它既能有效地反映各个因子对总体政府能力质量状况的贡献，又能通过两两比较法来确定各层指标的权重，同时也能兼顾一些本身非定量化指标的分析，因而应用范围很广，许多规划问题及确定加权值的问题，用 AHP 法均可获得满意的结果[③]，因此它也是一种比较适合于政府能力评价的方法。

（一）运用层次分析法对政府能力评价的基本程序

对各个民族地区政府能力进行评价和分析是我们建立政府能力评价指标体系的目标，它的基本思路是通过分析复杂系统的有关要素及其相互关系，将系统层次化，建立起一个有序的递阶层次系统。层次分析法，是把一个复杂问题分解成各个组成要素，并按这些要素的支配关系组成递级层次结构，通过两两比较的方法确定层次中诸因素的相对重要性，然后综合决策者的判断，确定决策方案相对重要性的总的排序。它又是一种定性与定量相结合、将人的主观判断用数量形式表达和处理的方法[④]。

把思路进行具体化后就会梳理出层次分析法的基本过程，傅家骥等认为，层次分析法的一般过程是：把复杂问题分解成各个组成元素，按支配关系将这些元素分组，使之形成有序的递阶层次结构，在此基础上通过两两比较的方式判断各层次中诸元素的相对重要性，然后综合这些判断，确定诸元素在决策中的权重[⑤]。他进一步把层次分析法分成目标层、准则层、子准则层和方案层。

---

① 李斌：《层次分析法和特尔菲法的赋权精度与定权系统》，《工程理论与实践》1998 年第 2 期。

② 马荣华等：《基于 RS 与 GIS 的自然生态环境评价——以海南岛为例》，《热带地理》第 21 卷第 3 期，2001 年 9 月。

③ 温淑瑶等：《层次分析法在区域湖泊水资源可持续发展评价中的应用》，《长江流域资源与环境》2000 年第 2 期。

④ 刘文华、薛耀文：《层次分析法（AHP）在政府职能定量评价中的应用》，《科技创新导报》2007 年第 36 期，第 168 页。

⑤ 傅家骥等主编：《工业技术经济学》（第三版），清华大学出版社 1996 年版，第 343 页。

其实层次分析法的过程也体现了人们决策思维的基本特征,即分解、判断和综合的过程。

运用层次分析法进行分析的基本程序主要包括以下几个方面。

1)对民族地区政府能力进行整体分析,找出民族地区政府能力各要素之间的相互关系、内在联系和本质特征;

2)通过鱼骨图法寻找要探索问题的基本结构,应用鱼骨图法来找出与民族地区政府能力相关联的关键要素和相关指标;

3)根据建立评价体系的主要原则和判定标准,通过去粗取精,筛选出能反映民族地区政府能力特征的指标,确定民族地区政府能力的评价指标;

4)把相应的指标按系统和子系统的规定性,形成对民族地区政府能力评价指标体系,确定评价模型;

5)各个指标在整个评价体系中的重要性程度是不同的,所以要确定各评价指标的标准化权重,这里包括二级指标的标准化系数和三级指标的标准化系数,指标权重的确定可以应用两两比较法等方法;

6)由于各个指标的单位不一致,无法进行比较分析,要进行归一化处理,或者称为标准化处理,这样才能使得各指标之间具有可比较性;

7)根据各地区的各指标值,利用综合评价模型逐层展开计算,如果指标不是定量的,而是定性的,那么就要求先进行综合评判后才能纳入计算;

8)计算评价结果,根据计算结果来确定各个民族地区的政府能力评估分值,来判断某一个民族地区与其他地区相比较的情况和在各个民族地区中的地位。

与上面的基本分析程序稍有不同的是,在这里的评价指标体系中,因为从上一章的因子分析中,已经建立了民族地区政府能力评价的结构体系,所以前面的一到三步可以略去,用结构体系来直接构建评价指标体系就可以了,因子分析本身就是寻找事物的内在基本结构的。

(二)民族地区政府能力评价指标权重赋值

从上面建立的民族地区政府能力评价指标体系模型中可以看出,整个体系分成三个层次,即目标层、准则层和方案层。与目标层相对应的是民族地区政府能力,标注为 A,这也是要评价的总体目标。准则层有五个,标注为 B,分别是社会经济调控能力、社会资源分配能力、未来发展规划能力、生态环境保护能力和区域协调发展能力,简单言之,也可以把准则层叫做一级指标。与准则层(标注为 B)相对应的是方案层 C,也称之为二级指标,共有 22 个指标,分别标注 $C_1 \sim C_{22}$。

模型的第一层指标共有五个因素,这就要求对这五个因素分别赋予权重,这里假设每个指标前面的权重分别为 α_1、α_2、……、α_5,并且它们之和为 1,即

$$\alpha_1 + \alpha_2 + \cdots\cdots + \alpha_5 = 1$$

第三层指标稍微复杂,与准则层第一个指标相对应的是民族地区政府对经济社会的调控能力,共有九个指标,分别是社会消费品零售总额、固定电话户数、城乡居民储蓄年末余额、卫生机构床位数、公共图书馆藏书量、互联网用户数、货物运输量、旅客运输量、废水排放量,分别用 C_1—C_9 来表示。这也要求在 C_1—C_9 前面各有一个表明它们重要性的权重系数,即 β_1,β_2,……β_9 九个系数,并且这九个系数之和为 1,即

$$\beta_1 + \beta_2 + \cdots\cdots + \beta_9 = 1$$

在准则层的第二个指标社会资源分配能力所对应的六个指标,分别用 C_{10}—C_{15} 来表示,在这六个指标前,同样需要一个表示它们之间重要性的系数,并且它们的权重系数加起来也正好等于 1,即

$$\beta_{10} + \beta_{11} + \cdots\cdots + \beta_{15} = 1$$

在准则层的第三个指标未来发展规划能力所对应的三个指标,分别是总 GDP 增长率、初中辍学率、教育支出占财政收入比重,分别用 $C_{16} \sim C_{18}$ 来表示,在这三个指标前,同样需要一个表示它们之间重要性的系数,并且它们的权重系数加起来正好等于 1,即

$$\beta_{16} + \beta_{17} + \beta_{18} = 1$$

在准则层的第四个指标生态环境保护能力所对应的两个指标,分别是高

等级公路密度和建城区绿化覆盖率,由于这一层指标只有两个因素,所以就直接给出这两个因素的权重 β_{19} 和 β_{20},并且二者之和为1,即

$$\beta_{19} + \beta_{20} = 1$$

同样,在准则层的第五个指标区域协调发展能力所对应的两个指标,分别是农村居民人均纯收入和城乡差距指数,由于这一层指标只有两个因素,所以就直接给出这两个因素的权重 β_{21} 和 β_{22},并且二者之和为1,即

$$\beta_{19} + \beta_{20} = 1$$

对以上指标的权重是如何赋值的,则需要通过两两比较法,运用德尔菲(Delphi)法,通过邀请专家进行两两比较打分,最后计算得到。

如果只有两个指标,就直接给出各个指标的权重即可。如果存在多个指标,为了使指标更准确有效,采用两两比较法进行打分。层次分析法通过成对比较各个指标确定在单准则下的相对重要性,经过数学处理,得出各评价指标的权重,具体见下面的说明。

(三)运用两两比较法来确定评价指标权重值

两两比较法又称配对比较法,它要求评价人是这方面的专家,要对这方面颇有建树,并非常了解和熟悉该模型的各个要素。评价人对模型中的各个要素逐一进行分析,并进行两两对应比较,从比较中分别得出优劣,分别给予相应的评价值,最后通过汇总整理,计算各要素指标的权重值。

首先,要构造判别矩阵。

在建立递阶层次的结构之后,上下层之间的元素关系就被确定了,由于上一层元素对下一层元素有支配关系,所以就可以建立一个以行和列有相对应元素构成的两两比较判别矩阵,假设元素为A,则建立判别矩阵的一般形式如表5-3所示。

表 5-3　判别矩阵的一般形式

A	A_1	A_2	……	A_i	……	A_n
A_1	a_{11}	a_{12}	……	a_{1i}	……	a_{1n}
A_2	a_{21}	a_{22}	……	a_{2i}	……	a_{2n}
……	…	…	……	…	……	…
A_i	a_{i1}	a_{i2}	……	a_{ii}	……	a_{in}
A_n	a_{n1}	a_{n2}	……	a_{ni}	……	a_{nn}

对于民族地区政府能力评价指标体系模型,由于多层次多指标,所以在构造判别矩阵时,共需要构建 6 个判别矩阵,但有两个要素只有两个指标,可以直接给出权重,所以真正需要构建判别矩阵的是 4 个,这 4 个判别矩阵的形式都和上面的一般形式相似,只是每一行和每一列所代表的元素不同,具体见本章最后一节的附录部分,从附表 5—6 到附表 5—11。

专家对矩阵进行打分,一般有 7 级标度法和 9 级标度法,为了便于专家打分,这里采用 7 级标度法。其重要性的对应关系如下:

A_i 与 A_j 同等重要:$\alpha_{ij} = 1, \alpha_{ji} = 1$

A_i 与 A_j 稍微重要:$\alpha_{ij} = 3, \alpha_{ji} = \dfrac{1}{3}$

A_i 与 A_j 明显重要:$\alpha_{ij} = 5, \alpha_{ji} = \dfrac{1}{5}$

A_i 与 A_j 相当重要:$\alpha_{ij} = 7, \alpha_{ji} = \dfrac{1}{\ }$

如果被比较元素的相对重要性介于上述判断中相邻两种判断之间,则 α_{ij} 可以取 2、4、6,相应地,α_{ji} 可以取 $\dfrac{1}{2}$、$\dfrac{1}{4}$、$\dfrac{1}{6}$。这样,总共构成 7 级标度。

其次,求出判断矩阵的最大特征根。

设针对某一准则,通过专家两两比较评价后构建一个矩阵 A,并设各元素的权重分别为 $\alpha_1, \alpha_2, \alpha_3 \cdots \cdots \alpha_n$,则各元素的权重向量为

$$W = (\alpha_1 \alpha_2 \alpha_3 \cdots\cdots \alpha_n)_T$$

则,求 A 矩阵的权重矩阵 W 和最大向量特征根 $\lambda_{\max}$,可以运用规范列平均法,或称为列和法来求解,下面的计算方法就是通过列和法来求解。具体步骤如下:

(1)将矩阵 A 的元素按归一化处理,即

$$\bar{\alpha}_{ij} = \frac{\alpha_{ij}}{\sum_{k=1}^{n} \alpha_{kj}}$$

得矩阵

$$\bar{A} = [\bar{\alpha}_{ij}]$$

(2)求 $\bar{A}$ 各行和的平均值,得

$$w_i = \frac{1}{n} \sum_{j=1}^{n} \bar{\alpha}_{ij}$$

向量 $W = (\alpha_1 \alpha_2 \alpha_3 \cdots\cdots \alpha_n)^T$ 即为所求权重向量。

(3)计算矩阵 A 的最大特征值 $\lambda_{\max}$,则

$$\lambda_{\max} = \frac{1}{n} \sum_{n=1}^{n} \frac{(AW)_i}{w_i}$$

再次,计算相对一致性指标,并进行一致性检验。

由于矩阵中各元素是通过主观判断确定的,因此,不一定具有规范的一致性,所以在使用该矩阵数据时,需要对矩阵数据的判断进行一致性检验,要求一致性的判断不能太过于偏离一致性指标。

一般地,一致性指标 CI 定义为

$$CI = \frac{\lambda_{\max} - n}{n - 1} (n \text{ 为判别矩阵的阶数})$$

相对一致性指标 CR 定义为

$$CR = \frac{CI}{RI}$$

这里, CI 就是上面计算的一致性指标, 而 RI 为平均随机一致性指标, 是足够多个根据随机发生的判别矩阵计算的一致性指标的平均值。表 5 - 4 是矩阵的 RI 的取值①。

表 5 - 4　平均随机一致性指标

矩阵阶数 n RI	1	2	3	4	5	6	7	8	9	10
0	0	0.58	0.90	1.12	1.24	1.32	1.41	1.45	1.49	

通过计算, CR 值越小, 判别矩阵的一致性越好, 一般地, 通常认为 $CR \leq 0.1$ 时, 就具有满意的一致性。但有时候, 也可以适当放宽, 当 $CR \leq 0.2$ 时, 也是可以接受的水平, 如果超过 0.2 时, 一般是认为无法接受。

六、民族地区政府能力评价指标体系各因子权重的确定

用附件中的表 5 - 6 到表 5 - 11 的 6 张表格, 分别发给有关民族地区政府能力方面的专家和地方的官员, 共 50 人, 每人各 6 张表格, 要求他们对表 5 - 2 中的指标, 采用两两比较法进行评判。结果收回 46 份, 回收率达到了 92%, 比较高。在回收的表格中, 部分表格填写不全, 部分表格有一两个数据缺失, 完整无数据缺失的有 41 份, 占回收表格的 89.1%, 占全部发放表格总数的 82%。部分表格虽然部分数据缺失, 也并不等于这份表格全部不能用, 由于有 14 份, 未缺失数据的其他表格仍然是可以用的。

层次分析法通过成对比较各个指标确定在单准则下的相对重要性, 经过数学处理, 得出各评价指标的权重。在确定权重之前, 首先要对每一张表格进行一致性检验, 由于政府对经济社会的调控能力这张表的指标较多, 有 9 个指

---

① 傅家骥等主编:《工业技术经济学》(第三版), 清华大学出版社 1996 年版, 第 348 页上面的表格。

标,就出现了5张评价表检验不一致的现象。一般地,指标数量越多,其出现思维悖论的可能性越大,也就是说通过一致性检验的概率就会变小。其他低维度的指标一致性检验良好。

经过一致性检验后,把有效的表格进行加权处理,分别得到各个评价因子的权重,具体计算在这里没有显示,只把计算后的结果显示在表5-5中。

表5-5 民族地区政府能力评价因子权重

目标层	准则层	指标层	权重
民族地区政府能力 A	经济社会调控能力 B_1 (0.216)	社会消费品零售总额 C_1 (0.126)	(0.0272)
		固定电话户数 C_2 (0.092)	(0.0199)
		城乡居民储蓄年末余额 C_3 (0.132)	(0.0285)
		卫生机构床位数 C_4 (0.101)	(0.0218)
		公共图书馆藏书量 C_5 (0.108)	(0.0233)
		互联网用户数 C_6 (0.112)	(0.0242)
		货物运输量 C_7 (0.109)	(0.0235)
		旅客运输量 C_8 (0.105)	(0.0227)
		废水排放量 C_9 (0.115)	(0.0248)
	社会资源分配能力 B_2 (0.211)	人均城镇居民可支配收入 C_{10} (0.201)	(0.0424)
		人均 GDP 元 C_{11} (0.211)	(0.0443)
		人均全社会固定资产投资额 C_{12} (0.122)	(0.0257)
		每万人医生拥有数 C_{13} (0.155)	(0.0327)
		每万人公共汽车拥有量 C_{14} (0.148)	(0.0312)
		人均绿地面积 C_{15} (0.163)	(0.0344)
	未来发展规划能力 B_3 (0.188)	总 GDP 增长率 C_{16} (0.365)	(0.0687)
		初中辍学率 C_{17} (0.331)	(0.0622)
		教育支出占财政收入比重 C_{18} (0.304)	(0.0572)
	生态环境保护能力 B_4 (0.182)	高等级公路密度 C_{20} (0.31)	(0.0564)
		建成区绿化覆盖率 C_{21} (0.69)	(0.1256)
	区域协调发展能力 B_5 (0.203)	农村居民人均纯收入 C_{22} (0.48)	(0.0974)
		城乡差距指数 C_{23} (0.52)	(0.1056)

七、附 录

在运用层次分析法对民族地区政府能力进行分析时,确定政府能力各要素的权重,最常用的方法是通过两两比较法,构建判别矩阵来确定各权重值。下面是各个指标在构建判别矩阵时所要进行比较的表。

表5-6 构建 $B_1 \sim B_5$ 的判别矩阵

$B_1 \sim B_5$	社会经济调控能力 B_1	社会资源分配能力 B_2	公共基础管理能力 B_3	生态环境保护能力 B_4	区域协调能力 B_5
社会经济调控能力 B_1	1				
社会资源分配能力 B_2	不填	1			
公共基础管理能力 B_3	不填	不填	1		
生态环境保护能力 B_4	不填	不填	不填	1	
区域协调发展能力 B_5	不填	不填	不填	不填	1

表5-7 构建 $C_1 \sim C_9$ 的判别矩阵

$C_1 \sim C_9$	社会消费品零售总额 C_1	固定电话户数 C_2	城乡居民储蓄年末余额 C_3	卫生机构床位数 C_4	公共图书馆藏书量 C_5	互联网用户数 C_6	货物运输量 C_7	旅客运输量 C_8	废水排放量 C_9
社会消费品零售总额 C_1	1								
固定电话户数 C_2	不填	1							
城乡居民储蓄年末余额 C_3	不填	不填	1						
卫生机构床位数 C_4	不填	不填	不填	1					
公共图书馆藏书量 C_5	不填	不填	不填	不填	1				
互联网用户数 C_6	不填	不填	不填	不填	不填	1			
货物运输量 C_7	不填	不填	不填	不填	不填	不填	1		
旅客运输量 C_8	不填	不填	不填	不填	不填	不填	不填	1	
废水排放量 C_9	不填	不填	不填	不填	不填	不填	不填	不填	1

表 5 - 8　构建 $C_9 \sim C_{15}$ 的判别矩阵

$C_9 \sim C_{15}$	人均城镇居民可支配收入 C_{10}	人均 GDP 元 C_{11}	人均全社会固定资产投资额 C_{12}	每万人医生拥有数 C_{13}	每万人公共汽车拥有量 C_{14}	人均绿地面积 C_{15}
人均城镇居民可支配收入 C_{10}	1					
人均 GDP 元 C_{11}	不填	1				
人均全社会固定资产投资额 C_{12}	不填	不填	1			
每万人医生拥有数 C_{13}	不填	不填	不填	1		
每万人公共汽车拥有量 C_{14}	不填	不填	不填	不填	1	
人均绿地面积 C_{15}	不填	不填	不填	不填	不填	1

表 5 - 9　构建 $C_6 \sim C_{11}$ 的判别矩阵

$C_6 \sim C_{11}$	总 GDP 增长率 C_{16}	初中辍学率 C_{17}	教育支出占财政收入比重 C_{18}	教育支出占财政支出比重 C_{19}
总 GDP 增长率 C_{16}	1			
初中辍学率 C_{17}	不填	1		
教育支出占财政收入比重 C_{18}	不填	不填	1	
教育支出占财政支出比重 C_{19}	不填	不填	不填	1

表 5 - 10　对 $C_{20} - C_{21}$ 权重的专家评价表

$C_{20} \sim C_{21}$	权重
高等级公路密度 C_{20}	$\beta_{20} =$
建成区绿化覆盖率 C_{21}	$\beta_{21} =$

注:由于这一层只有两个指标,就没有必要构建判别矩阵,可以直接写出它们之间的重要性程度即可,这也是两两比较法的最简单形式。

表 5 - 11　对 $C_{22} \sim C_{23}$ 权重的专家评价表

$C_{22} \sim C_{23}$	权重
农村居民人均纯收入 C_{22}	$\beta_{20} =$
城乡差距指数 C_{23}	$\beta_{21} =$

注:由于这一层只有两个指标,就没有必要构建判别矩阵,可以直接写出它们之间的重要性程度即可,这也是两两比较法的最简单形式。

第六章 民族地区政府能力
构建与和谐社会

我国是一个统一的多民族国家,多民族的国情决定了民族地区和谐社会构建是社会主义和谐社会构建全局的重要组成部分。由于民族地区的各级政府是影响当地社会发展的中枢,决定着当地经济社会综合发展的速度和质量,因而,民族地区政府能力建设事关和谐社会的构建大局。

一、和谐社会与民族区域和谐

民族区域也就是少数民族聚居区,是我国行政区划中的重要组成部分,而且是特殊的组成部分。从局部和全局的关系来看,整个社会的和谐离不开民族区域的和谐;若从其影响权重来看,民族区域的和谐则显得更为重要。

(一)民族区域和谐是整个社会和谐的重要组成部分

我国的民族区域,包括内蒙古、新疆、西藏、广西、宁夏5个自治区和30个自治州、120个自治县(旗)、1200多个民族乡①。界定民族区域的主要标准是民族人口的聚居程度和民族实施自治的情况,或者说,民族区域指的是民族自治地方。从部分与整体,局部与全局的关系来看,社会和谐离不开民族区域和谐。

民族区域含及两个要素,一个是行政、社会角度的"区域"要素,一个是人口、身份角度的"民族"要素。

从行政治理的角度看,我国的民族自治地方是国家整个行政区划的重要

---

① 沈林:《中国的民族乡》,民族出版社2001年版,第32页。

组成部分;从社会构成的角度看,民族区域是整个社会体系的重要组成部分。这就决定了在和谐社会的整个建设工程中,民族自治地方的政府要引领和实施民族区域的建设任务,完成民族自治地方的和谐社会构建,通过完成局部的任务,服务于全局的建设任务。也就是说,实现民族区域和谐,是国家交给民族自治地方的任务;实现民族区域和谐是民族地区政府的责任。

从人口、身份的角度看,2003 年底,我国民族自治地方总人口 1.72 亿,其中少数民族人口 8017 万,占总数的 46.57%。① 在这样的人口构成环境中,基于民族文化和利益差异的民族问题会时有发生,这些问题既可能影响到某一民族的内部和谐,也可能外在的影响到民族之间关系的和谐,甚至影响到民族与国家关系的和谐。只要民族存在,民族差异和民族问题就会存在,影响多民族国家和谐的潜在因素也就会存在。所以,消除基于民族人口、身份差异造成的不和谐成分是民族地方和国家的一项长期任务。

区域发展的相对滞后性和民族问题的特殊性共同决定了民族区域的和谐社会构建困难多、任务重、意义大。

(二)民族区域和谐的影响至关紧要

民族区域的自身特点决定了民族区域和谐与国家区域和谐、民族关系和谐、边事和谐息息相关。

首先,民族区域和谐事关国家区域和谐。区域和谐是我国社会和谐的一个重要方面,由于自然、历史等综合原因,我国东西部发展差异较大,而且存在差距进一步拉大的趋势。东西部差距的存在和加大是影响我国社会和谐的重要因素,而且我国的少数民族人口和民族区域大多分布在西部,从一定意义上说,实现民族区域和谐有利于消除东西部差异,有利于促进民族团结和国家统一大业,实现整个社会的均衡协调发展。

其次,民族区域和谐事关整个社会的安定有序。我国民族关系是一个动态的开放性系统,它是社会关系的重要组成部分,它通过人们的社会生活反映

---

① 《全国民族自治地方经济发展》,详见中国政府网,http://www.gov.cn/test/2006-07/14/content_335870.htm.

到国家政治、经济和文化的各个领域,维系和影响着国家的稳定。我国民族组成和民族分布的实际决定了民族关系对我国的社会影响是广泛而深刻的,良好的民族关系无疑是我国和谐社会构建的重要条件,也是衡量我国社会主义社会和谐的一项重要指标。

再次,民族区域和谐影响到边疆的稳定和边防的稳固。我国的陆地边境线几乎全部位于民族区域,我国的跨境民族有四十多个,民族区域的经济社会发展状况和各民族的生产生活境况会影响到各民族群众对国家的认同。同时,邻国的民族政策以及跨界同民族的生产生活状况也会对我国的相邻民族区域产生一定的影响。也就是说,民族区域和谐可能会影响到国家之间的关系以及边疆的安全。

(三)民族区域和谐的特征

我们所要建设的和谐社会,应该是"民主法治、公平正义、诚信友爱、充满活力、安定有序、人与自然和谐相处的社会。"①与这六个方面的整体标准相适应,民族区域和谐的特征应该具有整个社会和谐的共性特征,同时还应体现自我特色。民族区域和谐具体涉及到五个方面的和谐②。

第一,经济和谐发展。构建民族地区和谐社会的重点是加快经济发展,缩小民族地区同全国的发展差距。经济和谐是实现整个社会和谐的物质基础。所以,民族地区应在国家支持的基础上,努力实现与全国其他地区和谐发展。民族自治地方应在国家的宏观指导下,在争取国家各方面支持的同时,加大经济发展的自主性和主动性,发挥独占性的资源优势,充分利用科技效益、环境系统,集成发展具有市场前景的农牧业、农牧产品加工业、旅游业、矿产开发等特色经济和优势产业。促进资源优势加快向经济优势转化,实现经济增长方式的转变,使经济发展步入快速、健康的轨道。

第二,政治和谐统一。政治和谐是社会和谐的根本保障,也是民族地区和谐社会的主要标志,为了实现政治和谐的目标,民族自治地方的各级党组织和

---

① 《〈中共中央关于构建社会主义和谐社会若干重大问题的决定〉学习辅导读本》,人民日报出版社2006年版,第1页。

② 王正伟:《构建民族地区社会主义和谐社会》,《新华文摘》2006年第1期。

各级政府,要坚持和完善党的民族区域自治政策,发挥当地各族人民当家做主的积极性,坚持用"三个离不开"的原则处理好少数民族内部成员之间的关系和各民族成员之间的关系。提高干部素质,改善民族自治地方的政府形象,提高政府的号召力、凝聚力和影响力。

第三,文化和谐共生。文化是一个民族重要的外部特征,反映着一个民族的精神面貌。民族文化的传承与发展是各民族群众高度关心的问题,同时,民族文化的多样性也是国家发展、社会进步的重要资源。尊重文化差异,平等地对待各民族文化,是实现民族文化共存共生的前提。民族区域应抓紧挖掘、抢救和保护民族优秀传统文化,支持各少数民族文化的扬弃、发展、创新和传承,丰富各族群众的文化生活,满足各民族群众的文化需要。

第四,教育与社会和谐推进。教育是提高民族地区人口素质,提升民族地区人力资源和推动民族地区文化建设的基础型工程,因而,应该得到优先发展。同时,民族地区的经济发展滞后,既影响到社会保障系统的能力和水平,又加剧了当地群众对社会保障制度的需要。因而,民族地区需要加大对公共卫生体系和基本医疗服务的资金投入和技术支持,加强公共卫生设施建设,建立健全农村卫生服务体系、新型农村合作医疗制度和医疗救助制度,改善各族群众生活生产环境和条件。

第五,人与自然和谐共处。民族地区,特别是西部,一方面是我国各种资源相对丰富的地方,另一方面,也是过度开发资源,环境受到破坏最严重的地方,人与自然的矛盾比较突出。民族地区作为国家资源的总后方和重要的生态环境保护屏障,应该根据科学发展观的要求,率先找到一条绿色发展之路,处理好经济发展与生态环境的关系,尊重生态规律,大力发展循环经济,最大限度地节约资源,降低和控制开发对自然环境的有害影响,使西部民族地区青山永续、绿水常流、生态平衡,资源合理利用。

(四)影响民族区域和谐的主要因素

由于历史、自然、观念等综合因素的影响,目前,在民族区域还存在着一些不和谐因素,影响着区域性的和谐社会建设。据2006年全国人大常委会执法检查组关于首次检查民族区域自治法实施情况的报告显示:

2005 年,民族自治地方生产总值达 15706 亿元,比 2000 年增长 74%;地方财政收入达 1026 亿元;农村居民人均收入达 2287 元。如果只作纵向的自我比较,可以说民族地区达到了较快的发展速度,但与发达地区横向比较,则差距依然很大。全国人大常委会副委员长司马义·艾买提将这些差距归纳为:

经济发展仍然滞后。2005 年,民族自治地方生产总值仅占全国生产总值的 8%,人均生产总值相当于全国人均水平的 29.4%。保吃饭与保建设矛盾突出,农牧区"行路难、用电难、饮水难"现象大量存在。

扶贫攻坚任务艰巨。民族地区贫困面大,贫困程度深,而且返贫率高。截至 2005 年底,全国民族地区农牧区绝对贫困人口仍有 1170.4 万,占全国农村绝对贫困人口的 49.5%,比上年增加 1.8 个百分点。

发展教育困难很多。民族地区的许多乡镇学校,工资待遇低,教师外流严重。2005 年底全国 699 个民族地区县中,150 个县"两基"不达标。

医疗卫生基础脆弱。民族地区医疗卫生处于较低水平,特别是边远山区和牧区,医务人员严重不足,医疗设备十分短缺,"看病难"问题突出。

社会保障惠及面窄。全国 155 个民族自治地方的 699 个县中,尚未建立农村低保制度的还有 323 个县,占总数的 46.2%。①

上述方面涉及到经济、扶贫、教育、医疗卫生和社会保障,除此之外,还有严峻的生态环境问题、民族文化的传承与保护问题等等,这些问题都是民族自治地方的各级政府在和谐社会构建过程中要极力解决的问题。

二、民族地区政府能力对构建和谐社会的影响

民族地区的各级政府是当地社会建设发展的中枢,在当地的建设发展中扮演着多种角色:"扶贫者(解决温饱问题、消除贫困的组织者和实施者)"、"启蒙者(转变观念、解放思想的宣讲者和倡导者)"、"领航者(地方经济宏观调控者和组织者)"、"保护者(地方稳定秩序的保护者)"、"服务者(地方公共

---

① 地方统计信息,http://www.ce.cn/district/sjlt/dftjxx/200612/28/t20061228_9914887.shtml

物品提供者)"、"环保者(共有资源和自然资源的保护者)"①。各级政府依法组成后,凭借国家赋予的权力,依靠行政体系,能够根据建设和发展需要进行社会动员,根据既定规划进行人、财、物等资源的调动,致力于维护当地的社会秩序,调整各种社会关系,管理公共服务事业,发展社会福利等。因而,加强民族地区政府能力建设对民族区域的和谐社会构建具有重大影响。

(一)民族地区政府能力在和谐社会建设中的功能转化

民族地区政府能力主要是指民族地区的各级政府,在既定的国家宪政体制内,遵循《民族区域自治法》的规定,通过制定和执行科学的公共政策,最大可能地动员、利用、组合、发掘、培植各种资源,为当地社会和各族人民提供广泛而良好的公共物品和公共服务,通过确立当地社会普遍遵守的正式规则,积极引导更为广泛的非正式社会规则,维护民族地区的社会公正和秩序,形成有效调节社会关系和社会行为的制度及机制,实现民族地区治理,推动民族地区发展的能力。

民族地区政府能力是影响和谐社会建设的核心因素。民族地区和谐社会构建离不开以下因素:从物质因素方面来讲,不同的民族地区具有各自独特的自然生态环境,自然生态环境从多方面制约着民族地区的和谐社会建设,气候、地形地貌、生物物种、矿产资源、土地水源等都是民族群众生产和发展必须依靠的天然条件;民族地区的城乡基础设施建设、道路、桥涵、通信设施、厂矿企业等是构建和谐社会的硬件条件。从非物质因素来讲,人口的数量和素质是一个重要方面。在和谐社会的构建进程中,人口的数量和质量要和社会发展相适应。民族地区的生态环境大多比较脆弱,而面临的发展任务又比较重,所以实现民族地区发展的重要策略在于提高人口素质,尤其是要通过运用科学技术,利用科学管理来实现后发优势,克服自然条件较差和发展任务艰巨的困难。科学技术的运用离不开具体的管理工作,整个民族地区社会的正常运行离不开管理,民族地区的宏观管理是一项系统的工程,而民族地区的政府则

---

① 罗春梅、陆媛:《全面建设小康社会中民族地区地方政府角色定位》,《思茅高等师范专科学校学报》2006年第2期,第26—28页。

是民族地区整个社会管理的中枢。民族地区的公务员队伍和政府干部组成了社会管理的主体,民族地区政府的能力水平直接影响到民族地区的管理水平,可见,民族地区政府能力是影响和谐社会建设的核心因素。

民族地区政府能力是实现各族人民群众利益的关键因素。各族人民是民族地区和谐社会的主人和建设者,各族人民根据社会主义民主的相关程序,推选自己的代表组成各级政府,各级政府由此成为各族人民群众意志的代表者。部门首长和各级、各岗公务员组成了代表和执行人民意志的各级政府,这些政府组成人员既是当地各族人民群众的一员,又不能等同于普通的民族群众。政府应充分代表群众的利益,以实现广大人民群众的共同利益为最高目标。因为民族归根结底是一个利益共同体,利益是影响民族关系发展的焦点和热点,公平、公正的代表和实现各族人民的利益是政府能力指向的重要目标。为了实现这一重要目标,各级政府及其职能部门应不断加强自身建设,各岗位的工作人员根据为人民服务的宗旨不断提高自身的思想政治素养、业务素质以及各种必备的能力,从而提升政府的整体能力。政府的决策能力、管理能力、服务能力、协调能力、创新能力等直接与能否实现人民群众的利益、在多大程度上实现人民群众的利益密切相关,民族地区政府能力是实现民族地区各族人民群众利益的能动力量,这种能动力量通过政府能力向政府职能的转化而发挥作用。

民族地区政府能力是推动民族地区各少数民族发展的关键因素。从民族构成讲,民族地区的各少数民族人口相对集中,而且民族地区一般是少数民族的传统居住地,总体上讲,各少数民族的发展与民族地区的政治、经济、文化和社会发展是同步的。我国是一个多民族国家,努力促进各少数民族的繁荣发展一直是党和国家关注的重点问题。民族地区的各级政府在党中央和国务院的统一领导下,执行国家促进民族地区发展的优惠政策,促进本地区各少数民族的全面发展是一项重大的任务。民族地区政府能力是影响这一任务完成的关键因素,民族地区政府能力可以具体表现为贯彻执行党的民族宗教政策的能力,从本地区民族实际情况出发制定科学发展规划的能力,领导和团结各族人民群众进行建设实践的能力,为各少数民族生产、生活提供良好社会环境和社会秩序的能力等等。没有民族地区政府能力的提高,民族地区各少数民族的加快发展就无从谈起。

民族地区政府的能力最终要通过具体的实践环节转化为现实成果,发挥出具体的社会功能。

首先,发挥经济发展能力,推动经济发展。实践表明,经济发展落后,社会发育程度不高是困扰民族地区发展的首要问题,各民族群众的物质文化需要与民族地区落后的社会生产之间的矛盾一直非常突出。2001 年底,少数民族和民族地区剩余贫困人口 1846 万人,农村贫困发生率 14.1%,而全国剩余贫困人口 2900 万人,农村贫困人口发生率为 3.2%。少数民族和民族地区剩余贫困人口占全国贫困人口的比例为 64.3%,农村贫困率发生率高于全国 10.9 个百分点。国家扶贫开发重点县共 592 个,民族自治地方 267 个(除西藏)。加上西藏 74 个县整体被列入国家扶贫开发重点扶持范围,民族自治地方享受国家扶贫开发重点扶持的县为 341 个,占民族自治地方总数的 53.5%。[1] 社会救助和社会保障制度虽然已在民族地区开始启动,但总体上仍然是惠及面窄、保障有限。全国 155 个民族自治地方的 699 个县中,尚未建立农村低保制度的还有 323 个县,占总数的 46.2%,这些县至今仍实行传统的社会救济办法,救助力度十分有限。[2] 加快民族地区经济发展是民族地区各族人民的强烈愿望,促进经济发展是民族地区最大的政治,推动经济发展是民族地区政府的主要职能。

其次,运用调控能力,稳妥处理民族宗教问题。我国有 10 个少数民族较为普遍的信奉藏传佛教,人口超过 1 千万,有 10 个少数民族较为普遍的信奉伊斯兰教,人口超过 2 千万。可以说,宗教因素对这些民族的社会生活产生着重大影响。民族宗教无小事,民族地区的民族问题和宗教问题集中而且敏感,是制约当地经济社会健康发展,甚至危及国家长治久安的权重因素。民族地

---

[1] 牟本理:《加快民族地区发展满怀信心全面建设小康社会》,《人大复印报刊资料》2003 年第 3 期,第 5 页。

[2] 袁祥:《民族地区发展瓶颈:基础设施薄弱成生态环境脆弱》,《光明日报》2006 年 12 月 29 日,第三版。

区的民族问题和宗教问题既有各自的历史渊源,又相互复杂的交织在一起,同时还受到来自其他地区和国际的影响,既重要又难以把握和处理。但是,民族地区的民族宗教问题不仅必须要处理,而且还要处理得稳妥,这无疑对民族地区政府提出了很高的要求。

再次,不断创新,推动民族地区实现跨越式发展。与其他地区相比,由于综合原因,民族地区在经济建设和社会综合发展方面相对落后,自我发展能力相对不足。在人才缺乏,环境保护压力大,发展任务艰巨的多重困难下,民族地区不能再走传统的发展"老路",而是要通过实现跨越式发展,逐步缩小与其他地区的发展差距,力争达到全国平均水平。要立足区情,立足于客观实际,通过发展理路创新寻求民族地区发展的比较优势,后发优势。"东亚发展模式"的实践证明,跨越式发展不可能只靠市场力量和社会组织力量的自发推动来实现,而是要依靠政府力量的主导,有机整合市场力量和社会自身组织力量共同推动和实现的。[①] 民族地区经济和社会力量发育程度相对低下,这就决定了当地政府在整个经济和社会发展中扮演着组织者、决策者、推动者和保障者的重要角色,主导着民族地区整个社会的发展进程。就此而论,如果民族地区的各级政府没有足够的开拓创新能力,民族地区的跨越式发展就不能实现。

(二)民族地区政府能力在和谐社会建设中的作用

民族地区政府能力直接影响到民族地区政府的决策科学性及社会导向力度。民族地区各级政府的重要职能之一就是进行决策。各级政府要遵照当地人民群众的意志,按照国家的整体规划,从当地的实际情况出发,制定当地的经济社会发展规划以及实施步骤。而政府决策是否科学则直接与政府能力有关。一旦经济社会发展规划确定,当地政府就要进行社会动员,并通过舆论宣传将政府的主张和规划向全社会传达,并通过行政体系,将规划的分解目标具体下放,引领当地的生产建设等实践活动,领导和指导当地人民群众,调集人、财、物等资源,积极完成既定目标。政府的宣传与社会动员能力直接影响到政

---

① 方盛举:《中国民族自治地方政府发展论纲》,人民出版社 2007 年版,第 129 页。

府能否振奋社会精神,凝聚社会力量,领导和团结当地民众完成经济社会发展目标。

民族地区政府能力影响到民族地区政府的治理水平及推动社会发展的程度。进行社会综合治理,推动当地经济、政治、文化发展,是各级政府的主要任务。民族地区的各级政府要依靠法律、政策,通过公、检、法等部门的职能发挥,进行社会综合治理,维护当地民众的生产、生活秩序。同时,各级政府还要积极致力于当地的民主建设,加强机关建设,加强基层组织建设,保证各族人民各项政治权力的实施,反映民情民意;注重当地的经济建设,维护经济秩序,合理安排经济结构,通过综合运用经济手段调控经济发展,努力提高各族人民群众的物质生活水平;优先发展教育事业,提高科技水平,繁荣民族文化,满足各族人民群众的文化生活需要。民族地区各级政府的能力建设关系到民族地区的社会稳定以及政治、经济、文化、社会事业的综合发展。

民族地区政府能力影响到民族地区政府的社会服务水平及社会协调效果。建设服务型政府是现代行政管理的一个新的发展趋势。民族地区各项社会事业的发展现状决定了各级政府必须积极转变职能,尤其是要增强服务职能。政府的服务职能包括注重当地的交通、公共设施等基础建设,做好扶贫、救济、就业等社会保障工作,积极发展社会公益事业,注意环境保护和生态环境治理、养护工作,还要尽可能地为各族群众提供必要的法律救助、信息咨询等等。我国民族地区范围广泛,各地自然环境、社会经济发展差异显著,尤其是人口分布极不均衡,人口密度低,地域间差别巨大。例如,广西和贵州每平方公里人口密度不足 200 人,新疆和青海每平方公里人口密度不到 10 人,西藏则不足 2 人。地广人稀、自然条件复杂多样,必然大大增加了民族地区各级政府社会服务工作的行政成本,这给民族地区政府的社会服务能力提出了巨大挑战。随着民族地区经济建设的不断发展,资源开发、土地征用中的纠纷、用工及劳资纠纷等各种利益冲突在不断增加,面对不同利益群体的冲突,面对不同的社会矛盾,民族地区政府要以人为本,及时、有效地做好社会协调工作,营建包容、友爱、和谐的社会氛围。

(三)民族地区政府能力在和谐社会建设中的影响

民族地区政府的能力是一种合力,是各级领导干部和全体公务员能力的综合。民族地区政府的能力通过政府的各个职能部门和各岗工作人员的具体工作表现出来,转化为普遍的社会影响力,并影响到民族地区整个社会的运行。民族地区政府能力对民族地区和谐社会建设的影响是双向的,不断提高的政府能力发挥正向的影响作用,相反,如果政府能力不能和民族地区社会发展的客观要求相适应,政府能力就会发挥反向的影响作用。

1.均衡提升的政府行政能力会对民族地区和谐社会建设产生正向影响。

优质高效的民族地区政府行政能力可以分解为依法行政的能力、科学规划发展的能力、合理的资源整合分配能力和有效的社会控制能力。而且各种能力要实现均衡发展,互相促进,形成合力,没有薄弱或"掉队"的部分或环节。

依法行政,就是具体根据国家宪法、各项基本法(尤其是《民族区域自治法》)和上级政府部门的统一部署,摆正民族地区政府的位置,确保民族地区和谐社会建设符合国家的整体要求,把握好发展方向,控制好节奏。根据《民族区域自治法》的要求,同时关注实行民族区域自治的民族和没有实行自治民族的利益,维护民族地区的社会公平和正义。作为民族自治地方的政府要提高依法自治的能力,依照国家赋予的自治权限依法行使变通权、经济建设自治权、财政自治权和文化自治权,体现党和国家民族政策对民族地区的倾斜,早日实现国家地区发展的平衡和各民族的共同繁荣发展。依法行政能够实现和维护国家赋予各民族的权益,有利于调动民族群众参与和谐社会建设的积极性和创造性。民族群众是民族地区和谐社会建设的主体,依法行政将民族群众的参与热情与利益分享紧密联系起来,从而推动民族地区的和谐社会建设。

科学规划发展,就是在发展问题上科学决策。在准确把握本地方、本民族实际的基础上,把国家的宏观政策和上级政府的指示精神与本地实际结合起来,设定合理的发展目标和梯度发展计划,确立科学发展策略,积极正确地引导本地区的经济社会发展。适应社会主义市场经济发展需要,建立完备的信息收集和处理系统,全面、准确、及时的了解有利于本地经济社会发展的各种信息;转变政府职能,发挥服务社会的作用,建立完备的政策咨询系统,为本地区的社会经济发展提供专业化、高水平的智力支持;遵循政策科学规律,论证全面、发扬民主、提前预见、决策有力,避免决策中的主观性和随意性。科学规划发展是民族地区各级政府为了各族人民群众的利益、代表各族人民群众的利益、实现各族人民群众的利益的重要体现。善的决策,是充分反映和表达各族人民群众公共利益的决策,善的决策因为符合人民群众的共同利益而受到各族人民群众的支持和拥护,在实现决策目标的建设实践中,就会形成万众一心、同心同德的局面,既定发展目标就会早日实现。

合理地整合和分配资源,是民族地区政府动员、提取、分配和利用当地人力、财力、物力、信息等资源,服务于当地经济社会发展的行政行为。提升社会公共事务管理水平,服务当地各族群众是民族地区政府的重要时代职责。一方面,民族地区公共事业发展落后,公共产品和公共服务缺乏,从公共基础设施到公共教育,从公共医疗到社会保障服务都相当薄弱;另一方面,民族地区利益关系复杂,不稳定因素较多,合理的统筹集中和分配使用各种资源,推动社会公共服务水平意义深远重大。民族地区的各级政府要致力于维护、实现和发展社会公益事业,运用公共权威在民族地区范围内有效地整合和分配各种资源,为各族群众提供公共产品、公共服务、公共安全和公共秩序。加快社会建设是新世纪新阶段我国新的建设目标之一,社会建设与人民群众的现实生活息息相关,是人民群众能够感受到的身边的利益,是切切实实能够感受到的实惠,是和谐社会整体建设的基础和基本层面。

有效的社会控制,是民族地区各级政府综合利用政治的、法律的、道德的控制机制及方式,维护民族地区社会政治秩序的行政行为。良好的社会政治秩序是构建和谐社会的前提和基础,为此,民族地区的各级政府要建立机动高效的权力控制机制、法律控制机制、道德控制机制和社会控制机制,重点做好民族关系的调控、宗教关系协调、社会转型中的新生矛盾化解。民族地区政府进行有效的社会控制,能够促进民族地区各种政治关系、经济关系和社会关系的和谐,促进各种关系和谐既是和谐社会构建的内容之一,又是全面建设小康社会的基础。

以上四个方面的能力提升能够从不同的角度和层面正向推动民族地区和谐社会建设,民族地区政府能力是这四个方面的综合,任何一个方面能力建设的滞后,都会产生消极影响。因此,正向推动民族地区和谐社会建设的政府能力必须同时具备两个条件:一是整体能力不断适应实际需要得以不断提升;二是构成综合能力的各个组成部分均衡发展。

2. 失衡滞后的政府行政能力会对民族地区和谐社会建设产生负向影响。

首先,失衡的政府行政能力会对民族地区和谐社会建设产生负向影响。一方面,政府的行政能力通过部门分工向社会显示,但却以整体的评价形象出现在公众面前。从此意义上讲,任何一个政府部门的行政能力都是政府总体能力"全息"化的反应,任何一个部门的行政能力低下都会影响社会公众对整个政府的评价,因此,政府各个部门的能力建设要整体联动,同升共长。同理,部门中行政人员个人能力的低下也会影响到整个部门,乃至整个政府的形象,由此决定了公务员的教育和提高必然是全员的提高。另一方面,就能力的综合构成来看,一个行政人员和一个行政部门,乃至整个政府,其能力构成又具体分解为多项子能力,如决策能力、协调能力、沟通能力、动员能力等等,这些构成单元会影响到能力的综合水准,因此,政府能力的各种能力构成要素的失衡也会对和谐社会建设产生负面影响。

其次,滞后的政府行政能力会对民族地区和谐社会建设产生负向影响。政府行政能力的滞后表现在两个方面。一是政府的行政能力建设滞后于社会现实需要。政府的一项重要职责就是要时刻关注社会的现实发展,并且及时处理在社会现实发展中遇到的各种问题,达到维护正常的生活和生产秩序的目的,维护民族地区社会的正常运转。二是政府的行政能力建设滞后于引领民族地区发展的需要。有能力的政府不仅能够及时处理好现实问题,而且还要预见性地制定适当超前的发展计划,并通过有力的社会动员,整合民族地区的各种资源,引领社会的快速发展。现阶段,民族地区的各级政府继续提高引领社会快速发展的能力,这也是构建社会主义和谐社会的时代需要。

失衡滞后的政府能力会影响到民族地区政府的信用以及社会公众对政府

的信任程度,即会导致民族地区政府公信力的降低。正是由于公信力的缺失,基层政府的信誉降低,政府的政治控制能力和经济调控能力等行政权力出现"弱化"的现象。[①] 公信力的减弱或缺失是一个危险的信号,如不通过加强政府能力建设及时解决,它直接威胁着政府存在的合法性基础,影响民族地区社会稳定和经济的发展,从而影响到民族地区的和谐社会构建。2008 年发生的9 件重大群体事件中有 6 件发生在西部地区,其中基层政府的公信力下降就是重要的诱发因素。

三、民族地区政府能力对构建和谐社会影响的内在机理分析

民族地区政府能力建设是一项复杂的系统工程,有着自身的核心内容和重点领域。其核心内容是民族地区政府能力建设的关键点,而重点领域是当前构建社会主义和谐社会对民族地区政府能力的突出性要求的体现,二者相辅相成,构成了政府能力建设的二维框架。科学行政能力、民主行政能力和依法行政能力三位一体构成了民族地区政府能力建设的核心内容。民族地区政府能力的重点领域则突出表现为七种能力:决策能力、宏观管理能力、创新能力、应对能力、协调能力、回应能力和法治能力。其中前五种能力可归类为科学行政能力,而回应能力可归类为民主行政能力,法治能力归类为依法行政能力。[②]

(一)民族地区政府能力对构建和谐社会影响的内在逻辑分析

科学行政是政府能力建设中的价值取向,是对政府能力建设在专业化、职业化方面的要求。崇尚科学行政,就要求政府及其职能部门和具体公务人员要遵循行政科学规律,通过建立健全科学的行政机制和制度,提高政府的工作效能。科学行政要求不断转变政府职能,提高民族地区政府宏观管理能力,在

---

① 黄岭峻、汤守华:《县级行政权力"弱化"的现象值得关注》,《中国行政管理》2004 年第 1 期,第 94 页。

② 程样国、韩艺:《略论政府行政能力建设》,《中国行政管理学会 2005 年年会暨政府行政能力建设与构建和谐社会研讨会论文集》,2005 年,第 627—628 页。

涉及民族地区发展的各项决策中注意科学性、合理性和有效性，提高科学决策能力和决策效果，要按科学管理规律提高民族地区政府应对突发事件的能力和整合社会利益的能力，要遵循弹性和适应性的权变规律，提高民族地区政府的创新能力。民族地区政府科学行政能力的提高要以学习和运用民族学、管理学、行政学、社会学、心理学、政策学等专业知识和理论为基础。

科学行政能够提高民族地区政府的行政效率与效益，能够在较短的时间内取得较好的社会统筹与治理效果，一方面，能够在较短的时间内用较合理的方式方法消除影响民族地区和谐社会构建的社会不和谐因素，消除或弥合社会秩序中的裂痕；另一方面，通过科学决策、有效动员，加快民族地区的政治、经济、文化和社会发展，"四位一体"的加快推动民族社会的和谐发展。简而言之，民族地区政府的科学行政能力能够有效消除影响社会和谐的不利因素，能够积极主动地引领社会朝向和谐发展。科学行政对民族地区和谐社会建设的助推影响能够在社会发展方面缩小民族地区与其他地区的差距，从而加快实现整个社会的全局和谐。

民主行政是政府能力建设中的理路选择。人民当家作主是社会主义的本质，民族平等是我国民族政策的基本原则，为此民族地区的各级政府必须实行民主行政。实行民主行政要求民族地区的各级政府始终坚持从各族人民群众的根本利益出发，牢固树立为人民行政、靠人民行政的意识，坚持以人为本，牢记各族群众的利益，要充分发挥各族人民群众的作用，做到问政于民，议政从民，实政益民。同时，要紧密结合基层民主制度的建设，扩大各族人民参与，加强公众监督，推行政务公开，保障人民的知情权、参与权与监督权。

民主行政最大的效能在于能够缩小或消除可能存在于政府与基层群众之间的对立情绪。缺乏基层群众广泛而全面参与的政府行政往往是单纯的政府行为，基层群众会认为政府的事是"官事"，公共事务决策是"肉食者谋之"的事，这样，基层群众就会对政府决策等行政行为不知情、不热心甚至会产生误解。事实表明，在相当长的一段时间里，干群关系是影响民族地区和谐的一种主要关系。如果政府工作人员能够深刻认识到权力是人民赋予的，就会为人民的利益运用权力谋事，就会将自己的本职与各族人民群众的切身利益紧密联系起来,就会得到各族人民群众的支持和拥护,就会形成干部群众同心同德谋发展,群策群力搞建设的和谐局面,这种干群关系和谐无疑是民族地区和谐社会构建的基础和目标。民族地区的干群关系和谐会加强民族地区社会的内部整合,促进民族地区内聚力的提升,就会形成为整个社会中的和谐部分。

依法行政是民族地区政府能力建设的原则。法治是人类社会的理想目标,依法治国是社会主义现代化建设的重要依靠和指导思想。法治的建立有赖于各民族的共同努力。但由于社会、历史等原因,民族自治地方在依法治理方面仍存在诸多需要完善的问题。就我国民族地区来讲,绝大多数地区都处在由传统社会向现代社会的转型过程中,在这一特殊的社会转型期人们的法律意识薄弱、法律知识匮乏,法律远远没有成为维持社会秩序的基础,法律也远远没有成为人们普遍恪守的行为规范。民族地区各级政府在普及和宣传法律知识、提高社会法律意识方面具有义不容辞的责任,依法行政则能够发挥社会示范效应。因此民族地区的各级政府要提高依法行政能力,要大力加强政府立法工作,健全和完善各项法律制度,做到有法可依。同时,进一步完善严格执法、文明执法、公正执法的行政执法体制和权责明确、行为规范、监督有效、保障有力的执法责任制,健全对行政权力的制约和监督机制,做到有权必有责、用权受监督、侵权要赔偿、违法要追究。在处理民族纠纷、管理宗教事务中更要坚持依法调处和管理。

法律是固化社会规则、规范社会行为、维持社会秩序的重要工具和手段,和谐社会构建离不开法律的作用和法治的方式。法治理念也可以说是法制观念,是人们的一种对法制的思维习惯。它对于一个人或一项事业的创新和发展具有至关重要的作用。在法治建设方面,民族地区存在着先天不足,法治意识既是民族地区所缺乏的,又是民族地区和谐社会构建所急需的。依法执政不但能够规范民族地区各级政府的行政行为,提高管理效度,还能够在整个社会范围内宣传法律、示范法律、执行法律,为实现民族地区和谐提供工具和手段。拥有法制基础、法治方式的民族地区和谐才会是牢固而持久的,而牢固而持久的民族地区和谐对于整个社会的全局和谐则具有特殊的意义。

（二）民族地区政府能力的各个构成要素对和谐社会的影响

按照民族地区政府行政作为的领域来讲,民族地区政府的能力可具体分解为决策能力、宏观管理能力、创新能力、应对能力、协调能力、回应能力和法治能力。这些具体的政府能力构成因素从不同的角度会对和谐社会构建产生影响。

1.决策能力。政府的重要职能之一就是决策。政府决策能力的提高首先依赖于决策的民主化、科学化。在决策过程中要健全咨询、论证、协商、听证、审议及集体讨论等措施和环节,建立和完善重大问题集体决策制度、专家咨询制度、社会公示和听证制度,完善公众参与、专家讨论和政府决策相结合的决策机制,做到集思广益、发扬民主。同时,要通过科学、合理地设置决策机构,推行决策与执行分开,完善决策信息系统,规范决策程序,改进决策方法,提高决策效率,实现决策的科学化。其次,实现决策过程的制度化、法律化。制度化、法律化是决策科学化、民主化的根本保证。保证决策科学化和民主化的实现,使政府的行政决策更加合理或避免重大失误,就必须要有一套较为完善的法律制度。因此,建立决策监督制约制度、决策责任制度、决策论证制度和决策效果评估体系保证行政决策的制度化,法制化。政府决策是政府行政的起点,政府行政的过程就是既定决策执行的过程,因此,民族地区政府的决策能力至关重要。民族地区的各级政府要根据构建和谐社会的总体需要,有步骤、分梯度地进行民族地区综合发展战略规划、就一定时期内的公共政策等重大问题进行科学决策。决策能力体现在民族地区政府能否根据当地的实际情况,抓住影响或促进和谐社会构建的关键问题进行决策。这种决策既要针对现实问题,又要具有一定的发展预见性和前瞻性。

2.宏观管理能力。民族地区政府的管理能力体现在具体的经济活动管理和社会事务管理中。其中,经济活动管理是最基本的管理。因为经济活动是民族地区民众最基本的活动,与各个家庭的日常生活密切相关,因而,做好经济管理工作是实现社会和谐的基础。民族地区的各级政府遵循社会主义市场经济经济规律,通过运用各种调控政策和手段,保持经济运行的稳定,促进经济结构的优化,实现经济稳步增长,引导民族地区经济持续、快速、健康发展,把具体的资源配置职能交给市场。为弥补市场自发调节的不足,政府要重视对市场的监管,通过制定市场准入、交易、竞争规则防止市场垄断,营造统一、开放、公平、竞争的市场体系,从而为民族地区市场经济的发展创造必要的条件。在整体的经济管理活动中,应注重对民族传统产业的扶持和保护,在注重加快经济发展的同时,注意根据科学发展观的要求,实现经济发展与生态优化的同步。

加快社会建设是中国共产党第十七次代表大会提出的新的指导思想,加快社会建设就是要强化政府的社会管理职能。当前,我国经济社会发展进入人均国内生产总值从 1000 美元向 3000 美元迈进的关键阶段。在这一阶段,社会利益格局剧烈变化,社会组织形式、就业结构、社会结构变革加快,中国正面临并将长期面对一些亟待解决的突出矛盾和问题,当前社会建设方面存在着一些突出问题①:(1)教育、医疗等公益事业发展滞后,公共产品与公共服务提供不足,并引发了医患关系紧张、教育质量下降等社会问题,成为新的社会不稳定因素。(2)社会治安和公共安全问题较为突出,社会控制职能亟待加强。随着经济的快速发展,人口流动加剧,新科技广泛运用,现代社会不稳定因素逐步增多,社会治安问题已经呈现突发、隐蔽、复杂等特点,跨地域、高科技犯罪更是加重了对社会的危害。另一方面,近些年安全生产领域和公共卫生领域事故频发、地方性疫情突发等等,都要求政府加大相关立法和执法力度,强化社会控制职能,促进经济社会可持续发展。(3)劳动就业问题和社会公平问题突出,要求强化社会保障职能。当前,农村剩余劳动力转移、下岗职工再就业和大中专毕业生就业等方面的问题较多,已成为影响社会和谐的一个因素;个人收入之间差距拉大,已经触动危险预警线;以农民工、下岗工人为代表的困难群体基本权利受到不法侵害的现象也时有发生,引发一系列社会失衡的矛盾和冲突等等,都对社会稳定造成了负面影响。(4)人口与环境问题突出,要求加强社会协调职能。发展过程中造成的生态破坏和环境污染,已经成为影响可持续发展的主要制约因素,迫切要求政府加强社会协调职能,加

---

① 胡盛仪:《进一步加强社会建设》,《政策》2006 年第 12 期,第 16 页。

强环境保护力度,制定健康的、可持续发展的人口政策和资源环境政策。以上问题对各级政府提出了更高的要求,不仅要进一步完善社会管理和公共服务的职能,改善公共服务质量,提高依法管理社会的能力和水平,而且要建立政府调控机制同社会管理协调机制互联、政府行政功能同社会自治功能互补、政府管理力量同社会调节力量互动的社会管理网络,形成对全社会进行有效覆盖和全面管理的体系。民族地区社会的自我发育水平较低,在构建和谐社会的进程中一定要发挥后发优势,加强政府的社会管理职能,在社会建设方面早着手,早受益。

3. 创新能力。践行科学发展观,实现永续发展,就要依靠创新。创新是民族振兴的灵魂,创新是社会进步的动力,政府能力提升离不开创新。创新是知识经济社会显著的特点之一,知识经济时代的政府应是一个创新能力很强的政府。政府创新指政府本着对行政环境的适应性和灵活性,而创立新观念、新制度、新技术、新方法,以改善政府管理水平和绩效水平的活动。有学者把政府创新归为理论层面创新、体制层面创新、人员层面和技术层面创新四个方面。① 当前提高政府创新能力主要是加大政府制度创新能力,进行政治、经济、文化和法律制度的创新,提供有效的制度环境。同时,加大管理创新能力,包括:加大对信息技术的利用力度,减少中间管理层次,推动组织机构的完善,实现组织体制创新;改进政府工作方式,简化服务流程,改革行政审批制度,开展"政务超市"、"一站式行政服务中心"等为民众提供快捷、便利的"无缝隙"服务,实现工作流程创新;引入私营部门中孕育成熟的战略管理、绩效管理、全面质量管理等先进的管理方法,摆脱传统的制式、僵硬、单一的管理模式,转而走向更具灵活性和创新性的管理方法,实现管理方法创新。民族地区政府的创新能力表现为政治、经济、文化和法律制度创新和管理方式、管理方法和组织体制的创新。创新是发展的基础,也是发展的特征,创新力度越大,社会发展的速度就越快。民族地区的发展起步晚、任务重、目标远,这就决定了民族地区的发展必须以追求创新为突破,创新突破应先从政府开始。

---

① 谢庆奎:《政府创新》,《吉林大学学报》2005 年第 1 期,第 136 页。

4.应对能力。由各种自然、社会原因引发的突发事件对政府应对能力提出了较高要求。当各种危机事件突如其来之时,政府的危机应对能力将是降低危机损害的关键所在,政府的应对能力包括突发事件紧急处理能力和突发事件预防能力两方面。构建体制性的政府危机应对机制是保证和提升政府应对能力的前提。应对机制包括危机应对人员组织系统、信息系统、指挥与动员系统、应急储备系统和危机应对绩效考评系统。针对民族宗教问题突发事件的应对机制建设应早日摆在民族地区各级政府的日程上。

5.协调能力。确立和保护利益的主体地位是市场经济运行的前提,随着市场经济的发展,利益主体日渐多元化,利益主体之间的矛盾也不断增多。同时,在民族地区,民族文化的差异性非常明显,基于宗教信仰和民族风俗习惯差异的冲突也会经常地发生,因此,要注重提高民族地区政府的协调能力。民族地区政府的协调要在法律和政策的框架内,积极发挥政府主导下的社会协调作用,积极发挥社会团体或民间组织、民族研究机构和社团、宗教团体、企业等相关社会力量的作用。政府协调的目的就是通过有效的协调工作,化解社会矛盾,解决利益纠纷,促进社会成员团结和睦的和谐发展。

6.回应能力。及时地回应民众是民主政府的本质体现,也是政府对民众负责的表现。民族地区的各级政府作为社会主义社会治理的专门组织,要从人民的根本利益出发,做到权为民所用,情为民所系,利为民所谋,努力回应民众的民主诉求,扩大公民参与,推行政务公开,增强行政过程的透明度,实现对民众的责任,加快建设服务型政府和责任型政府。"人民民主是社会主义的生命"。社会是人群的集合体,多民族国家的社会既是各民族成员个体的集合体,也是多个民族共同体的集合体。各民族的政治地位和民族权利决定于各民族所处的社会的性质。与以往的任何阶级社会不同,社会主义社会的性质最根本的体现为人民民主,人人具有平等的主体地位,人人拥有政治参与的权利,人人能够主宰自身的命运。公共行政的民主取向的一个突出表现,就是公众对公共行政的直接参与,公民参与主要是扩大公民对公共行政管理和决策的参与。公民参与是公民权的本质要求,也是政府合法性的本质体现。以健全民主制度、丰富民主形式、拓展民主渠道,使人民的知情权、参与权、表达权和监督权得到更充分的保障。增强全社会每个人的公民意识,树立社会主义民主法治、自由平等、公平正义的理念,无疑是扩大人民民主、发展社会主义民主政治的基础性支撑。政府要尊重社会公众对公共行政的参与权利,努力为公众参与提供充分而有效的渠道。通过健全社会信息反馈机制,重大决策的公众论证、议案、民意表决制度,使公众直接或间接地参与公共事务管理与决策,推行政务公开,扩大信息公开的范围,拓宽信息沟通的渠道,提高行政的透明度,切实保障公民的参与权和知情权。政府还要努力回应公民的各种需求,完善监督制约机制,在公共领域接受公众的监督,增强对民众的责任,把公民的满意度作为评判政府能力的标准,加快建设服务型政府和责任型政府。

7.法治能力。政府的法治能力是遵守法律、制定法律和运用法律的能力。提高政府的法治能力就是要使政府的行政行为合法化。民族地区政府要结合发展形势需要加强行政立法,并坚持依法行政,做到行政管理过程、管理方法、管理手段等都符合法律规定。同时,以完善各种监督与制约机制作为防止行政权力滥用、确保政府行政按法制化轨道运行的保障。严格遵循《行政许可法》和《全面推进依法行政实施纲要》等法律法规的相关规定,做到严格执法、公正执法、文明执法。

(三)民族地区政府能力对民族区域和谐影响的内在机理分析

科学行政能力(包括决策能力、宏观管理能力、创新能力、应对能力、协调能力)、民主行政能力(回应能力)和依法行政能力(法治能力)三位一体地组合成民族地区政府的综合能力。民族地区的政府能力是一种复合能力,是多维因素的有机组合。

科学行政能力、民主行政能力和依法行政能力三者既是民族地区政府能力建设的核心内容,也是互相制约的环形体系。政府行政的科学性体现的是管理行为的专业性,是技术层面的要求,决策能力、宏观管理能力、应对能力、协调能力是行政能力的具体分解,创新能力作为一种效能提升源,则反应在各项具体能力中。行政的民主性体现的是对民情的关注,体现的是情感和态度层面的要求,行政的依法性体现的是政府行为的规范性,可见,在政府行政行为的指导思想上,科学行、民主性、依法性互为制约条件,三者之间达到均衡状

```
                    ┌──────────────┐
                    │  政府能力建设  │
                    └──────┬───────┘
          ┌────────────────┼────────────────┐
    ┌──────────┐    ┌──────────┐    ┌──────────┐
    │ 科学行政能力 │    │ 民主行政能力 │    │ 依法行政能力 │  核心内容
    └──────────┘    └─────┬────┘    └────┬─────┘
  ┌──┬──┬──┬──┐            │               │
┌──┐┌──┐┌──┐┌──┐┌──┐    ┌──┐          ┌──┐
│决││宏││应││协││创│    │回│          │法│
│策││观││对││调││新│    │应│          │治│
│能││管││能││能││能│    │能│          │能│  领域分解
│力││理││力││力││力│    │力│          │力│
│  ││能││  ││  ││  │    │  │          │  │
│  ││力││  ││  ││  │    │  │          │  │
└──┘└──┘└──┘└──┘└──┘    └──┘          └──┘
```

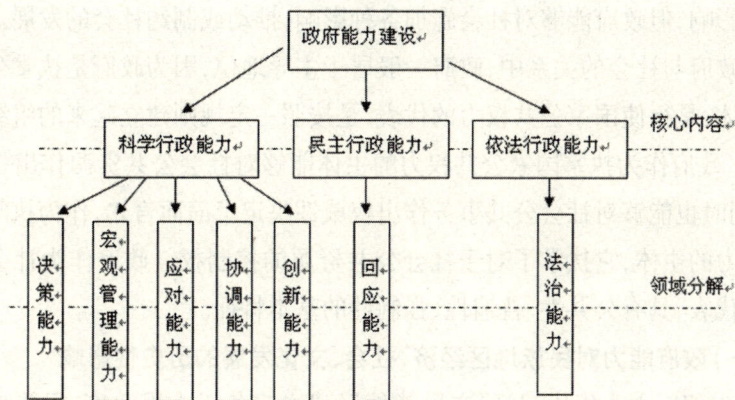

政府能力建设示意图

态才能产生合力,忽视或缺失三者中的任何一方面都会影响到合力的力度,从而影响到政府的社会管理与治理功效。但是,在三者的相互制约关系中,依法是必要前提,法律所反映的是国家的意志,行政的科学性和民主性的有机组合必须以依法为前提。在科学性和民主性之间可以进行有机的互动,比如可以通过向民众介绍和宣传科学性,使群众认可和赞成政府行政的科学性。同时,科学性中必然要体现民主成分,否则,缺乏民主程序或方式的行政行为不可能是科学的。从内在逻辑的视角分析,民族地区政府的行政行为,因为依法而符合国家的意志,因为体现民主性而尊重民众的心声,因为坚持科学性而体现行政的水准,可见,政府通过行政行为,将群众利益、地区利益和国家利益有机地统一起来,有利于实现地区与全国、民族与民族、个体与全体之间的和谐,从而服务于和谐社会的建设目标。

四、民族地区政府能力建设与和谐社会构建的互动关系

社会对政府具有影响和制约作用。政府生成于社会的肌体之上,社会赋予了政府建立和运行所依靠的各种资源,社会是政府运行的环境,也是政府作用的目标,社会不断地对政府提出各种要求。政府对社会具有独立的能动作用,能够主导社会的发展。政府一经成立,要依存于社会环境,时刻受到来自

社会的影响,但政府能够对社会施加各种影响,推动或制约社会的发展。

在政府与社会的关系中,政府一般居于主导地位,因为政府是执掌公共权力的主体,是行使国家公共权力的代表,是按照一定规则建立起来的组织机构体系①。政府作为执掌国家公共权力的主体能够对社会公共资源作出权威性分配,同时也能够对社会公共事务作出权威性决定。简而言之,作为执掌社会公共权力的主体,它执掌了对于社会公共资源的控制权。政府作为社会公共权威的代表,具有公共性、普遍性、强制性的基本特征。

(一)政府能力对民族地区经济、社会、文化发展的历史性影响

20世纪五六十年代,我国在民族地区建立起各级人民政府,民族地区的各级政府作为新生的社会主义民主政权代表着各族人民群众的利益,并在国家统一指导下有计划、有步骤、有区别地在民族地区慎重地推进社会改革。民族地区各级政府领导和团结各族人民,在短短50年的时间里,完成了政治、经济、文化等方面向社会主义社会的过渡,并实现了民族地区的快速发展。尤其是那些原来处于原始社会和奴隶社会的民族,那些处于游猎、游牧、游耕经济的民族,他们在民族地区政府的领导下,通过"直接过渡"或其他特殊政策,很快进入到了社会主义社会。

在相当长的一段时间内,民族地区政府相对于民族地区社会具有相当强的权威性,这种权威性是与当时民族地区由封建制度向社会主义制度转变的历史任务相匹配的,政府通过对社会的强烈干预完成了民族地区政治制度、经济制度、文化制度的根本转变。在政治方面实现了人民当家作主,建立了广泛的统一战线,民族区域自治制度建立起来,各族人民实现了较为广泛的政治参与;在经济上,慎重、渐进地完成工业、农业、手工业的社会主义改造,并取得了极大成就;在文化上,实现了向人民的、大众的、科学的转型,实现了民族教育与宗教的分离。民族地区政府建立的特殊时代背景以及崇尚权威的政治文化特点,促使民族地区形成了"强政府干预"情结。

---

① 桑玉成:《政府角色——关于市场经济条件下政府作为与不作为的探讨》,上海社会科学院出版社2000年版,第4页。

1949 年至 1978 年,很多民族地区处于从魅力型政府到法理型政府的转换时期。这一时期的政府中有诸多优秀人物,尤其是少数民族中的中共党员和一些宗族领袖,他们在少数民族群众中具有极高的威信,他们大都具有英雄的业绩,都经历过革命战争的洗礼。他们是少数民族群众心目中的"救星"。这一时期也是一个百废待兴的时期,民族群众迫切希望有魅力的政府领导人来带领他们开创全新的生活。因此,从运行实践上看,这个时期的政府领导人往往会事必躬亲,更多拥有自由裁量权,更可能会"一竿子插到底"。[①] 这种魅力型政府在民族地区群众中具有巨大的影响力和感召力,在民族地区的社会主义改造和初步的社会主义建设中发挥出了巨大作用。

文化大革命期间,民族地区的正常政治生活像全国一样遭到了重大冲击,并且成为了文革重灾区,政府在推动民族地区各项事业健康发展方面的影响大大降低。

自 1978 年中共十一届三中全会至 1984 年《中华人民共和国民族区域自治法》和 1989 年《中华人民共和国行政诉讼法》通过,是中国行政法制和民族区域自治制度恢复和重建的时期,也是民族地区法理型政府权力运行机制的恢复和重建的时期。这一时期恢复了原有法制,解决了行政领域无法可依的问题。1982 年宪法的颁布确定了行政法制的宗旨和发展方向,即重新发展了作为行政法制基础的人民主权原则,重新确认和发展了以"法律至上"为核心的行政法治原则,重新确认和发展了国家机关一定的职权划分与制约原则,重新规定了工作责任制和效率原则,重新确定了国家和地方各级人民政府的性质、地位和基本职权。1988 年政府机构根据党政分开、政企分开和精简、统一、效能的原则,开始进行新的全面性的改革。结合改革,各级政府进一步规范行政法规和规章的制定,健全行政立法制度,拓宽行政争议解决途径,完善行政解纷机制。伴随着上述一系列变化,民族地区的绝大部分民族区域自治机关还根据 1984 的《中华人民共和国民族区域自治法》制定了相应的自治州

---

① 王勇:《西北少数民族地区政府权力运行机制的历史类型及其演进》,《甘肃政法学院学报》2007 年第 3 期,第 104 页。

自治条例、自治县自治条例以及相关的单行条例等。民族地区开始摆脱了政策主导型阶段,朝着规范化、科学化和法制化方向发展,民族地区各级政府的能力得以不断提高。民族地区的各项事业在这一时期发生了翻天覆地的变化。仅从经济方面看,2003 年,中国民族自治地方国内生产总值(GDP)完成 10381 亿元人民币,首次突破万亿元人民币大关。1994~2003 年,民族自治地方 GDP 年均增速为 9.87% ,高于全国平均水平近 1 个百分点。民族自治地方 GDP 占全国的比重,由 1994 年的 8.5% 上升到 2003 年的 8.9% 。1994 年民族自治地方人均 GDP 相当于全国人均 GDP 的 63.5% ,2003 年升至 66.3% 。2003 年,民族自治地方完成地方财政收入 674 亿元人民币,比 1994 年增加了 2.3 倍。[①]

(二)政府能力对民族地区经济、生态环境和资源可持续发展的现实影响

综合来看,民族地区的经济社会发展滞后给政府能力建设也带来了很大困难。经济发展滞后,直接导致了民族地区财政自给率低,财政支撑经济建设、调控经济运行的力度不足。经济自我发展能力弱造成了民族地区财力自给能力不足,维持政府运行以及提升政府软硬件的财力支持明显不足。

干部素质是制约民族地区政府能力的关键因素。民族地区的干部素质与迅速发展的现代化事业相比,仍显数量不足,且素质偏低,结构不尽合理。有的干部由于缺乏艰苦环境的锻炼,政治上还不够成熟;有的马克思主义理论水平和创造性地执行党的路线、方针、政策的水平偏低;有的大局意识薄弱,在复杂的社会矛盾面前难以分清重大原则问题上的是非界限;有的不注意走群众路线,不注意倾听人民群众的呼声,甚至脱离群众,脱离实际,作风飘浮,官僚主义和形式主义严重;还有极少数人在改革开放的新形势下,丧失信念,忘记了党的宗旨,以权谋私,违法乱纪,甚至堕落为腐败分子、犯罪分子。现实要求我们必须加快建设高素质的民族干部队伍的步伐。[②] 部分地区的干部中存在"三多三少"现象突出,即高中中专以下的多,大专以上的少;科级以下的多,

---

① 《中国的民族区域自治》白皮书,中国网 http://www.china.com.cn/chinese/2005/Feb/795896.htm。

② 司马义·艾买提:《提高民族干部队伍素质加快民族地区发展》,《党建研究》1997 年第 1 期。

中高层的少;从事行政的多,从事科技的少。调查统计表明:民族地区县乡80%的经济管理类干部没有系统学习过经济学理论,75%的党政干部没有接受科技培训的经历,90%的行政干部没有系统学习过行政管理及相关学科的理论。而且县乡(镇)两级党政干部(不包括教师、医务工作者)所占比重高达65%,经济、科技、管理类干部只占35%。① 干部素质是民族地区政府能力的构成因子,提高政府能力必须从提高干部素质入手。

国家经济社会快速发展的需要对民族地区政府能力建设提出了紧迫要求。目前,民族地区政府在能力建设方面还存在不少问题,从不同的方面影响到民族地区的综合发展。经济是民族地区建设发展的基础,也是发展的重点,然而,民族地区政府的经济管理能力还不能地适应现实需要。政府的宏观调控机制与市场经济的调节机制没能很好地衔接起来,以至于经常出现"该管的不管,不该管的乱管"的现象,政府宏观调控的作用被弱化。在政策制定与执行环节上,与建立全国统一的社会主义市场经济体系的要求相比,民族地区在制定地方性经济政策上明显滞后,有关政策缺少量化和可操作性,致使国家的许多大政方针或比较原则的政策规定得不到最大限度的贯彻落实。在行政管理环节上,由于地方政府在机构设置和职能定位上未能很好地适应市场经济体制的运作程序和变化,加之受条块分割、部门利益的影响,政府行政部门在促进市场经济发展方面的作用还没有充分地发挥出来,政府决策和执行缺乏透明度,规范化管理和法制化程度偏低等,诸如此类问题直接影响着地区经济发展②。

政府的决策能力以及经济发展模式选择能力会影响到民族地区的生态环境和可持续发展能力。我国民族地区在生态区位上,大多地处生态环境脆弱带,如青海、西藏,合理开发与否将直接影响国际河流和我国大江大河水源及其流域的生态环境状况;新疆、宁夏、内蒙古地区沙漠化、草场退化严重,属我国生态环境综合治理的重点地区;云南、贵州、广西所在的云贵高原,水土流失

① 莫蓉:《公务员制度与少数民族干部队伍素质的提高》,《广西民族学院学报》2000年第4期,第113页。
② 梁艳菊:《对民族地区政府职能转变的思考》,《中国行政管理》2001年第12期,第44页。

严重。这些地区具有生态上的脆弱性,稳定性差,抗干扰能力弱,可以恢复原状的机会小。所以,民族地区的发展过程中,要特别注重生态环境的保护,这对于我国生态可持续性具有极为重要的意义。但由于民族地区区域经济基础薄弱,教育科技落后,在经济增长方式上过多地依赖于对资源的开发、利用,而且这种开发、利用因为缺乏技术支持和长远规划,往往造成对资源的破坏性开发、使用,保护和更新方面做得远远不够。这势必造成资源的过度利用和掠夺性开发,引起草场退化、土地沙化、土壤盐碱化、地力减退,不仅使有限的矿产资源得不到合理利用,而且引起严重的环境问题。据研究,我国土地资源生态环境质量较差、难以生存土地,占全国土地资源总面积的53%,主要分布于民族地区,其中最差的一级地,新疆、青海和西藏就占全国的99.1%。[①] 再加上人口增长快,经济贫困和长期的资源价格体系的扭曲,致使对自然资源和自然环境的非持续利用和掠夺性开发,结果贫困、环境和发展陷入了一种"恶性循环"状态。

就农牧业发展来看,由于政府的督导力量不够,致使牧民自发争夺天然草场资源,过度放牧,草场的再生能力和载畜能力大大降低:牧草变得稀疏低矮,产草量降低;草质变坏,草群中优良牧草减少,杂草、毒草增加;生态环境恶化,旱化、沙化、盐渍化等严重;草原植被覆盖度降低,相应地造成草原涵养水源、保护水土的能力减弱,水土流失加重。由于草原退化,导致我国草地畜牧业单位面积生产效益很低。目前,我国草地单位面积产肉量仅为世界平均水平的30%。内蒙古锡盟草原和青海环湖草原,由于牧民抢着在夏秋草场上过度放牧,不仅直接导致草场退化,而且也加速了整个草场的持续退化。内蒙古锡盟草场2.9亿亩,可利用草场2.6亿亩,已有60%的草场退化。西藏8亿亩可利用的草场中35%已经退化,5000万亩沙化。青海省可利用天然草场面积5亿多亩,约有90%的草地出现不同程度的退化。[②] 一旦失去草原,草原畜牧业无

---

① 马林、杨玉文:《民族地区经济可持续发展刍议》,《中央民族大学学报》2006年第3期,第42页。

② 刘海威:《西部民族地区生态环境保护与社会经济可持续发展》,《青海民族学院学报》2005年第4期,第75页。

从谈起,牧民脱贫致富将成为一句空话。而且,对于少数民族成员来讲,生态环境是民族文化产生和发展的基础,生态环境的恶化既会危及到民族文化的传承与发展,也会影响到民族地区的可持续发展。

温家宝指出:"解决民族地区的困难和问题,缩小民族地区与其他地区的差距,归根到底要靠发展经济。一是加强道路、通讯、通电等基础设施建设。各级政府都要给予支持,中央财政性建设资金和政策性银行贷款,要增加这方面的比重。二是发挥民族地区特有优势,加快发展农牧业、农牧产品加工业、旅游业等特色经济和优势产业,科学规划、合理开发矿产资源。国家重要资源开发项目要向民族地区倾斜。三是加快体制机制创新,进一步扩大开放。沿边民族地区要利用地缘优势,发展边境贸易,办好边境经济合作区。四是处理好经济发展与生态环境保护的关系,搞好生态建设和环境保护。国家要建立生态环境保护和建设补偿机制。五是加大民族地区扶贫开发力度,特别要加大对特困民族地区、边疆民族地区的支持力度。"[①]新世纪新阶段的经济发展任务对民族地区政府能力建设提出了要求,指明了方向。

民族地区的发展任务重,所面临的现实困难多,在生产方式和生活方式方面又受到自然条件的制约,因此,民族地区的各级政府在引领当地经济社会发展方面承受着诸多考验,这就要求民族地区政府不断适应发展需要,动员群众,开拓创新,领导和团结当地各族人民走一条永续发展的生态路、人与自然关系和谐的发展路。

(三)区域和谐和社会和谐对政府能力建设的要求

在构建和谐社会的进程中,政府与社会的关系、政府与个人的关系面临着空前的全面转型,在这样的关系转型中,政府的决策行为居主导地位。区域和谐和社会和谐要求民族地区政府加快转型,以适应建设和谐社会的需要,发挥主导作用。

1.从管理走向服务

伴随着社会发展,社会中的组织和公民正在成为有主体资格和独立行为

---

① 温家宝:《贯彻落实科学发展观 加快少数民族和民族地区发展》,新华网 2005 年 5 月 28 日。

能力的服务对象,成为政府行政环绕运行的中心。这就使行政管理从以往自上而下的强制性管理逐步向服务性管理转变。在这种情况下,政府的管理过程被视为一个服务的过程。民族地区的各级政府是党和国家各项民族优惠政策的"输出口",代表着党和国家对民族地区和少数民族发展的关心和支持,因此,民族地区政府人员应该深入基层,服务一线,将资源、信息、政策、项目送到村庄、山寨、游牧点,让民族地区的广大群众普遍地受惠于党和国家的各项政策。民族地区政府通过由管理向服务的转型,将政策效益、效果和效率向民族地区的整个社会传送,能够拉近干部和群众、政府和百姓的距离,强化民族地区的社会整合,提升民族地区的社会内聚力。

2. 从全能走向专能

在社会转型过程中,纠纷和矛盾不断增加,这给政府工作带来了前所未有的压力,也促进了政府对自己角色的反省。这种反省突出地体现在两个方面:一是对政府管理内容的重新认识,一是向政府行政管理的专业化方向发展。政府越来越意识到,不能简单地把满足社会的所有需要归结为政府管理的内容。政府管理的内容只能是社会需要而政府又能加以满足那一部分。另外还需要指出的是,即使是政府能够加以满足的社会需求,也不一定就成为政府管理的内容。因为政府实现其工作内容是需要投入的,而这种投入是一种社会负担。如果某种社会需求能够通过一般社会组织及其运行机制更经济有效地加以满足,人类理性将选择一般社会组织及其运行机制而不是选择政府。这不仅符合经济上的效益原则,也符合政治上的民主原则。因而,只有那些只能由强制性的权力才能满足的社会需求,才有充足的理由成为政府管理的内容。管理内容的重新定位促进了政府专能化、专业化发展,"有所为,有所不为"越来越成为各级政府职能转变的准则。随着社会化大生产以及市场机制的发展,客观上要求政府按照经济社会发展的内在规律来管理国家和社会,政府宏观控制经济、综合管理社会、多方面地为社会提供服务的职能日益突出,政府公务的专业化要求亦不断提高。

在民族地区和谐社会的构建进程中,无论是发展特色经济、绿色经济、生态经济,还是有效地调处民族关系,促进民族团结,或者是进行民族地区文化多样性建设,都对民族地区政府提出了新的要求,那就是既要精通政策,又要具备专业知识或理论。专业化建设已经成为民族地区政府能力建设的重要方面。

3. 从政社合一逐步走向政社分开

即政府逐渐从社会、经济、文化等非政府活动领域中抽身退出。在这一过程中,政府的改革主要反映为审批权限下放。审批是计划经济体制下政府管理社会经济的基本手段和方式,在政社合一的体制中这种配置社会资源的方式造成重复建设,资源浪费,效率低下。改革政府审批权限,就是详细明确政府审批的范围:关系到社会稳定,国计民生,可持续发展的战略目标和战略重点等方面,项目审批坚持从严从紧;而属于企业自主权,属于市场行为范围的或应由中介组织处理的,就下放权力。应由市场决定的就要采取诸如招标、拍卖和抽签等公平竞争的方式来进行。这些改革举措有力地促进了社会的自我发展,提高了政府管理的效率和水平,使政府与社会的关系从政社合一逐步走向政社分开。

民族地区行政区管理区域广大,权力集中,事务繁杂,在快速发展中需要办理的行政手续相对增加。另一方面,民族地区政府建设的革命化、年轻化、专业化任务重,行政人员的素质与能力亟待提高。为了处理好社会行政事务繁重与政府人力、能力有限的矛盾,民族地区政府必须要转变的观念就是分清职责、权力下放、提高效率,坚持政府建设与社会建设同步,把应该交由社会办理的事务交给社会,政府专心办好自己该办的事务。

(四)政府能力与社会的相互作用处在动态发展中

社会,就其外在形态而言,是人类与自然环境以及人和人之间有机结合而形成的共同体;就其内在本质而言,是以生产关系为基础的各种社会关系的总和。从理论上讲,和谐社会就是全体成员各尽其能、各得其所而又和谐相处的社会,是构成社会的诸要素良性运行和协调发展的社会。政府处在社会之中,能够主导社会的发展,但又要不断地适应社会对政府提出的要求。政府与社会的关系处在动态发展之中。和谐社会建设要求政府不断提高能力,政府运用自身能力不断推动社会走向和谐。

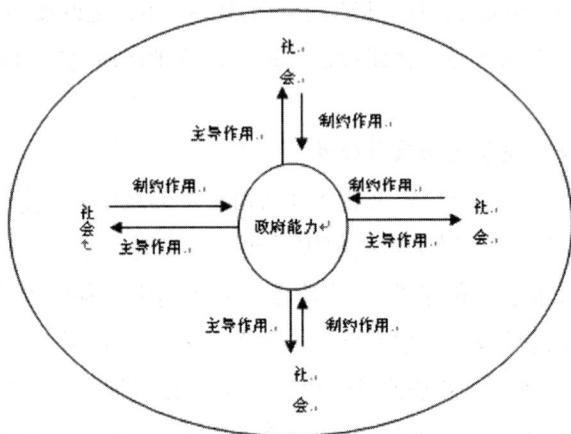

政府能力与社会互动关系图

在和谐社会的构建进程中,民族地区政府对民族地区社会发展具有主导作用。民族地区政府通过对国家权力的行使管理民族地区社会,影响着民族地区社会的存在和发展。民族地区政府通过整合社会矛盾,解决纠纷,维护社会共同体;通过安排社会建设,促进社会发展进步。政府行使管理社会的职能,使政府价值得以实现。政府是为社会利益而存在的,也只有维护社会稳定、促进社会发展,政府才有其存在的合理性。政府在治理社会的过程中能够发挥交流功能、整合功能、导向功能,同时通过发挥社会管理和公共服务职能为社会提供社会治安保障,维持稳定、有序的社会秩序;为社会成员提供基本生活保障,维护社会成员的生存权;为社会提供应急保障,保护社会成员生命和财产的安全;提供公共环境保障,提高社会成员的生活质量。

民族地区社会通过监督民族地区政府发挥对政府的影响和制约作用。由于政府所行使的公共权力本质上是社会授予的,政府存在目的也在于社会利益本身,社会也就有理由监督政府职能的行使和公共权力的运用。社会对政府进行监督,在于促进政府履行管理和维护社会的职能,保护自己不受特殊化了的公共权力的侵害。社会对政府行为的监督关键在于监督政府是否依法行政。当前,民族地区社会可以借助信访制度、行政复议、行政诉讼、国家赔偿以及听证制度等实施对民族地区政府的监督。

第七章 民族地区政府能力与
和谐社会的实证研究

"和谐社会"是一个定性概念。怎样才算和谐？不同地区、不同历史阶段都有不同的认识。就当前的发展阶段来看，民主法治、公平正义、诚信友爱、充满活力、安定有序、人与自然和谐相处，这六方面全面阐述了和谐社会的基本特征，是未来社会发展的目标和方向。"政府能力"亦是一个动态的、变迁的概念，它与社会环境、政府自身现状等紧密相连，不同时期的社会发展需要政府具有不同的"能力"。随着社会转型的加剧，社会问题的不断涌现等，和谐社会构建是理论与现实的必然与应然。与之相适应，相关政府能力的提升也是当前政府行政的应然。

将政府能力问题放到和谐社会背景下进行探讨，既有助于科学研究与中国现实情况的结合，又可以为政府制定政策提供参考，具有理论和现实双重意义。前文通过评价体系的构建实现了对政府能力的定量研究，同样，对和谐社会的描述也是可以通过构建衡量和谐社会建设进程的统计指标体系来实现的。如何在实证层面上进行政府能力与和谐社会的定量研究，即为本章研究的重点。

一、已有研究的回顾

社会主义市场经济体制政策的确立加快了经济发展步伐，但也引起了社会结构、城乡结构调整之下的社会矛盾逐渐累积。解决上述矛盾的最好办法就是逐步建立公正与平等社会环境，即社会主义和谐社会。社会主义和谐社会的构建是对政府能力建设提出的严峻考验，使政府在思想观念、指导方针和实际操作上都需要做出相应转变。

自和谐社会建设思想提出以来,国内许多学者从实证层面对和谐社会与政府能力展开了分析研究工作。

对于和谐社会的实证研究,当前理论界集中体现在从各自的学科视角进行和谐社会指标体系的设计、提出设计原则、构建相应指标集、研究指标权重确定方法、确定测量和谐社会可用模型。这应该理解为是研究和谐社会评价指标体系的初期阶段。学者还指出,和谐社会评价内容应具有针对性,应尽量选择结果性指标,选择以人为本的指标,指标设置要有一定的灵活性,指标设计应坚持与日常工作重点相结合等评价原则,这才具有实践意义。

沈建钢(2006)在对常州市和谐社会的研究中,利用基层实践中已取得的科学成果,再结合十六届三中全会对建设和谐社会的要求,构建了一个 6 类25 个指标的和谐社会评价指标体系①。在这个体系中,沈建钢从人民富裕、社会安定、社会事业建设、社会公平、民主政治和生态环境 6 个层次描述和谐社会水平。其中人民富裕层次包含人均地区生产总值、居民收入水平、居民住房面积、恩格尔系数和信息化程度 5 个指标;社会安定层次包含城镇登记失业率、全年物价上涨指数、企业退休人员社会化管理率、群众信访办结率、群众对社会治安满意率和突发性公共事件应急体系覆盖率 6 个指标;社会事业建设层次包含文化教育、医疗卫生、社会保障和交通便捷 4 个指标;社会公平层次包含国民幸福指数、基尼系数和城乡居民收入比 3 个指标;民主政治层次包含社会自治达标率、社会诚信度及群众对党和政府满意度 3 个指标;生态环境层次包含环境质量综合指数、城市绿化覆盖率、生活垃圾无害化处理率和单位GDP 能耗 4 个指标。

该评价体系关注了弱势群体的利益诉求,基本完成了锦上添花与雪中送炭的统一;此外,除第一类外,其他指标都是从不同角度考察社会综合发展水平,即将关注点放在社会综合发展而不仅仅是经济指标的增长,这是很有进步意义的。但同时,该体系中指标类别的划分还有不成熟之处,部分指标所携带

---

① 沈建钢:《常州构建和谐社会的评价指标体系》,《常州工业学院学报》2006 年 12 月,第 91 页。

信息十分接近。例如国民幸福指数这一指标本身就是一个复合指数,涵盖了人民富裕、社会建设、社会公平、社会安定、民主政治、生态环境各方面,单纯用其反映社会公平水平,还是有待商榷的,这也是该文需要进一步完善的地方。

王凤军(2007)认为通过构建指标体系可以从系统角度对研究对象进行抽象和刻画。和谐社会评价指标体系重在反映社会的和谐、稳定、文明程度。因此,可以依据十六届三中全会有关内容,从民主法制、公平正义、诚信友爱、充满活力、安定有序、人与自然和谐相处6方面阐述和谐社会的基本特征。其中衡量民主法制的指标有公民参政率、自由参选率、居民对实现自身民主权利的满意度、政协人大会议提案数及办结率、法制健全及透明度、政务信息公开率、接待来信来访人次、群众来信来访办理率。衡量社会公平的指标有基尼系数、城乡收入差距、地区经济发展差异、社会保障覆盖率、贫困发生率及救助情况、义务教育普及率。衡量社会活力的指标有人才资源数、专利申请量、万人注册商标数、科学发展竞争力、研究与开发(R&D)经费占 GDP 的比重、高技术产品产值占 GDP 的比重、教育文娱支出占消费支出比重、公众生活质量水平。衡量社会安定有序的指标有:基层平安创建合格率、万人各类事故死亡数、社会治安处罚人数、刑事案件立案数、刑事犯罪率、越级上访年下降率、公众社会治安满意度、居民安全感指数。衡量人与自然和谐发展的指标有森林覆盖率、人均绿地面积、人均耕地面积、空气质量优良率、城市噪音达标率、生活污水及生活垃圾处理率、城市污水集中处理率、工业三废治理率、工业固体废物综合利用率、能源消耗生产率、万元 GDP 综合能耗、环保投入占 GDP 比重、环境污染治理投资额、环境质量综合指数、自然保护区面积占辖区面积比重等指数①。

王凤军对和谐社会评价体系的研究中,引用了很多复合指标和比重类指标,可以更加准确表达和谐社会的实质。文中对大部分指标进行了深度剖析,不仅解释了其表现形式,而且解释了其对和谐社会建设的重要作用,是和谐社会理论与实践的很好结合。但是,文中有些指标如法制健全透明度、居民对自

---

① 王凤军:《和谐社会的评价指标体系》,《统计与决策》2007 年第 2 期,第 59 页。

身民主权利的满意度等并非广泛统计的指标,这就为实际操作增加了难度。

李永君(2007)认为科学地评价和谐社会最重要的是制定标准。制定标准的关键有二:一是如何确定评价项目,即把哪些工作列入考评序列,二是如何确定量化标准,即如何对评价项目给出权重分值。在确定评价项目上,李永君认为和谐社会评价应包括五大类:社会发展程度、社会公平程度、社会保障程度、社会安定程度、社会文明程度。其中第一类包含3个亚项14个子项,第二类包含3个亚项9个子项,第三类包含3个亚项12个子项,第四类包含3个亚项8个子项,第五类也包含3个亚项及16个子项。通过分类别分层次的建立评价体系,作者做到总体与重点兼顾、静态与动态兼顾、客观与主观兼顾,因此可以很方便地指导实践①。

在确定量化标准方面,李永君认为可设定某一理想状态为目标值,根据各类评价项目达标情况及其在评价体系中的地位,设定不同权重。他的研究引入了权重的理念,兼顾了主观与客观的统一。但怎样确定权重是一个重要且复杂的问题,文中只有模糊的叙述,这不失为一个遗憾。

胡学锋(2006)在对广州市和谐社会建设的实证研究中,提出建立实证模型的三点原则:一要符合理论要求;二要反映突出问题,满足管理需要;三要具有可行性。评价指标选取上,作者考察了四类22个指标。第一类是社会和谐,包括万人刑事立案件数指数、万人受理治安件数指数在内的等6个指标;第二类是经济和谐,包括人均国内生产总值指数、城乡居民收入指数等5个指标;第三类是自然和谐指数,包括建成区绿化覆盖率指数、市区人均占有公共绿地指数等8个指标;第四类是对外和谐指数,包括海关进出口总额指数、国际旅客出入境人数指数等3个指标。在分析过程中,作者选取了2000~2003四年的数据,体现了分析的连续性,符合社会发展的情况,也便于监测和谐社会建设的进程情况。作者采用的指标均为指数型数据,这就能够更好地监测和谐社会建设的动态情况。通过实证分析,作者得出的广州市和谐社会指数

① 李永军:《和谐社会,怎样才算和谐—关于建立社会和谐指数评价体系的初步构想》,《领导之友》2007年第4期,第25页。

呈逐年上升趋势的结论也就比较有信服力。

　　作者在最后提出,和谐社会评价体系建设要注重考察同类别中体现不同群体的指标,例如经济和谐中城市与农村居民收入水平差异,生态和谐中生产与生活的差异等等。值得本研究借鉴参考。

　　中国政法大学课题组在《和谐社会与政府能力建设研究报告》中,对和谐社会与政府能力实证评价体系提出了方针性建议。课题组从政府能力角度出发,认为首先要培育多元化的政府绩效评价主体,在现有研究和咨询资源的基础上,组建和培育权威性和专业性的评估主体;着力扶持和培育民间性和独立性的评价组织或机构;在体制内评价中,应着重推行"人大主导模式"。其次,要科学设计政府绩效评价指标体系。既要全面反映经济社会发展,又要充分发挥专家的作用,还应注意在总体一致的基础上体现各地区的差异性①。

　　中国政法大学课题组的研究注重了政府能力在和谐社会建设中的重要作用,同时关注了总体一致与各地区具体差别的统一,体现了共性与个性的统一,是值得本报告汲取的优点。

二、研究设计

　　通过构建评价体系可以定量研究民族地区政府能力水平。同样,对于民族地区社会和谐水平,也可以通过构建指标体系的方式探讨其结构和内涵。以此为基础,将和谐社会与政府能力两方面研究有机结合起来,探讨和谐社会与政府能力的内在联系,则是对以上两方面研究的深入拓展了。因此,具备可靠的基础以及有效的研究方法,对本章研究工作的开展非常重要。

(一)研究思路

　　研究思路是前面研究延续,也是整个研究的重要组成部分。这一部分是在其他学者已有研究成果的基础上,结合上文对政府能力的量化分析,本章的研究是按下面思路展开的:

---

　　① 中国政法大学课题组:《和谐社会与政府能力建设研究报告》,《中国行政管理》2005年12月,第78页。

1.采用前文研究得到的政府能力的结构和体系,构建一个完整的评价指标体系

在第四章中,本报告通过对32个指标逐步筛选,最终确定其中22个指标作为政府能力结构的要素参与到政府能力这个系统中来。在确定政府能力构成要素之后,又采用因子分析法从22个要素中提取了5个公因子,命名为经济社会调控能力、社会资源分配能力、未来发展规划能力、生态环境保护能力和区域协调发展能力。这5个公因子是对22个指标特征的抽象,其因子涵义也是通过各自包含的指标体现出来,为政府能力结构的第二个层次。至此,本报告构建了包括三个层次(其中第二层次由5个公因子构成,第三层次由22个指标构成)的民族地区政府能力结构模型。

对于民族地区政府能力的分析与评价,仅仅构建其能力结构是不够的,还需要在理论分解的基础上添加适合民族地区现实的元素。因此,在能力结构的基础上,本报告又运用层次分析法构建了包括目标层、准则层和指标层在内的民族地区政府能力评价指标体系模型,然后根据政府能力结构中各要素的重要程度,采用两两比较法确定了各评价指标的标准化权重,进而建立了民族地区政府能力评价指标体系。

前文所建立的这个评价体系是本章研究的重要组成部分。本章正是通过构建与之相匹配的和谐社会评价体系,与之相结合,开展政府能力与和谐社会的实证研究的。可以说,政府能力评价体系与本章欲建立的和谐社会评价体系即为实证研究的两个组成要素。

2.和谐社会的评价指标体系的构建

关于和谐社会评价指标体系的要素构成,本报告在综合上述学者相关研究的基础上,以国家统计局课题组《和谐社会统计监测指标体系研究》[①]为主要依据,确定本研究的和谐社会的评价指标体系。当然,在样本确定过程中同样采纳政府能力评价体系构建过程中的样本收集的相关原则和方法,亦汲取了其中的有益经验。评价体系权重的确定,则是采用国家统计局课题组确定权重的方法,即平均赋权法,这也是考虑到构成和谐社会评价体系的指标均非

---

① 　国家统计局课题组:《和谐社会统计监测指标体系研究》,《统计研究》2006年第5期。

常重要之结果。本报告中和谐社会评价体系与国家统计局课题组之体系仍有微小不同,表现在指标层上,这是由于部分指标没有具体到省级①,为保证研究的科学性而将之剔除所致,这部分指标的权重已平均分摊到该类其他指标上。和谐社会评价指标体系的构建是实证研究的重要组成部分,也是本章研究的重点之一。

3. 在以上两个评价体系基础上,通过实证层面探讨政府能力与和谐社会之间的关系

采取什么样的分析方法进行研究也是至关重要的。要评价和谐社会,就必须坚持社会评价及其标准的多层次、多视角的全面性和整体性,坚持社会多维评价角度和多维需要的统一和平衡。从和谐社会的本质来看,和谐应当是每个公民自我身心的和谐、人与人之间的和谐、人与社会的和谐、人与自然的和谐等等;就社会系统外部而言,评价社会和谐的标准首先应是人与人、人与自然关系的和谐程度;就社会系统内部而言,和谐社会标准应该是经济、政治、文化等各要素之间和谐发展。

总之,要评价一个社会是否和谐,要根据社会系统的各种关系层面进行整体性把握,还要注意定量分析与定性分析相结合。因为任何一种分析工具的作用都是有限的,计量方法也不例外,不可能期望仅仅靠某一种统计方法和有限的统计指标就能诠释出和谐社会的丰富内涵。因此,关于评价方法,本报告采用主观与客观相结合、定量与定性分析相结合的方法,力图通过这种方法反映出民族地区和谐社会主要特征和动态变化情况。由于是分析两个评价体系的相关关系,所以在计量工具的选择上则会采用对应分析、相关分析等计量分析工具。

(二)建立和谐社会指标体系的理论依据

和谐社会的评价体系先得要说明,并把体系列出表格来,以表示重点突出,上面的表格可以以叙述的形式,可以不列出表格。

和谐社会的评价体系先得要说明什么呢? 两点:一点是根据胡锦涛关于

---

① 国家统计局课题组对和谐社会指标体系的研究中集中在国家层面的。

和谐社会六个方面的论述,其实这就是统计局指标的基础;二点是关于统计局指标体系结构。

2004 年 9 月,中国共产党第十六届四中全会通过的《决定》中,明确提出了构建社会主义和谐社会的目标。至此,"和谐社会"作为拥有其特定内涵的概念,被引入到理论和实践领域中来。"和谐社会"的内涵如何、可以用哪些层面加以评判,成为理论或实证研究首先要确定的问题。根据胡锦涛同志的阐述,和谐社会的内涵包括民主法治、公平正义、诚信友爱、充满活力、安定有序、人与自然和谐 6 个方面。这一论述全面反映了和谐社会的本质,故本报告将其采纳作为和谐社会评价体系的组成部分——这也正是国家统计局课题组建立其指标体系的基础。

1. 民主法治

民主法治,即社会主义民主得到充分发扬,依法治国基本方略得到切实落实,各方面积极因素得到广泛调动[①]。民主反映了人类政治文明发展的大趋势。不同社会中民主的性质、内容和形式虽然各不相同,但其功能却是一样的,即要监督和制约公共权力,调整社会利益关系保持社会矛盾的平衡,达到长治久安。从这个意义上讲,民主是现代和谐社会最重要的元素。本报告从社会安全角度考察民族地区民主法治情况,落实到统计指标上即选用社会安全指数。

2. 公平正义

公平正义,即社会各方面的利益关系得到妥善协调,人民内部矛盾和其他社会矛盾得到正确处理,社会公平和正义得到切实维护和实现。公平和正义是社会文明进步的重要标志。机会平等是社会公平与正义的重要体现,是实现社会和谐至关重要的条件。和谐社会保证社会成员的基本权利保证他们享有大致相同的发展机会,保证他们都能够接受教育,都能够平等地参与社会生活。在和谐的社会环境里,只要社会成员具备相应能力,就有机会按照自己的

---

① 国家统计局课题组:《和谐社会统计监测指标体系研究》,《统计研究》2006 年第 5 期,第 25 页。

意愿得到相应的社会位置。本报告采用城乡居民收入比、地区经济发展差异系数和高中阶段毕业生性别比来考察民族地区公平正义水平。

3.诚信友爱

诚信友爱,即全社会互帮互助、诚实守信,全体人民平等友爱、融洽相处。一个和谐的社会,必须是一个诚信友爱的社会。如果说,和谐社会是用道德与法来维系的,其中道德的核心便是诚信友爱,就会形成发展社会、发展自然的共识,就会齐心协力解决来自社会与自然的挑战。在和睦相处的情况下,就能保持社会公共生活的安定有序,并维护人民大众共同的整体利益。因此,诚信友爱不仅是和谐社会里做人的准则,也是做事的基本准则。本报告用银行业主要金融机构不良贷款率和慈善捐款占 GDP 比重两个指标反映民族地区诚信友爱水平。

4.充满活力

和谐社会应当是一个充满活力的社会,是创造活力得到充分激发的社会。要激发全社会的创造活力,就要使一切有利于社会进步的创造愿望得到尊重,创造活动得到支持,创造才能得到发挥,创造成果得到肯定。在充满活力的和谐社会,一切积极因素得到最广泛最充分的调动,各行各业人们的创造力得到充分激发,社会的开放性和竞争的活力在政策上、制度上得到保证,一切劳动、知识、技术、管理和资本的活力竞相迸发,一切创造社会财富的源泉充分涌流,全体人民各尽所能、各得其所而又和谐相处。本报告采用人户分离人口比率、制造业新产品销售收入比重和万人专利数来衡量民族地区社会活力状态。

5.安定有序

安定有序,即社会组织机制健全,社会管理完善,社会秩序良好,人民群众安居乐业,社会保持安定团结①。人类若要和平相处,有效地从事各种活动,就必须保持着一定的社会秩序。安定有序是和谐社会的首要标志,它包括两个方面的层次:从宏观结构上来看,安定有序指政治、经济、文化以及意识形态

---

① 国家统计局课题组:《和谐社会统计监测指标体系研究》,《统计研究》2006 年第 5 期,第 25 页。

的稳定和有序,这几个方面形成了和谐社会的基本构架;从微观结构上来看,安定有序指政治、经济、文化、环境等内在结构的各个要素的相互协调和交融,合理相处,恰当配合,始终处于一种相互协调的状态和过程。本报告采用6岁以下儿童性别比、城镇调查失业率和基本社会保障覆盖率考察民族地区社会安定有序水平。

6.人与自然和谐

人与自然和谐相处,即生产发展、生活富裕、生态良好。生产发展、生活富裕、生态良好,三者内涵不同而又联系密切。生产发展是实现生活富裕的条件,离开发展,富裕无从谈起;生活富裕是发展的目的,脱离这个目的,发展就失去了意义;而保持良好的生态环境,则是实现生产发展和生活富裕所必须坚持的前提和不可缺少的保证。衡量人与自然和谐发展的指标比较多,本报告采用万元 GDP 综合能耗、森林覆盖率、耕地面积和环保指数考察民族地区人与自然和谐程度。

(三)和谐社会指标体系及部分指标说明

和谐社会指标体系结构上,本报告仍采用国家统计局课题组的结构模式,即将和谐社会划分为目标层(和谐社会)、准则层(6 方面内涵)和指标层三个层次结构。将所有指标按其所携带的信息量不同,分门别类划分到各个准则层上,就构成了本研究的和谐社会评价指标体系。该评价体系与政府能力评价体系在结构上是一致的,这也是本报告一致性原则的体现。为了方便以后的赋权工作,本章延续第五章方法,将评价体系各层次记不同标注。目标层即和谐社会,标注为 D;准则层有 6 个,标注为 $E_1 \sim E_6$;指标层有 16 个,标注为 $F_1 \sim F_{16}$。详见表 8 – 1。

表 8 – 1 民族地区和谐社会评价指标体系

指标层		准则层
和谐社会 D	民主法治 E_1	社会安全指数 F_1
	公平正义 E_2	城乡居民收入比 F_2
		地区经济发展差异系数 F_3
		高中阶段毕业生性别比 F_4
	诚信友爱 E_3	银行业主要金融机构不良贷款率 F_5
		慈善捐款占 GDP 比重 F_6
	充满活力 E_4	人户分离人口比率 F_7
		制造业新产品销售收入比重 F_8
		万人专利数 F_9
	安定有序 E_5	6 岁以下儿童性别比 F_{10}
		城镇调查失业率 F_{11}
		基本社会保障覆盖率 F_{12}
	人与自然和谐 E_6	万元 GDP 综合能耗 F_{13}
		森林覆盖率 F_{14}
		耕地面积 F15
		环保指数 F_{16}

建立一整套和谐社会评价指标体系是理论和实践上的一大课题,而指标体系的建立首先面临着确定哪些样本参与评价的问题。因此,样本的确定是指标体系有效与否的前提。要描述和反映一个社会的和谐发展程度,不仅需要使用像"收入"这样一类数量型指标,而且需要使用一些如"治安案件发案率"这样的比重型指标。另外,由于和谐社会涉及的面很广,除了使用客观性指标外,还需要使用一些主观性指标,同时也要兼顾实践与分析中的可操作性。

1. 社会安全指数

社会安全指数是一个合成指数,表示社会安全的状态。它是指一定时期内,社会安全的几个主要方面(交通安全、生活安全、生产安全等)的总体变化情况。本研究中,交通安全考察万人交通事故死亡率[1];生活安全考察万人火灾事故死亡率;生产安全考察万人工伤事故死亡率。

2. 城乡居民收入比

城乡差别过大是我国经济发展不平衡的主要表现之一。自 1985 年以来,城乡居民收入差距一直呈现逐步扩大的趋势,并已成为城乡发展不均衡的重要标志。十六大报告关于全面小康奋斗目标中特别提出要逐步扭转城乡差别扩大的趋势。城乡居民收入比是反映城乡差别的主要指标。城乡居民收入比是指城镇居民人均可支配收入与农村居民人均纯收入之比[2]。

3. 地区经济发展差异系数

地区经济发展差异系数是指各地区经济发展水平(人均国内生产总值)的差异系数。民族地区各地方之间的差异主要体现在经济发展水平上。用地区经济发展差异系数即可很好地反映地区间经济发展差异程度。地区经济发展差异系数是一个复合指数,其计算公式如下:

$$\sigma = \frac{\sqrt{\dfrac{1}{n}\sum_{i=1}^{n}(PCY_i - \overline{PCY})^2}}{\overline{PCY}}$$

其中,地区经济发展差异系数指记作 σ。n 为各省所涵盖的地级市数量[3],PCY_i 为该省第 i 个地级市的人均 GDP,$\overline{PCY}$ 为该省所有地级市的平均人均 GDP。

以 2005 年宁夏回族自治区为例,宁夏回族自治区省域范围包括银川市、石嘴山市、吴忠市、固原市和中卫市 5 个地级市,则上述公式中;各市 2005 年

---

① 含道路交通、水上交通、铁路、民航事故等。

② 受统计资料中统计口径差异所限,城镇统计口径为居民家庭人均可支配收入,农村则是农村居民人均纯收入。本报告问询了相关专家,又结合相关资料,认为该差异不会对分析结果造成影响。因此城乡居民收入比实则为城市居民人均可支配收入与农村居民人均纯收入之比。

③ 重庆市的地区经济发展差异系数相应采用重庆市辖 15 个区参与计算。即万州区、涪陵区、渝中区、大渡口区、江北区、沙坪区、九龙坡区、南岸区、北碚区、万盛区、双桥区、渝北区、巴南区、黔江区和长寿区。

的人均 GDP 分别为 20727 元、15052 元、8069 元、2973 元和 6490 元, 即 PCY_1

$= 20727, PCY_2 = 15052, PCY_3 = 8069, PCY_4 = 2973, PCY_5 = 6490, \overline{PCY} = \dfrac{\sum_{i=1}^{5} PCY_i}{5}$

$= 10662.2$。再应用以上公式, 得宁夏回族自治区 2005 年的地区经济发展差异系数 $\sigma = 0.5988$。

地区经济发展差异系数 σ 反映的是一个省内部各地区之间经济发展差异情况, σ 值越大, 各地区之间经济发展差异程度越大, 反之亦然。

4. 高中阶段毕业生性别比

性别平等是社会发展的重要组成部分, 也是衡量社会进步的尺度。只有两性平等协调发展, 社会才能更加和谐。可以反映性别平等的主要指标有: 女性就业人员比例、初中(高中)毕业生的女性比例, 等等。但是相比较而言, 女性就业人员比例这一指标只能反映城镇的情况, 不能反映农村情况, 而且其决定因素比较复杂, 其代表性差一些。男女生在接受教育方面的机会和权利应是平等的, 十六大报告也指出: "人民享有接受良好教育的机会, 基本普及高中阶段教育。"因此, 采用高中阶段毕业生性别比这一指标比较合理。高中毕业生性别比为高中毕业生中男生人数与高中毕业生中女生人数之比①。

5. 银行业主要金融机构不良贷款率

"银行业主要金融机构不良贷款率"是指我国银行业主要金融机构不良贷款占贷款总额的比重。金融是现代市场经济的核心, 经济诚信在很大程度上表现为金融行为的诚信, 而最具代表性的应是信贷诚信。反映金融诚信的指标较多, 不良贷款率是一个代表性指标, 而且该指标也具有较强的国际可比性。

6. 慈善捐款占 GDP 比重

慈善事业, 是扶贫济困的事业, 失业者、弱势群体和遭受各种天灾人祸的困难群体是其主要的受益对象。慈善事业经费主要来源于捐款, 捐款量决定

① 依据统计年鉴中解释, 高中毕业生不仅包括普通高中毕业生, 还包括中专、技校、职高等相当于高中程度学校的毕业生。

了慈善事业扶贫济困的能力。发展慈善事业有利于缓解不同社会阶层的对立情绪,弥合社会裂缝。发达市场经济国家的慈善事业都有相当规模和一定的规范性,如美国 2003 年的慈善捐款总计达 6700 多亿美元,占全美当年 GDP 的 9%,而我国的慈善捐款占 GDP 的比重不足 0.1%。因此需要提高对发展慈善事业的认识,大力提高慈善捐款占 GDP 的比重,可以促进社会公平、维护社会稳定、实现社会和谐。其计算方法如下:

$$慈善捐款占 GDP 比重 = \frac{年慈善捐款}{GDP} \times 100\%$$

其中,社会捐赠款额指各地区民政部门统计的民政部门直接接收捐赠款数额,不包括社会捐赠物资的折价,不包括间接接收捐赠情况;GDP 指当年地区国民经济生产总值。

7. 人户分离人口比率

劳动力流动对于促进城乡社会经济的发展、加强区域间的科技文化交流,繁荣和活跃市场具有非常重要的作用,是社会活力的重要体现。我们之所以选择人口流动率而不是劳动力流动率指标,主要是由于在流动人口中劳动力是主体,而且劳动力流动与依附于劳动力的人口的流动是同方向的,考察人口流动会比劳动力流动更全面。计算人口流动率的公式如下:

$$人口流动率 = \frac{调查时点流动人口数}{调查时点人口数} \times 100\%$$

其中,流动人口是指在调查时点居住在本乡、镇、街道,而户口在外乡、镇、街道的人口,也就是经常说的人与户籍分离的人口[①]。

8. 制造业新产品销售收入

新产品是指采用新技术原理、新设计构思,研制、生产的全新产品,或在结构、材质、工艺等某一方面比原有产品明显改进,从而显著提高了产品性能或

---

① 人户分离人口包括三类:住本乡、镇、街道,户口登记在外乡、镇、街道;离开户口登记地半年以上;住本乡、镇、街道,户口待定。

扩大了使用功能的产品。制造业①新产品销售收入比重,是指一国(或地区)一定时期内(通常是一年),制造业销售全部产成品、自制半成品和提供劳务等所取得的全部收入中,销售新产品实现的销售收入比重②。新产品销售收入占制造业销售收入的比重是衡量制造业现代化进程的非常有效的指标,是人的创造活力和经济活力的体现。其计算公式如下:

$$制造业新产品销售收入比重 = \frac{制造业新产品销售收入}{制造业销售总收入} \times 100\%$$

其中,制造业销售收入统计制造业主营业务收入,制造业新产品销售收入统计新产品主营业务收入。

9. 万人专利数

人的创造力既是人的活力的重要体现,也是国家经济活力和在国际上的竞争力的重要标志。申请并被批准专利技术的件数从一个侧面反映了一个地区的技术创新能力,是衡量活力的基本指标。万人专利数是指一定时期内每万人口中申请并被批准专利技术的件数。专利是专利权的简称,是对发明人的发明创造经审查合格后,由专利局依据专利法授予发明人和设计人对该项发明创造享有的专有权。包括发明、实用新型和外观设计三种类型③。其计算公式如下:

$$万人专利数 = \frac{国内专利申请授权量(项)}{人口总数(万人)}$$

其中,地区人口总数人口数为各年度全国人口变动情况抽样调查数据,未包含中国人民解放军现役军人的数据。

---

① 依据《中国高技术产业统计年鉴》解释,制造业包括医药制造业、航空航天制造业、电子能通信设备制造业、电子计算机及办公设备制造业和医疗设备及仪器仪表制造业五个行业。

② 该比重的计算见年鉴的有关指标解释说明。国家统计局、国家发展和改革委员会、科学技术部编:《中国高技术产业统计年鉴2006》,中国统计出版社。

③ 发明是指对产品、方法或者其改进所提出的新的技术方案;实用新型是指对产品的形状、构成或者其结合所提出的适于实用的新的技术方案;外观设计是指对产品的形状、图案、色彩或者其结合所做出的富有美感并适于工业上应用的新设计。

10.6 岁以下儿童性别比

人口是社会的基础,人口性别的和谐是保持社会稳定的重要内容,而且本指标具有很强的国际可比性。6 岁以下儿童性别比是指 0 – 5 岁人口中,男性人数与女性人数之比。公式如下:

$$6\ 岁以下儿童性比 = \frac{0 - 5\ 岁男性人口}{0 - 5\ 岁女性人口}$$

11. 城镇调查失业率

就业是民生之本,能否解决我国庞大人口的就业问题,实现比较充分的社会就业,不仅是关系群众切身利益的大事,而且关系到社会的长治久安和繁荣稳定。失业率是国际上通用的反映社会经济状况的最重要的指标之一,指某时点(期)失业人口与同时点(期)经济活动人口(即劳动力)之比。其中失业指 16 岁以上的城镇常住人口中,有劳动能力、调查期间未参加社会劳动、当前有就业的可能并正在以某种方式寻找工作的人员[①]。

12. 基本社会保障覆盖率

社会基本保障覆盖率是指已享受基本养老保险和基本医疗保险(含新型农村合作医疗制度)人口占政策规定应享受人口的比重。建立和完善社会保障体系,不仅是关系到广大人民群众能否过上安居乐业、老有所养、病有所医的小康生活,还是我国经济结构战略性调整的必备条件。在社会保障各项目中,基本养老保险和基本医疗保险与群众关系最为密切,因此我们选择基本养老保险和基本医疗保险两项基本社会保障覆盖率来反映社会保障的状况。计算公式为:

$$基本社会保障覆盖率 = \frac{已享受基本养老保险的人数 + 已享受基本医疗保险的人数}{应享受基本养老保险的人数 + 应享受基本医疗保险的人数} \times 100\%$$

应参加基本养老保险和基本医疗保险的范围包括:城乡全部劳动力和离

---

① 这是国际通行的失业统计定义。

退休人员。其中,养老和医疗应保人数是当年末就业人数与离退休人数之和。养老参保人数是企业参保人数、其他参保人数、乡村参保人数与国有机关事业单位职工人数之和。医疗参保人数是企业参保人数与国有机关事业单位职工人数之和。

13. 万元 GDP 综合能耗

万元 GDP 综合能耗是指在一定时期内(通常为一年),每生产万元 GDP 消耗多少吨标准煤的能源。

$$万元\,GDP\,综合能耗 = \frac{全年能源消耗量(吨标准煤)}{全年内全国\,GDP(万元)}$$

14. 森林覆盖率

森林覆盖率[①]是反映一个国家或地区森林覆盖程度的重要指标。森林覆盖率的大小在很大程度上说明当地林业发展状况和森林效益的好坏。发达的林业,森林覆盖率的提高也是国家富强、民族繁荣、社会文明的重要标志之一。一般来讲,森林覆盖率达到30%以上,对当地气候有较好的影响。1994 年世界平均森林覆盖率为30.7%,其中,亚洲为20%,北美洲和南美洲分别为40.5%和48.3%,欧洲为33.6%,大洋洲为23.7%,非洲为24.3%。我国2000年的森林覆盖率仅为16.55%,远低于世界平均水平,因此提高森林覆盖率是一个紧迫的任务。

15. 耕地面积

耕地是重要的国土资源,在农业生产中具有特殊的地位,它是农业生产中最主要的不可代替的基本生产要素,直接影响到农产品产量和人均占有水平。我国是一个人多地少的人口大国,保护耕地是一项基本国策,合理使用耕地也是一件关系农业生产发展的大事。有资料显示必须保证人均 1 亩常用耕地,才能实现粮食基本自给和保障粮食安全。因此,耕地面积是考察社会和谐及

---

① 森林面积包括郁闭度 0.2 以上的乔木林地面积和竹林地面积,国家特别规定的灌木林地面积、农田林网以及四旁(村旁、路旁、水旁、宅旁)林木的覆盖面积。郁闭度:是指林冠的投影面积与林地面积之比,是判定森林的重要标准。

政府能力的重要指标。

16. 环保指数

"十六大"提出的全面小康目标,环境的改善是重要方面之一。由于我国正处于工业化发展的初期,从世界发达国家的发展历程考察,在这一阶段,环境处于逐渐恶化时期,因此,制定有效的环境质量定量描述和评价监控指标,并以此为基础,指导环境的治理工作,监测环境的改善程度,是保障全面小康目标的顺利实现的重要内容。环保指数是一个复合指标,它由工业废水排放达标率、省会城市空气质量好于二级天数占全年比重、工业固体废弃物综合利用率3个指标按平均赋权的方法设定权重计算得出。可以很好地反映民族地区环境保护工作进展情况。其计算公式为:

$$环保指数 = 工业废水排放达标率 \times \frac{1}{3} + \frac{省会城市空气质量好于二级天数}{365}$$
$$\times \frac{1}{3} + 工业固体废弃物综合利用率 \times \frac{1}{3}$$

三、样本筛选、数据收集与整理

(一)数据筛选原则

样本数据是组成整体的细胞。选择优质的样本不仅可以提高分析的有效性,还可提高决策和执行的力度。参与本章分析过程的样本中有一部分是来自前文中的成熟数据,在这里不赘述。因此此处所说的样本选择和数据来源,指构成和谐社会指标体系的样本数据。这部分数据的选择遵循前文数据选择过程中的相关原则,主要包括:

(1)动态性。和谐社会是个理想的远大目标,其建设是个漫长的过程。指标体系既要反映某一时点的和谐程度,也要反映随着社会的发展,和谐社会建设的进程情况,做到稳定性和动态性相结合、现状与趋势相结合。

(2)与前文指标体系保持一致。在本章研究中,和谐社会指标体系是与民族地区政府能力指标体系紧密联系的部分,因此,和谐社会指标体系中的一些指标与政府能力指标相同,但所属分层指数不同,因而其所表示的含义也不尽相同。在确定这些指标的标准值时,就要保持与政府能力指标体系的协调一致。

(3)可操作性。理想的反映和谐社会的指标应是主观与客观指标的统一,但实际上许多指标看似很好地反映和谐社会水平,但在操作层面上不可得或是不健全。选用这样的指标不但不利于科学地开展分析,还会降低分析的有效性,得不偿失。

(二)数据收集与整理

在以上原则指导下,本报告选取权威统计资料数据,时间跨度为2004、2005、2006三年,以此为计量分析的有效性和动态性打下基础。具体数据来源如下:

1. 民主法治

民主法治类主要包括四个指标,其中交通事故死亡率没直接指标,本报告通过计算交通事故死亡人数与地区人口总数之比得出;交通事故死亡人数取自《中国统计年鉴》2004～2006年。火灾死亡率同样通过计算火灾死亡人数与地区人口总数之比得出;火灾死亡人数取自《中国安全生产年鉴》2004～2006年。同理得工矿企业伤亡率;工矿企业伤亡人数也取自《中国安全生产年鉴》2004～2006年。

2. 公平正义

公平正义类包括城乡居民收入比、地区经济发展差异系数、高中阶段毕业生性别比三大类,共涉及城镇居民人均可支配收入、农村居民人均纯收入、人均GDP、高中毕业男生数和高中毕业女生数五个指标。前三个指标取自《中国区域经济统计年鉴》2004～2006年。高中毕业男生数和高中毕业女生数通过《中国教育统计年鉴》2004～2006年中相关数据计算取得。

3. 诚信友爱

该类包括银行业主要金融机构不良贷款率、地区GDP和社会捐赠款额3个指标。其中银行业主要金融机构不良贷款率取自《中国金融年鉴》2004～2006年;社会捐赠款额取自《中国民政统计年鉴》2004～2006年;地区GDP取自《中国统计年鉴》2004～2006年。

4.充满活力

该类包括人户分离人口比率、制造业新产品销售收入和万人专利数 3 个指标。涉及人户分离人口数、医药制造业主营业务收入及新产品主营业务收入、航空航天制造业主营业务收入及新产品主营业务收入、电子及通讯设备制造业主营业务收入及新产品主营业务收入、电子计算机及办公设备制造业主营业务收入及新产品主营业务收入、医疗设备及仪器仪表制造业主营业务收入及新产品主营业务收入①、专利申请授权量和地区总人口。其中,人户分离人口数计算的是①住本乡、镇、街道,户口登记在外乡、镇、街道,②离开户口登记地半年以上,③住本乡、镇、街道,户口待定三类流动人口数之和,数据来源为《中国人口统计年鉴》2004～2006 年。地区人口总数来源《中国人口统计年鉴》2004～2006 年。医药制造业、航空航天制造业、电子及通讯设备制造业、电子计算机及办公设备制造业、医疗设备及仪器仪表制造业的主营业务收入及新产品主营业务收入均来源于《中国高技术产业统计年鉴》2004～2006 年。专利申请授权量取自《中国区域经济统计年鉴》2004～2006 年。

5.安定有序

该类包括 6 岁以下(不含)儿童性别比、城镇调查失业率、基本社会保障覆盖率三个指标,涉及 0～5 岁男性人口数、0～5 岁女性人口数、城镇调查失业率、已参加基本社会保障人数、应参加基本社会保障人数等指标。其中,0～5 岁男性人口数及 0～5 岁女性人口数取自《中国人口统计年鉴》2004～2006 年。城镇调查失业率取自《中国区域经济统计年鉴》2004～2006 年。已参加基本社会保障人数取自《中国劳动和社会保障年鉴》2004～2006 年,应参加基本社会保障人数根据其定义,通过计算城镇单位就业人员数、离退休人员数、农村就业人员数之和得出,这三个数据均来源于《中国劳动和社会保障年鉴》2004～2006 年。

---

①　依《中国高技术产业统计年鉴》中统计指标解释,制造业统计口径即为医药制造业、航空航天制造业、电子及通讯设备制造业、电子计算机及办公设备制造业及医疗设备及仪器仪表制造业五个行业。

6. 人与自然和谐

该类包括万元 GDP 综合能耗、森林覆盖率、耕地面积和环保指数 4 个指标,涉及万元 GDP 综合能耗、森林覆盖率、耕地面积、工业废水排放达标率、省会城市空气质量好于二级天数占全年比重、工业固体废弃物综合利用率 6 个指标。其中,万元 GDP 综合能耗的 2005 年数据取自《中国统计年鉴 2006》,其 2004 及 2003 年数据则是根据《中国能源统计年鉴 2005》中相关数据计算得出;森林覆盖率取自《中国统计年鉴》2004 ~ 2006 年;耕地面积取自《中国农业年鉴》2004 ~ 2006 年;工业废水排放达标率、省会城市空气质量好于二级天数占全年比重、工业固体废弃物综合利用率取自《中国环境年鉴》2004 ~ 2006 年。

四、民族地区政府能力与和谐社会的实证分析

前文已对民族地区政府能力结构进行了因子分析,虽然可以确定地区之间政府能力水平,但是不能完全揭示每一个地区政府能力与和谐社会水平之间的关系状况。和谐社会建设是个动态的漫长过程。科学构建和谐社会指标体系并使之与政府能力进行综合分析是模型设计的基本思路。事实上,综合分析的目的是总结成绩,寻找差距,克服不足,以保证政府能力建设朝着和谐社会这一方向前进。因此,在比较中科学判断和谐社会与政府能力的内在关系,评价和谐社会与政府能力建设水平,即是本节主要目的。基于这样的思路,再结合前文确定的定性与定量分析相结合的基本出发点,本报告采用回归分析法及对应分析法作为主要的实证分析方法。

(一)观测量预处理

1. 替补缺失值

对于民族地区政府能力结构体系的缺失值处理见第四章。关于和谐社会评价指标,在确定指标之初就兼顾了可操作性及有效性,因此,缺失值不多。主要存在以下缺失情况:

(1)银行业主要金融机构不良贷款率。该指标缺失主要由于统计资料中对应数值的缺失,尤其是 2003 年,该指标还未列入各省金融业统计公报的必

备项目,因此缺失较多。本报告从其他统计资料中填补了其中一部分,但仍有小部分缺失。

(2)单位 GDP 综合能耗。这个指标是从 2005 年才开始统计的,也就是说 2004、2003 两年数值不可能直接得到。单位 GDP 综合能耗的计算方法是用地区总能耗(换算成吨标准煤)除以地区 GDP(万元),这两个指标是可以得到的。因此,本报告对 2003、2004 年单位 GDP 综合能耗的弥补方式是采用相关数据自行计算填补。

(3)地区经济发展差异系数。这个指标是通过各地级市的人均 GDP 来计算其所在省的地区经济发展差异系数的。在各地级市人均 GDP 指标中,西藏 2005 年和 2004 年的各地级市人均 GDP 缺失,陕西省 2004 年和 2003 年的各地级市人均 GDP 缺失,因此地区经济发展差异系数这一指标就缺失西藏 2005 年、西藏 2004 年、陕西 2004 年和陕西 2003 年四个数值。这四个缺失值占所有观测量的比例是非常小的。

通过对缺失数据做缺失模式分析[①],得整体缺失模式为随机缺失,缺失观测量共 28 个,总体缺失率为 4.9%。缺失率较低,即认为样本缺失对分析的有效性没有影响,缺失类型又为随机缺失,故采用系列均值替补的方法就可以很好地解决问题,也不会影响分析的有效性。用 SPSS13.0 替补缺失值,过程同第四章相关内容,不赘述。

2. 无量纲处理

首先,将政府能力评价体系和和谐社会指标体系合并为一张列联数据表。行变量定义为"地区",列变量定义为"指标"。

然后,对列联表中数据作无量纲处理,以消除量纲差异给分析带来的影响。对于正向指标,采用指标除以序列最大值的方式消除量纲,计算公式为:

$$x_{ij}^{*} = \frac{x_{ij}}{Maxx_i}$$

---

① 详见第四章。

为了保证数据的有效性,本报告在作无量纲处理时,取某一年度某一指标的序列最大值参与本年度该序列无量纲处理,即对某一指标的三个年度分别作无量纲处理,以便消除时间跨度差异带来的误差。

逆向指标是指指标方向与本研究考察目的相悖的那部分指标,包括初中辍学率、城乡差距指数、社会安全指数、城乡居民收入比、地区经济发展差异系数、高中阶段毕业生性别比、银行业主要金融机构不良贷款率、6 岁以下儿童性别比、城镇调查失业率、万元 GDP 综合能耗 10 个指标。对这 10 个指标,本报告采用序列最大值除以指标的方式,在消除量纲差异的同时完成同向化处理。其计算公式为:

$$x_{ij}^* = \frac{Maxx_i}{x_{ij}}$$

同上,对于逆向指标的无量纲和同向化处理时,仍按年度分别取最大值参与计算。

3. 和谐社会的评价指标体系

要研究政府能力与和谐社会之间的关系,这里要确定民族地区政府能力和和谐社会的指标体系。民族地区政府能力评价指标体系的建立已经在第四和第五章中进行了详细的说明。和谐社会指标体系及指标的权重均采用了国家统计局课题组《和谐社会统计监测指标体系研究》一文中对应指标权重的确定[①],同时,根据民族地区的实际情况对指标进行了必要的调整。其中,公民自身民主权利满意度、廉政指数、基尼系数、合同违约率、消费者投诉率、基层选举投票率、企业注册万人注册商标数、居民生活满意度等 8 个指标未被本研究采用,故将它们的权重平均分配到其所在准则层其他指标上;本研究指标体系中的"环保指数"、"人户分离人口比率"与《和谐社会统计监测指标体系研究》中环境质量指数、人口流动率含义接近,故其权重就采用环境质量指数和人口流动率的相应权重。民族地区和谐社会评价指标体系及权重见表 8 –

---

① 国家统计局课题组:《和谐社会统计监测指标体系研究》,《统计研究》2006 年第 5 期。

2。

表 8－2　民族地区和谐社会指标体系权重

目标层	准则层	指标层	权重
	民主法治 E_1(0.18)	社会安全指数 F_1(0.18)	0.18
	公平 正义 E_2(0.16)	城乡居民收入比 F_2(0.3)	0.048
		地区经济发展差异系数 F_3(0.4)	0.064
		高中阶段毕业生性别比 F_4(0.3)	0.048
	诚信友爱 E_3(0.16)	银行业主要金融机构不良贷款率 F_5(0.5)	0.08
和谐社会 D		慈善捐款占 GDP 比重 F_6(0.5)	0.08
	充满 活力 E_4(0.18)	人户分离人口比率 F_7(0.3)	0.054
		制造业新产品销售收入比重 F_8(0.3)	0.054
		万人专利数 F_9(0.4)	0.072
	安定 有序 E_5(0.16)	6 岁以下儿童性别比 F_{10}(0.3)	0.048
		城镇调查失业率 F_{11}(0.3)	0.048
		基本社会保障覆盖率 F_{12}(0.4)	0.064
	人与自然 和谐 E_6(0.16)	万元 GDP 综合能耗 F_{13}(0.25)	0.04
		森林覆盖率 F_{14}(0.25)	0.04
		耕地面积 F_{15}(0.25)	0.04
		环保指数 F_{16}(0.25)	0.04

4.计算各地区政府能力与和谐社会的分值

对每个指标赋予不同权重会得到带有权重的列联表,之后再将带有权重的、反映政府能力的 22 个指标按行求和,得民族地区政府能力得分,记为 $x_{i政}=\sum_{j=1}^{22}x_{ij},i_{政}=1,2,\cdots\cdots,36$。同理得和谐社会得分 $x_{i和}=\sum_{j=23}^{38}x_{ij},i和=1,2,\cdots\cdots,36$。两组行数列之和,即为每一地区该年在政府能力项目及和谐社会项目上的分值。和谐社会评价体系中的指标有一半(8 个)为逆指标,故作无量纲处理后的得分值多大于1,为了分析方便,也为了与政府能力项得分相统一,本报告进一步将和谐社会项得分""按比例缩小,使其值介于 0～1 之间①。将两个得分记为两组新的变量,即是本报告将要进行对应分析的数据,见表 8 - 3:

表 8 - 3　民族地区政府能力评价及和谐社会评价的分值

地区	政府能力项分值	和谐社会项分值	地区	政府能力项分值	和谐社会项分值
内蒙 2003	0.84	0.68	西藏 2004	0.64	0.41
广西 2003	0.79	0.73	陕西 2004	0.74	0.67
四川 2003	0.94	0.80	甘肃 2004	0.61	0.60
重庆 2003	0.80	0.92	青海 2004	0.69	0.47
贵州 2003	0.74	0.74	宁夏 2004	0.84	0.53
云南 2003	0.8	0.66	新疆 2004	0.78	0.54
西藏 2003	0.65	0.43	内蒙 2005	0.86	0.69
陕西 2003	0.81	0.88	广西 2005	0.74	0.72
甘肃 2003	0.67	0.61	四川 2005	0.9	0.75
青海 2003	0.72	0.48	重庆 2005	0.77	0.69
宁夏 2003	0.82	0.49	贵州 2005	0.63	0.62
新疆 2003	0.85	0.59	云南 2005	0.72	0.66
内蒙 2004	0.81	0.62	西藏 2005	0.72	0.43
广西 2004	0.74	0.74	陕西 2005	0.76	0.65
四川 2004	0.9	0.76	甘肃 2005	0.73	0.57
重庆 2004	0.75	0.81	青海 2005	0.69	0.45
贵州 2004	0.62	0.64	宁夏 2005	0.8	0.53
云南 2004	0.75	0.68	新疆 2005	0.75	0.52

对表 8 - 3 中民族地区政府能力评价与和谐社会评价后所得分值的说明,该分值是通过无量纲处理后的数值,所以它们各项的得分值都是一个相对其

① 方法同前述无量纲处理的方法,即将 $x_{i和}$ 的列最大值记为 1,其他得分值相应缩小为 x $ij^* = \dfrac{x_{ij}}{\max}$。

他指标(或者阈值)的一个相比较的值而已。即使其中一个值为1,或者接近于1,并不是代表该地区该项指标是很完美或者接近于完美的,而只是说明了该地区在所有相比较的地区的相对评价中是最突出的,或者比较突出的。

(二)回归分析

1. 模型的建立与求解

回归分析法是在社会科学领域具有广泛应用的统计方法,它是研究多个变量间相互信赖关系的一种方法。在实际问题中,一个整体的各个部分之间相互依赖的关系广泛存在,但它们又以何种形式相互依赖并非直观可得。此时,研究各个部分间非确定关系以构造出变量间经验公式,即为回归分析,而根据自变量建立的最优组合,可以预测变量未来发展趋势[①]。

应用回归分析法要求参与分析的数据①是连续变量,②观测量相互独立,③满足总体分布正态假说。本报告中经无量纲处理后的数据满足以上三点前提,在此不赘述。

实证分析中,如果收集到的 n 组数据满足模型

$$\begin{cases} \hat{Y} = C\beta + \varepsilon \\ E(\varepsilon) = 0_n, D(\varepsilon) = \sigma^2 I_n \end{cases}$$
其中,$\hat{Y}$ 为实际观测值 Y 的估计值,

$$C = \begin{bmatrix} 1 & x_{11} & \cdots & x_{1m} \\ 1 & x_{21} & \cdots & x_{2m} \\ 1 & x_{31} & \cdots & x_{3m} \\ \cdots & \cdots & \cdots & \cdots \\ 1 & x_{n1} & \cdots & x_{nm} \end{bmatrix} = (1n \mid X), \hat{Y} = \begin{bmatrix} y_1 \\ y_2 \\ \cdots \\ y_n \end{bmatrix}, \beta = \begin{bmatrix} \beta_0 \\ \beta_1 \\ \cdots \\ \beta_m \end{bmatrix}, \varepsilon = \begin{bmatrix} \varepsilon_1 \\ \varepsilon_2 \\ \cdots \\ \varepsilon_n \end{bmatrix}$$

则称模型为经典线性回归模型。回归分析即为讨论模型中变量的筛选、估计的改进,以及对模型中一些假定的诊断等问题。

在本报告中,参与分析的变量只有两个,即政府能力得分与和谐社会,因此属于回归分析的简单形式,即一元线性回归分析。用表示和谐社会得分的

---

① 高惠璇:《应用多元统计分析》,北京大学出版社 2005 年版,第 105 页。

估计值、表示政府能力,则以为自变量为因变量的回归模型为:

$$\hat{y} = a + bx + \varepsilon,\text{其中}\hat{y} = \begin{bmatrix} y_1 \\ y_2 \\ \cdots \\ y_{36} \end{bmatrix}, b = \begin{bmatrix} b_1 \\ b_2 \\ \cdots \\ b_{36} \end{bmatrix}, x = \begin{bmatrix} x_1 \\ x_2 \\ \cdots \\ \varepsilon_{36} \end{bmatrix}, \varepsilon \text{ 为残差}$$

实际预测中,ε 是无法预测的,但可以在使残差平方和($\sum \varepsilon^2$)最小条件下,借助 $a + bx$ 得到 $\hat{y}$,从而揭示变量 y 与 x 之间的关系,表示为 $y = a + bx$。再用最小二乘法求回归系数 $b = \dfrac{\sum x_i y_i - \bar{x} \sum y_i}{\sum x_i^2 - \bar{x} \sum x_i}$,其中 $i = 1, 2, \cdots\cdots, 36$,$x$ 和 y 均为变量的观测值。运用 $SPSS13.0$ 直接进行以上分析过程,得方程系数表如表 8 −4。

表 8 −4 方程系数表

Model	Unstandardized Coefficients		Standardized Coefficients	t	Sig.	Collinearity Statistics	
	B	Std. Error	Beta			Tolerance	VIF
1(Constant)	0.073	0.195		0.373	0.711		
政府能力(x)	0.739	0.255	0.445	2.894	0.007	1.000	1.000

Dependent Variable:和谐社会(y)

采用 SPSS13.0 默认的显著性水平 0.05[①],得回归模型为。从这个回归方程中可以得到如下信息:政府能力与和谐社会之间存在正相关关系。

2. 模型评价

模型评价即为考察已建立的模型拟合度好不好,有无异常值情况等。

对于已得出的回归方程,首先检查变量间是否有自相关情况。同样运用

---

① 以下分析采用同样显著性水平。

SPSS13.0,采用容许度①(Tolerance)和方差膨胀因子②(VIF)检验回归模型的共线性情况。同样见表8-4:共线性诊断一栏(Colinearity Statistics)中的容许度为1,说明变量间并无共线性现象;方差膨胀因子亦为1,进一步证明了变量间无共线性现象存在。

其次检查数据中有无异常值或影响点。分析前预设标准化残差绝对值大于3的点为异常值,SPSS13.0软件并未提示异常值。但为了取得较好的拟合效果,本报告还是采用学生化残差和马氏距离两个指标,结合自变量标准化回归系数的变化量来查找数据中的异常值和影响点。如表8-5。

表8-5 异常值诊断表

	Minimum	Maximum	Mean	Std. Deviation	N
Std. Residual	-1.552	2.754	0.000	0.986	36
Stud. Residual	-1.587	2.803	0.000	1.009	36
Mahal. Distance	0.000	4.952	0.972	1.244	36

Dependent Variable:和谐社会得分

学生化残差(Stud. Residual)为残差 ε_i 除以其标准误,其值≤2为佳。如表8-5中所示,学生化残差的最大值(2.803)已超过2,但超出程度不大,说明数据中可能存在影响点。马氏距离测定的是自变量观测量与所有观测量平均值的差异,此值越大说明观测量为影响点的可能性越大;本报告中自变量的马氏距离介于0.000至4.952之间,并不大,但相对于标准化残差和学生化残差来说稍大了些。综上,可以认为,模型拟合效果很好,但仍可以进一步优化。

虽然可以确定模型中存在影响点,但无论学生化残差还是马氏距离都不能找出哪个观测值是影响点。但利用变量的预测值与其学生化残差散点图便

---

① 容许度取值区间介于0~1之间,其值越小,自变量与其他自变量之间的共线性越强。

② 方差膨胀因子是容许度的倒数,其值介于1~∞之间;其值越大,自变量之间存在共线性的可能性越大。

可以确定一个影响点(其值大于2),即重庆2003年的数据,如图8-1所示①。故将其作为影响点剔除。

Scatterplot

Dependent Variable: 和谐社会得分

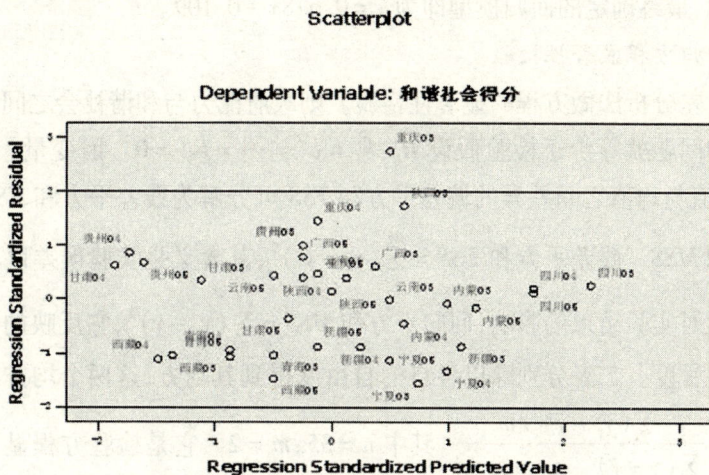

图8-1 和谐社会得分的标准化预测值与学生化残差散点图

剔除后的样本数为观测量为35个。得修正后的回归模型为。方程系数表如表8-6。

表8-6 修正后的方程系数表

Model	Unstandardized Coefficients		Standardized Coefficients	T	Sig.	Collinearity Statistics	
	B	Std. Error	Beta			Tolerance	VIF
1 (Constant)	0.109	0.174		0.627	0.535		
政府能力	0.678	0.228	0.460	2.975	0.005	1.000	1.000

Dependent Variable:和谐社会。

从表8-6中知,修正后的回归模型同样不存在共线性问题。修正后的模

---

① 观测值"重庆2003"的残差散点落在 +2 范围之外,除此之外其它散点均匀分布在之间。

型复相关系数由初始的 0.445 增加到 0.460,说明回归模型中自变量和之间的线性关系更加密切了。

因此,最终确定的回归模型即为 $y = 0.678x + 0.109$。

3. 回归方程显著性检验

用方差分析法做方程的显著性检验。则政府能力与和谐社会之间是否线性相关的问题就等价于检验假设 $H_0: b_1 = b_2 = \cdots = b_{35} = 0$。因变量(和谐社会)观测值与均值之间差异的偏差平方和 TSS 可分解为残差平方和 ESS 与回归平方和 MSS。残差平方和 $ESS = \sum\limits_{i=1}^{35}(y_i - \hat{y}_i)^2$,其含义是实验误差以及其他意外因素对实验结果的影响;回归平方和 $MSS = \sum\limits_{i=1}^{35}(\bar{y}_i - \bar{y})^2$,它反映的是自变量的重要程度。二者分别除以各自的自由度得到其均方,这两个均方之比记为 F,$F = \dfrac{\sum(\hat{y}_i - \bar{y})^2/m}{\sum(y - \hat{y})^2(n - m - 1)}$,其中 $n = 35$,$m = 2$。它是检验方程显著性水平的重要指标。

表 8-7　方差分析

	Model	Sum of Squares	df	Mean Square	F	Sig.
1	Regression	0.104	1	0.104	8.848	0.005
	Residual	0.389	33	0.012		
	Total	0.493	34			

Predictors:(Constant),政府能力得分

Dependent Variable:和谐社会得分

用 SPSS13.0 做方差分析,取 95% 的置信区间,得 F 的显著性概率(Sig.)为 0.005,小于 0.05 的置信水平,则拒绝原假设,认为建立的回归方程具有显著性。

4. 回归系数显著性检验

对回归方程的显著性检验,证明 $b_1, b_2, \cdots, b_{35}$ 不全为 0。为了进一步证明

其中任意一个变量 b_i 不为 0[1],有必要进行回归系数的显著性检验,用以判断建立的回归模型的变量 x 和 y 之间线性假设是否合理。回归系数显著性检验使用统计量,分为回归系数检验和常数项检验,由于常数项是否为 0 对回归模型的影响不大,所以在此主要做回归系数的显著性检验。

假设 $H_0^{(i)}$;$\beta_i = 0$,$i = 1, 2, \cdots, 35$,检验回归系数的显著性 $t_b = \dfrac{b}{S_b} = b$

$$\sqrt{\frac{\sum (x_i - X)^2}{\sum (y_i - y_i')^2/(n-2)}}$$,其中 S_b 是参数标准差,n 为观测量个数,本模型中 $n = 35$。t_b 服从 t 分布,取显著性水平为 0.05,计算的显著性概率(Sig.)为 0.006,如表 8-6 中所示。由于 $t_b = 0.005 < 0.05$ 的显著性水平,所以拒绝原假设,可以认为建立的回归模型系数具有显著性。

综上可知,政府能力与和谐社会之间存在显著的正相关关系,也就是说,民族地区欲建立民主法治、公平正义、诚信友爱、充满活力、人与自然和谐的社会环境,就必须充分发挥政府的积极作用。

五、研究结论与启示

回归分析证明,民族地区政府能力与和谐社会之间不仅相关,而且是呈正相关关系。换言之,一个政府能力强的地区其社会和谐程度必定是较高的。和谐社会的构建推进着政府转型,使之朝着建设公共服务型政府的方向发展;和谐社会的构建也需要由政府发动和实施,构建和谐社会的主体仍然是政府。在这种情况下,加强和提升政府能力就显得尤为重要。因为"没有一个有效的政府,不论是经济的还是社会的可持续发展都是不可能实现的"。[2]

民族地区 12 省市无论是政府能力建设还是在和谐社会建设方面,都处在相接近的发展水平上[3],且随时间推移而产生的变化不大。这说明民族地区

---

① $b_i = 0$ 说明自变量 x_i 对因变量 y 的影响不明显,应从回归模型中删除。

② 世界银行:《1997 年世界发展报告:变革世界中的政府》,中国财政经济出版社 1997 年版,第 17 页。

③ 政府能力项得分与和谐社会项得分的差异很小。

社会发展受共性因素影响比较大,其中有制约的因素,当然也不乏有益的因素。怎么样扬长避短,怎样选择健康的发展之路,是摆在各地政府面前的重要课题。

(一)研究结论

通过对民族地区政府能力与和谐社会模型的建立,数据的收集、整理和分析,并通过对民族地区的和谐社会与政府能力的相关性检验后,本研究可以得出如下结论:

1. 政府能力与和谐社会之间存在显著正相关关系

本报告选取具有代表性的观测指标建立了民族地区政府能力与和谐社会评价体系,又通过对各指标仔细比较且问询了相关专家,确定了科学的权重结构。在此基础上得到的回归模型揭示了和谐社会与政府能力这两个定性概念的量化联系,即政府能力与和谐社会回归模型。模型不仅揭示了政府能力与和谐社会之间的正相关关系,而且定量描述了它们之间的相关程度(回归系数为0.678)。构成回归模型的任意元素都不是毫无关系的,事实上,各种评价社会生活的指标都从不同角度反映了社会的和谐程度、反映了政府能力水平,这也从根源上说明了为什么政府能力与和谐社会两个评价体系会呈现这种正相关关系。换句话说,政府能力与和谐社会并不是孤立的两个概念,而是相互联系,相辅相成的。

回归方程的显著性检验证明了方程中的回归系数不全为0,亦即是说,从民族地区总体上看,政府能力强弱与和谐社会建设水平息息相关;回归系数显著性检验证明了方程中任意回归系数不为0,说明了在民族地区这个整体中,每一个省份的政府能力强弱均与和谐社会建设水平息息相关,并且,它们也影响着整个民族地区的和谐发展水平。这也正体现了整体与部分、共性与个性的统一。

2. 提高政府能力是构建和谐社会的必要条件

欲提高民族地区社会和谐程度,就要提高民族地区政府的能力水平,也就是说,政府能力的提高是促进民族地区社会和谐发展的必要条件。构建社会主义和谐社会是一项长期艰巨而复杂的系统工程,需要政府以及全社会各方面的共同努力。在实践中不断探索构建社会主义和谐社会的新思路,将构建社会主义和谐社会的战略部署转化为现实行动,需要地方政府充分发挥推动和主导作用。实践中,民族地区政府能力建设仍然是一个薄弱环节,主要表现为:政策能力尤其政策执行能力弱化,社会政策得不到有效的贯彻落实;政府财政汲取能力整体水平下降,制约着政府的政策能力等其他能力的提升与发挥;社会整合能力急需提高,迫切需要政府建立健全动力激励机制和社会整合机制,提高整合社会力量的本领;社会管理理念、管理体制、管理方式等方面的创新能力还需进一步提升;等等。这是在总结中发现的不足,也说明了政府能力建设还是大有可为的。政府的作用能否得到充分发挥,政府的社会管理活动是否有效,在一定意义上说,直接取决于政府能力的高低,而政府能力的高低影响着和谐社会建设水平。加强政府能力建设,使之促进社会主义和谐社会建设,是和谐社会的必然要求。

3. 研究中存在的问题和未来展望

回归模型拟合良好,但调整后的值方较低,这说明政府能力对和谐社会的解释能力有限,这从另一个方面也说明了和谐社会是一个"系统性"社会工程问题,并非取决于一两个变量,尽管在本研究中对数据的拟合效果比较理想,但对和谐社会和政府能力的研究只是一个开始,在研究过程中,还是存在很多问题需要进一步进行研究的,主要有以下几个方面问题需要进一步切磋和完善:

首先,本研究的和谐社会指标构建完全依赖于"国家统计局课题组对和谐社会评价模型的建立",该模型在各种指标的选择依据上,尤其这些指标的权重赋值方面比较粗糙,仅采用了平均赋值法,这无疑大大削弱了其科学性。所以,该评价体系是否能较全面地反映民族地区的实际状况、是否在反映普遍性的同时兼顾了典型性,还需要进一步论证。

其次,观测值之间统计口径差异因素。为了消除地区间经济等规模差异,本研究采用了许多间接指标,尤其是和谐社会评价体系部分,更是以间接指标为主。这类指标无法从权威统计资料中直接取得,故对其主要依国家统计局课题组的课题报告中所列公式,从相关统计年鉴中查找资料计算得出。又由于各地区统计资料或有差别、或对部分指标的统计口径没有明示,所以这些小的差异最后会体现在回归模型中。另外,本研究观测值涉及 2003、2004、2005 三年,2003 及 2004 年我国人口指标统计 1‰人口抽样调查资料,2005 年则统计1% 人口抽样调查资料,故凡与"人口数"有关指标均受此影响。

再次,指标替代因素。国家统计局课题组的和谐社会评价体系中所采用的指标,有些是针对全国范围的,而民族地区很多情况具有特殊性,其中,对有些指标本研究采用相似指标来替代,这虽然也是很多研究的一般性做法,但在替代过程中会产生不可控制的差异。尤其该研究已经表明了很多指标的数据是暂缺的,在这种情况下,我们是采用替代性指标或者合并该指标的,这些显然也会对本研究产生一定影响。

最后,和谐社会本身就是一个动态发展的过程,它方兴未艾,正处在发展和完善的过程中。它本身的动态性决定了其不会按照任何既定轨迹行走。同时,任何一个模型都只能是对现实状况的抽象与总结,而不可能替代现实本身,政府能力与和谐社会也会在发展中不断调整相应指标的,所以,本研究只是从现阶段来看是具有一定的理论意义,但和谐社会本身也是随着实践的深入,社会的发展,其体系也是处于不断完善过程中,这是未来研究所需要进一步努力的。

(二)启示与思考

和谐社会的提出是我国中央政府变革发展方式、推动社会全面发展的重要举措,从另一方面来说,也是中央政府调节社会中不和谐因素的举措。无论从哪种角度出发,这种主动变革的精神都值得民族地区地方政府学习。民族地区政府应更多地从系统的稳定性、发展的持续性、公共利益的增进性和社会的和谐性角度出发,提升政府能力,实现社会的和谐发展。当然,民族地区和谐社会建设也不可回避当地社会发展的现实,不能回避作为一个整体的"木桶"中那最短的一块"木板"。这些现实情况是民族地区政府必须要解决的困难,也决定了和谐社会建设路径的多样性。

从总体上看,民族地区应将和谐社会标准确定为政府能力建设的发展方向。

1.提升协调发展能力

以和谐社会为标准发展,首先要实现社会多层面的协调发展。这就要求政府在主导社会发展模式上树立科学意识,构建协调发展的机制保障,提升协调发展能力,强化社会发展动力。要重点发展教育事业、医疗卫生事业和安居事业,建立健全全方位的社会保障体系,有效地解决经济社会失衡的问题。政府价值理念要尊重自然,正确处理人与自然的关系,以经济、社会、环境的整体协调发展为基础制定公共政策。要优化社会发展模式,强化公民环保意识,加强环境保护立法,使人与自然和谐、协调地发展。

2.提升民主法治能力

在民主理念指导下构建法律、制度,通过完善的法律、制度保障民主的运行,使民主运作规范化、法治化,通过法治化民主机制保障公众的平等参与和民主共享,是和谐社会建设的重要内容,也是民族地区政府能力建设的重要方面。拓宽公众和社会团体的政治参与渠道,可以使公众能够通过法治化的渠道参与政治,不仅能实现公众的民主权利,也有利于决策的民主性与科学性,进而促进和谐社会的建立。

3.提升利益平衡能力

实现社会的和谐,必须保障公众在价值受益上均衡与合理。价值受益的均衡性受政府对价值分配公平性的制约,政府在社会价值分配上的权威性可以彰显公平公正,调控贫富差距,整合社会关系,优化资源配置,增进公共利益。这就需要政府在权利、利益、机会与司法等方面平等、合理地分配,建立健全社会价值公平、公正的分配机制、利益平衡机制和利益补偿机制,利用财政、税收、福利等工具进行社会整合和社会调节,协调利益分配。

从具体上着眼,民族地区政府欲在现实情况下完成和谐社会建设的目标,应格外关注以下四方面:

1.平等参与,积极推动

政府部门在经济体中应处于什么样的地位,是政府发挥其能力之初必须确定的事情。和谐社会建设需要一个服务型政府,即经济调节、市场监管、社会管理、公共服务。受传统体制的影响,我国全能型政府的触角几乎渗透了所有的经济和社会事务,超出了政府的能力范围,致使政府能力没有得到最佳发挥。而实行改革开放以来,政府又把主要精力放在经济领域的改革上,相对忽略了社会公共服务领域的改革。这不仅不利于经济发展,而且最终也将成为社会全面和谐发展的障碍。就当前实际情况来看,民族地区政府能力的发挥过程中也是存在许多"越位"、"缺位"等问题的,特别是在社会管理和公共服务方面。服务型政府提倡政府应当是管理市场失灵、社会不能的公共服务领域。因此,民族地区政府更应该要把自己看作是社会中的一个要素,同时认识到社会中还存在企业部门、居民等多个要素。作为一个要素,政府部门可以通过依法管理和规范社会组织和社会事务、妥善处理社会矛盾、维护社会秩序和社会稳定、促进社会公平等方式,参与到和谐社会的建设中来。同时,政府部门因其自身特点及在社会体系中的特殊地位,又可以积极地推动和谐社会建设。例如,民族地区政府可以通过加强社会治安综合治理,保障人民群众生命财产安全;通过建立健全各种突发事件应急机制,不断提高政府应对公共危机的能力;通过完善公共服务政策、推进公共产品和公共服务的市场化进程,提高政府公共服务的能力等。积极主动地参与到社会发展进程中来,发挥自己协调利益关系、缓解社会矛盾、维护社会稳定的作用,对促进社会和谐具有十分重要的意义。

2. 制定量化指标,随时监测

政府能力发挥是一个实证层面的问题,其最终目标是社会的和谐发展。民族地区政府能力强弱与否、适合与否,并不是简单的"好"与"坏"就能区分的。判断一个地区社会和谐的程度,找出当前发展阶段的不足之处,把握未来发展方向,都需要通过建立科学的量化指标来实现。设计监测指标体系时需要注意以下几点:一是监测体系应能够突破单一经济指标的缺陷和弊端,全面反映经济社会发展;二是监测体系设计过程中应充分发挥专家的作用,同时要积极吸纳公众参与,保证科学性和客观性;三是要体现共性与个性的统一,即在总体思路和精神一致的基础上,不同地区的监测体系还要能够体现本地区特点,在满足纵向分析需要的同时,也能满足横向分析的需要①。

3. 从引进到创新,从一般到具体

这里的"创新"与"具体"指的是政府能力理论与方法的创新及具体化。政策的制定与执行需要一定的理论为基础。理论从引入到实施的过程实际上是个"舶来品",早期的政府能力理论研究大部分都是对西方理论的引进和借鉴,但随着我国自身理论水平的提高和实践经验的积累,政府(无论是中央政府还是地方政府)的理论都逐渐向本土化、内生化的发展方向转变,这是理论自身发展的需要,也是理论指导实践的需要。我国政府能力理论研究起步较晚,许多方面还不成熟,针对民族地区政府能力的理论研究就更薄弱了。面对这样的现状,在开展民族地区政府能力的理论研究之初,引进和借鉴国外成熟的理论知识来研究自己的问题,再在使用别人的理论研究自己问题的过程中慢慢消化积累其理论,是很有必要的。经过多年的探索和积累,我国已培养了一批专家,具备了研究我国民族地区理论的能力,这时理论研究的重点就应转移到理论创新上来。

理论研究的目的是为了发现规律、利用规律、指导实践,从这个意义上说,理论具有的抽象性与一般性特点,是需要在实践过程中弥补的。民族地区社会状况表现出很强的特殊性。首先,社会发展过程特殊:民族地区社会发展过程中掺杂了许多民族性成分,使其既体现着社会发展的一般规律,又表现出浓郁的民族性,没有把握这一特点就不能有效发挥理论的指导作用。其次,社会发展影响因素复杂:正如前述,一个地区社会结构是一个包含若干要素的有机整体。和其他有机体不同的是,民族地区社会结构中存在民族性这一活跃要素,它在有机体中地位如何,它与其他要素关系怎样,都使得民族地区社会发展影响因素更加复杂化。民族性这一要素在有机体中发挥重要作用,因此民族地区政府在建设和谐社会的实践中更应根据当地实际情况,准确把握该要素的运动状况,制定具体化的实践策略。

4. 多目标监测与多元化发展

关于和谐社会的内涵,不同学科的学者都提出了具有本学科特色的看法:社会学界关注社会价值、社会结构;经济学界关注资源配置、经济增长;政治学界提倡法制社会、民主政治;法学、伦理学、环境学也都从各方面进行了思考,等等。将和谐社会问题放到多领域进行探讨,可以提供政府制定政策的参考,体现出解决我国当代社会各种矛盾的政策层面上的意义。同时,理论界的探讨从一个侧面也可以反映出和谐社会建设并不存在什么"样板模式"。因此,民族地区政府在建设和谐社会监测体系过程中,就应设定多目标共同监测;在促进社会和谐发展过程中,就应注意多元化共同发展。

首先,经济发展。发展经济学所倡导的"发展"是人、自然、社会的全面发展,这种全面发展的主体包括人、自然界、人类社会;领域涉及政治、经济、文化、环境等多学科多领域。因此,民族地区政府在建立监测体系促进经济发展时,不妨加入政治、文化、环境等多层次,只有各部分分别达标,整体才能合格。

其次,社会公平。改革开放以来,我国的经济发展成就举世瞩目,但一个令人困扰又无法回避的问题一直伴随着经济总量的高速发展,那就是"人均"的不足。中国的自然资源拥有总量是排在世界前列的,但是"人均占有量"就要倒数了;同样,中国的 GDP 增长成绩骄人,2006 年统计显示中国 GDP 已经达到2.8万亿,接近德国 GDP 总量(2.9万亿),但是"人均 GDP"相差就十分巨大了(2006 年德国人均 GDP 是中国的 15 倍),同时,同样以德国作对比,德国单位 GDP 能耗远低于中国,贫富差距也远小于中国,中国的资源配置方面不公平现象也突显出来。政府作为配置资源的重要参与者或主体①,在促进社会资源公平配置方面责无旁贷。

再次,生态和谐。生态和谐指居民生产、生活、发展的环境,它包括人与人之间的关系融洽和谐、人与自然之间的关系融洽和谐。

总之,政府能力与和谐社会相辅相成,密不可分。和谐社会建设是一个包

---

① 理论上社会主义市场经济条件下资源配置主体是市场,政府以及消费部门、投资部门、国际收支部门都是国民经济的一部分,但实际上有些地方,政府才是社会资源配置的主体。

括方方面面都和睦协调的系统工程,它时刻考验着政府能力水平。政府能力建设是一个历久弥新的话题,它对和谐社会建设提出了新的严峻挑战。选择正确的发展之路需要民族地区政府以和谐社会为标准和方向,这样既可以有的放矢地发挥政府的能力,又可以在和谐社会建设过程中监督和促进政府能力的提升。因此,以和谐社会建设推动民族地区政府能力发展,用政府能力的发挥构建和谐社会,值得深入研究。

附表8.1　民族地区政府能力与和谐社会数据表

地区		社会消费品零售总额(亿元)	固话户数(万户)	城乡居民储蓄年末余额(万元)	卫生机构床位数(张)	公共图书馆藏书量(千册)	互联网用户数(户)	货物运输量(万吨)	旅客运输量(万人)
内蒙	内蒙2005	1,344.10	440.21	18,239,047.00	69,047.00	8,737.00	558,272.00	69,187.00	31,776.00
	内蒙2004	892.00	400.00	14,781,263.00	66,253.00	8,738.00	457,396.00	57,436.00	28,652.00
	内蒙2003	726.80	322.00	12,489,028.00	64,898.00	6,224.00	288,538.00	50,820.00	23,599.00
广西	广西205	1,397.00	830.01	25,529,518.00	93,532.00	14,012.00	1,558,970.00	38,226.00	51,396.00
	广西204	973.40	795.00	22,326,207.00	91,795.00	12,720.00	1,138,702.00	34,486.00	48,078.00
	广西2003	857.70	619.00	19,716,254.00	88,081.00	13,053.00	1,184,746.00	31,525.00	42,932.00
四川	四川2005	2,981.40	1,425.26	56,890,086.00	193,171.00	18,421.00	2,517,876.00	67,351.00	168,505.00
	四川2004	2,384.00	1,231.00	48,380,883.00	189,350.00	19,423.00	1,855,218.00	60,155.00	158,608.00
	四川2003	2,091.10	1,073.00	41,876,084.00	185,423.00	16,595.00	1,340,344.00	57,527.00	141,148.00
重庆	重庆2005	1,215.80	688.91	25,021,450.00	64,174.00	7,675.00	1,286,600.00	39,329.00	63,308.00
	重庆2004	955.00	642.00	21,897,345.00	63,288.00	7,363.00	1,218,000.00	36,430.00	63,303.00
	重庆2003	835.50	533.00	18,965,569.00	62,696.00	7,010.00	938,000.00	32,563.00	58,159.00
贵州	贵州2005	606.90	270.57	9,055,862.00	61,594.00	4,744.00	475,449.00	21,770.00	64,450.00
	贵州2004	517.60	215.00	7,374,961.00	61,421.00	4,917.00	407,928.00	19,439.00	58,707.00
	贵州2003	458.80	190.00	6,332,357.00	59,118.00	4,524.00	425,341.00	18,224.00	55,074.00
云南	云南2005	1,034.40	367.25	17,356,435.00	106,334.00	8,878.00	788,159.00	62,015.00	40,792.00
	云南2004	884.90	328.00	14,581,126.00	101,654.00	8,584.00	693,478.00	59,081.00	38,653.00
	云南2003	782.50	305.00	12,519,923.00	95,844.00	8,381.00	520,321.00	58,170.00	34,785.00

地区									
西藏	西藏2005	73.10	511.23	17,869,449.00	6,767.00	8,105.23	764,373.12	356.00	385.00
	西藏2004	63.70	511.23	17,869,449.00	6,411.00	8,105.23	764,373.12	246.00	256.00
	西藏2003	58.30	511.23	17,869,449.00	6,212.00	8,105.23	764,373.12	266.00	125.00
陕西	陕西2005	1,322.40	836.60	35,285,337.00	106,391.00	8,666.00	1,689,051.00	41,551.00	38,725.00
	陕西2004	966.50	789.00	29,500,370.00	102,990.00	8,642.00	1,487,984.00	37,961.00	35,350.00
	陕西2003	853.20	659.00	24,730,982.00	101,963.00	8,352.00	1,361,399.00	34,961.00	30,977.00
甘肃	甘肃2005	632.80	470.31	15,255,570.00	63,314.00	9,314.00	459,567.00	26,653.00	17,804.00
	甘肃2004	535.80	411.00	13,327,893.00	61,439.00	8,141.00	429,788.00	25,686.00	16,479.00
	甘肃2003	474.60	345.00	11,262,538.00	60,439.00	6,262.00	381,552.00	24,539.00	14,961.00
青海	青海2005	160.50	71.79	17,869,449.00	15,088.00	8,105.23	54,164.00	6,816.00	4,886.00
	青海2004	115.60	58.00	17,869,449.00	15,438.00	8,105.23	38,821.00	6,211.00	4,568.00
	青海2003	102.70	47.00	17,869,449.00	15,384.00	8,105.23	34,485.00	5,653.00	4,256.00
宁夏	宁夏2005	174.30	135.68	5,094,975.00	17,754.00	4,000.00	343,810.00	8,529.00	7,066.00
	宁夏2004	137.80	141.00	4,254,863.00	16,867.00	9,436.00	281,324.00	7,853.00	6,654.00
	宁夏2003	120.80	97.00	3,773,293.00	15,740.00	3,512.00	207,420.00	7,344.00	5,856.00
新疆	新疆2005	637.80	165.89	7,159,467.00	79,411.00	1,728.00	376,305.00	30,041.00	24,309.00
	新疆2004	482.10	137.00	5,873,113.00	77,721.00	1,623.00	309,055.00	28,760.00	22,340.00
	新疆2003	421.20	1,831.00	5,101,120.00	72,658.00	1,587.00	116,250.00	27,078.00	18,103.00

附表8.1　民族地区政府能力与和谐社会数据表（续表1）

地区		废水排放量(万吨)	人均城镇居民可支配收入(元)	人均GDP(元/人)	人均全社会固定资产投资额(元/人)	每万人医生拥有数(人/万人)	每万人公共汽车拥有量(辆/万人)	人均绿地面积(平方米/人)
内蒙	内蒙2005	24,967.00	9,136.79	16,331.00	11,078.00	21.08	1.51	7.78
	内蒙2004	22,848.00	8,122.99	12,678.00	7,492.00	21.05	1.39	6.97
	内蒙2003	23,577.00	7,012.90	8,975.00	4,922.00	20.73	1.20	6.30
广西	广西2005	145,609.00	9,286.70	8,788.00	3,565.00	11.69	1.12	6.76
	广西2004	122,731.00	8,689.99	7,046.00	2,653.00	10.92	0.97	6.41
	广西2003	119,291.00	7,785.04	5,969.00	1,977.00	10.33	0.85	4.70

四川	四川 2005	122,590.00	8,385.96	9,060.00	4,149.00	13.85	1.29	8.00
	四川 2004	119,223.00	7,709.87	7,322.00	3,261.00	12.97	1.12	7.70
	四川 2003	120,160.00	7,041.87	6,418.00	2,703.00	13.31	1.12	6.90
重庆	重庆 2005	84,885.00	10,243.46	10,982.00	6,909.00	13.34	2.60	5.04
	重庆 2004	83,031.00	9,220.96	8,610.00	5,494.00	11.72	2.17	4.06
	重庆 2003	81,973.00	8,093.67	7,209.00	4,151.00	11.64	1.68	3.10
贵州	贵州 2005	14,850.00	8,151.13	5,052.00	2,676.00	10.97	1.34	5.95
	贵州 2004	16,119.00	7,322.05	4,316.00	2,320.00	9.44	1.29	5.25
	贵州 2003	16,815.00	6,569.23	3,603.00	2,006.00	9.54	1.24	5.30
云南	云南 2005	32,928.00	9,265.90	7,835.00	3,995.00	12.55	1.25	7.98
	云南 2004	38,402.00	8,870.88	7,011.00	2,902.00	12.06	1.12	7.38
	云南 2003	34,655.00	7,643.57	5,662.00	2,247.00	12.10	1.09	7.40
西藏	西藏 2005	991.00	9,431.18	9,114.00	6,549.00	16.58	3.75	0.42
	西藏 2004	993.00	9,106.07	8,099.00	5,863.00	15.90	4.56	0.48
	西藏 2003	612.00	8,765.45	6,871.00	4,836.00	15.92	4.63	0.50
陕西	陕西 2005	42,819.00	8,272.02	9,899.00	5,060.00	16.21	1.84	5.11
	陕西 2004	36,833.00	7,492.47	8,589.00	4,056.00	16.11	1.68	4.51
	陕西 2003	33,526.00	6,806.35	6,480.00	3,228.00	16.34	1.55	4.30
甘肃	甘肃 2005	16,798.00	8,086.82	7,477.00	3,355.00	13.59	1.32	6.86
	甘肃 2004	18,293.00	7,376.74	6,467.00	2,829.00	13.15	1.14	6.14
	甘肃 2003	20,899.00	6,657.24	5,022.00	2,389.00	13.48	1.19	4.40
青海	青海 2005	7,619.00	8,057.85	10,045.00	6,074.00	15.61	3.39	5.82
	青海 2004	3,544.00	7,319.67	8,688.00	5,326.00	16.02	2.89	6.74
	青海 2003	3,453.00	6,745.32	7,277.00	4,708.00	17.04	2.67	6.30
宁夏	宁夏 2005	21,411.00	8,093.64	10,239.00	7,438.00	17.76	2.43	5.38
	宁夏 2004	9,510.00	7,217.87	9,197.00	6,312.00	18.19	1.99	4.75
	宁夏 2003	10,740.00	6,530.48	6,691.00	5,335.00	18.39	1.74	4.50
新疆	新疆 2005	20,052.00	7,990.15	13,108.00	6,662.00	20.61	3.76	6.37
	新疆 2004	17,671.00	7,503.42	11,541.00	5,707.00	21.93	3.79	6.75
	新疆 2003	16,417.00	7,173.54	9,700.00	4,843.00	20.91	3.76	6.30

附表8.1　民族地区政府能力与和谐社会数据表（续表2）

地区		总GDP增长率%	初中辍学率%	教育支出占财政收入比重%	高等级公路密度（公里/平方千米）	建成区绿化覆盖率%	农村居民人均纯收入(元)	城乡差距指数	社会安全指数
内蒙	内蒙2005	23.80	9.04	28.35	0.06	28.00	2,988.87	2.06	34.70
	内蒙2004	19.40	14.50	33.66	0.06	26.38	2,606.37	2.12	36.31
	内蒙2003	16.80	18.55	39.18	0.06	27.97	2,267.65	2.09	32.17
广西	广西2005	13.20	16.62	37.19	0.22	32.00	2,494.67	2.72	28.80
	广西2004	11.80	17.48	38.08	0.20	32.05	2,305.22	2.77	28.89
	广西2003	10.20	20.91	38.84	0.19	30.49	2,094.51	2.72	27.62
四川	四川2005	12.60	12.93	29.30	0.16	31.00	2,802.78	1.99	21.86
	四川2004	12.70	13.80	31.76	0.16	30.11	2,518.93	2.06	23.88
	四川2003	11.80	15.72	32.35	0.16	26.87	2,229.86	2.16	20.87
重庆	重庆2005	11.50	10.13	23.62	0.38	22.00	2,809.32	2.65	28.81
	重庆2004	12.20	10.52	24.81	0.29	22.35	2,510.41	2.67	26.77
	重庆2003	11.50	13.68	26.58	0.28	18.06	2,214.55	2.65	14.73
贵州	贵州2005	11.60	10.79	51.16	0.20	32.00	1,876.96	3.34	25.92
	贵州2004	11.40	10.17	49.41	0.19	25.21	1,721.55	3.25	26.26
	贵州2003	10.10	9.90	48.27	0.18	31.39	1,564.66	3.20	18.92
云南	云南2005	9.00	5.82	39.11	0.28	18.00	2,041.79	3.54	28.19
	云南2004	11.50	5.84	42.46	0.28	21.95	1,864.19	3.76	31.10
	云南2003	8.60	9.06	40.69	0.28	24.47	1,697.12	3.50	26.87
西藏	西藏2005	12.10	5.84	169.39	0.01	25.05	2,077.90	3.54	71.24
	西藏2004	12.20	13.88	150.85	0.01	25.05	1,861.31	3.89	79.32
	西藏2003	12.10	25.06	160.33	0.01	25.05	1,690.76	4.18	82.96
陕西	陕西2005	12.60	8.13	36.07	0.24	29.00	2,052.63	3.03	28.61
	陕西2004	12.90	9.53	34.59	0.15	27.29	1,866.52	3.01	31.35
	陕西2003	10.90	11.44	37.41	0.22	27.23	1,675.66	3.06	22.61
甘肃	甘肃2005	11.80	5.25	54.64	0.07	27.00	1,979.88	3.08	26.64
	甘肃2004	10.90	9.24	51.51	0.06	12.45	1,852.22	2.98	29.58
	甘肃2003	10.10	12.16	54.27	0.07	19.51	1,673.05	2.98	29.66

青海	青海 2005	12.20	8.21	60.06	0.04	30.00	2,151.46	2.75	51.32
	青海 2004	12.30	10.13	56.54	0.02	27.73	1,957.65	2.74	52.20
	青海 2003	12.10	13.41	52.54	0.03	24.92	1,794.13	2.76	50.69
宁夏	宁夏 2005	10.90	4.91	40.90	0.25	22.00	2,508.89	2.23	51.40
	宁夏 2004	11.00	6.34	42.98	1.31	25.16	2,320.05	2.11	54.76
	宁夏 2003	12.20	10.55	45.90	0.23	24.24	2,043.30	2.20	54.43
新疆	新疆 2005	10.90	8.29	40.29	0.04	28.00	2,482.15	2.22	60.32
	新疆 2004	11.10	8.24	39.43	0.04	27.83	2,244.93	2.34	55.27
	新疆 2003	10.80	9.82	41.35	0.04	26.38	2,106.19	2.41	49.71

附表 8.1　民族地区政府能力与和谐社会数据表(续表 3)

地区		城乡居民收入比	地区经济发展差异系数	高中阶段毕业生性别比	银行业主要金融机构不良贷款率%	慈善捐款占GDP比重%	人户分离人口比率%
内蒙	内蒙 2005	3.06	0.56	0.99	13.39	0.0024	0.2517
	内蒙 2004	3.12	0.46	1.01	·19.67	0.0053	0.0130
	内蒙 2003	3.09	0.48	1.00	13.39	0.0370	0.0120
广西	广西 2005	3.72	0.35	1.08	9.01	0.0104	0.0898
	广西 2004	3.77	0.35	1.12	15.38	0.0044	0.0154
	广西 2003	3.72	0.36	1.19	13.39	0.0038	0.0043
四川	四川 2005	2.99	0.51	1.22	12.51	0.0066	0.0947
	四川 2004	3.06	0.49	1.19	15.06	0.0056	0.0045
	四川 2003	3.16	0.60	1.22	13.39	0.0024	0.0050
重庆	重庆 2005	3.65	0.45	1.15	13.39	0.0071	0.1112
	重庆 2004	3.67	0.39	1.14	13.39	0.0256	0.0049
	重庆 2003	3.65	0.41	1.15	13.39	0.0189	0.0043
贵州	贵州 2005	4.34	0.65	1.41	9.10	0.0107	0.0935
	贵州 2004	4.25	0.66	1.47	12.96	0.0077	0.0057
	贵州 2003	4.20	0.66	1.58	14.61	0.0076	0.0071
云南	云南 2005	4.54	0.57	1.11	8.18	0.0051	0.1079
	云南 2004	4.76	0.68	1.12	10.76	0.0192	0.0045
	云南 2003	4.50	0.70	1.15	13.39	0.0099	0.0050

	西藏2005	4.54	0.65	1.01	16.36	0.0220	0.0581
西藏	西藏2004	4.89	0.62	1.06	17.70	0.0127	0.0007
	西藏2003	5.18	0.46	0.99	13.39	0.0094	0.0001
	陕西2005	4.03	0.46	1.19	13.39	0.0058	0.0883
陕西	陕西2004	4.01	0.62	1.21	13.39	0.0074	0.0066
	陕西2003	4.06	0.74	0.23	13.39	0.0292	0.0057
	甘肃2005	4.08	1.03	1.50	13.39	0.0076	0.0680
甘肃	甘肃2004	3.98	0.84	1.49	13.39	0.0053	0.0028
	甘肃2003	3.98	1.27	0.63	15.28	0.0205	0.0034
	青海2005	3.75	0.83	0.96	12.66	0.0035	0.1327
青海	青海2004	3.74	0.73	0.99	19.30	0.0046	0.0058
	青海2003	3.76	1.23	0.98	13.39	0.0199	0.0058
	宁夏2005	3.23	0.60	1.12	8.81	0.0154	0.1383
宁夏	宁夏2004	3.11	0.51	1.04	14.64	0.0115	0.0076
	宁夏2003	3.20	0.99	1.18	13.39	0.0210	0.0081
	新疆2005	3.22	1.14	0.84	13.39	0.0187	0.1520
新疆	新疆2004	3.34	1.07	0.85	23.48	0.0081	0.0059
	新疆2003	3.41	0.97	0.87	12.32	0.0927	0.0091

附表8.1　民族地区政府能力与和谐社会数据表(续表4)

地区		制造业新产品销售收入比重(%)	万人专利数(件/万人)	6岁以下儿童性别比	城镇调查失业率(%)	基本社会保障覆盖率(%)	万元GDP综合能耗	森林覆盖率(%)	耕地面积(千公顷)	环保指数
	内蒙2005	1.69%	0.35	1.09	4.30	56.72	2.48	17.70	8201.0	64.3
内蒙	内蒙2004	2.53%	0.35	1.05	4.60	59.18	2.81	17.70	8201.0	59.3
	内蒙2003	0.12%	0.34	1.02	4.50	56.72	2.69	12.73	8201.0	59.3
	广西2005	9.74%	0.26	1.22	4.20	19.32	1.22	41.41	4407.9	80.8
广西	广西2004	11.28%	0.26	1.21	4.10	20.95	1.27	41.41	4407.9	80.4
	广西2003	9.13%	0.27	1.20	3.60	19.32	1.29	34.37	4407.9	80.4

	四川 2005	56.65%	0.56	1.16	4.60	25.28	1.53	30.27	9169.1	76.1
四川	四川 2004	35.77%	0.51	1.16	4.40	27.81	1.63	30.27	9169.1	76.4
	四川 2003	44.12%	0.47	1.19	4.40	25.28	1.69	20.81	9169.1	76.4
	重庆 2005	37.76%	1.28	1.18	4.10	24.25	1.42	22.25	4374.1	79.6
重庆	重庆 2004	24.31%	1.15	1.07	4.10	29.05	1.35	22.25	4374.1	77.0
	重庆 2003	18.03%	0.92	1.24	4.10	24.25	1.34	18.82	4374.1	77.0
	贵州 2005	17.97%	0.25	1.24	4.20	14.08	3.25	23.83	4903.5	65.3
贵州	贵州 2004	15.28%	0.19	1.18	4.10	15.00	3.95	23.83	4903.5	63.6
	贵州 2003	20.31%	0.19	1.20	4.00	14.08	4.08	20.81	4903.5	63.6
	云南 2005	10.14%	0.31	1.14	4.20	22.81	1.73	40.77	6421.6	71.8
云南	云南 2004	12.12%	0.29	0.91	4.30	23.31	1.76	40.77	6421.6	70.3
	云南 2003	11.24%	0.28	1.14	4.10	22.81	1.81	33.64	6421.6	70.3
	西藏 2005	0.00%	0.16	1.03	4.20	10.24	2.40	11.31	362.6	33.2
西藏	西藏 2004	0.00%	0.08	1.20	4.00	6.22	2.40	11.31	362.6	32.7
	西藏 2003	0.00%	0.06	1.12	3.94	10.24	2.40	18.82	362.6	32.7
	陕西 2005	25.26%	0.51	1.26	4.20	36.05	1.48	32.55	5140.5	65.5
陕西	陕西 2004	24.27%	0.54	1.20	3.80	37.02	1.66	32.55	5140.5	61.5
	陕西 2003	20.60%	0.44	1.26	3.50	36.05	1.74	28.74	5140.5	61.5
	甘肃 2005	9.87%	0.21	1.19	3.30	25.69	2.26	6.66	5024.7	55.9
甘肃	甘肃 2004	12.23%	0.20	1.14	3.40	27.23	2.51	6.66	5024.7	53.9
	甘肃 2003	8.86%	0.18	1.10	3.40	25.69	2.70	4.83	5024.7	53.9
	青海 2005	3.34%	0.15	1.13	3.90	45.56	3.07	4.40	688.0	50.0
青海	青海 2004	0.00%	0.13	1.13	3.90	47.36	2.93	4.40	688.0	53.1
	青海 2003	1.99%	0.17	1.14	3.80	45.56	2.73	0.43	688.0	53.1
	宁夏 2005	27.25%	0.36	1.12	4.50	37.70	4.14	6.08	1268.8	70.1
宁夏	宁夏 2004	12.22%	0.50	0.70	4.50	23.21	5.04	6.08	1268.8	73.7
	宁夏 2003	15.76%	0.58	1.09	4.40	37.70	5.23	2.20	1268.8	73.7
	新疆 2005	35.43%	0.46	1.05	3.90	74.77	2.11	2.94	3985.7	60.3
新疆	新疆 2004	53.74%	0.40	0.70	3.80	80.43	2.23	2.94	3985.7	60.1
	新疆 2003	0.00%	0.39	0.96	3.50	74.77	2.22	1.08	3985.7	60.1

第八章 积极提升政府能力，全面推进和谐社会建设的案例分析

通过前面对政府能力与和谐社会的实证分析后，我们知道建立和谐社会与政府能力有显著的相关关系，这一章以实际考察调研为基础，对云南丽江市从政府能力的提升到和谐社会建设进行个案分析。

调研从云南省丽江市政府能力提升战略的背景开始，对丽江市下面的各个地方就各级政府能力情况和和谐区域和谐社会的建设情况与政府和当地群众进行了对话和全面深入的考察，总结分析了政府能力提升战略的实施。我们初步形成了政府能力与和谐社会建设相互关系的基础分析。在构建和谐地区和谐社会这一阶段过程中，丽江市在政府职能转变，优化政府职能配置，努力提高服务质量和行政效率，完善政务公开，增强民主法制观念等政府能力提升战略方面所运用的一系列新的措施。

一、云南省丽江市实施政府能力提升战略的背景

丽江市提出政府能力提升战略是有其背景的，主要有两方面：一是以全国改革开放以来的"以经济建设为中心"的发展战略和20世纪90年代国务院提出"西部大开发战略"为背景；二是以丽江市的现有经济社会状况和自身发展条件为背景。

（一）西部地区的发展与差距

从改革开放以来，全国各省区都无一例外地以经济建设为中心，民族地区也在积极地实施这个战略。30多年来这一战略的实施，在全国范围内都产生了蝴蝶效应。然而在西部大开发战略的实施中，中央政策的倾斜和东部地区

经济的扩散,对西部地区产生了巨大的辐射效应。不可否认,西部地区的经济发展已经迈进了快车道,经济发展给西部地区的人民带来了实惠。

但同时我们也注意到,西部民族地区在实施经济发展战略过程中,形成了"经济追赶型"的发展特点。由于西部民族地区与东部地区经济发展差距很大,因此西部民族地区在发展自身的时候,首先定位的一个目标就是在经济发展上向发达地区看齐,这正是保建云(2005)所称的"追赶型经济的特征"①。很多民族地区在追赶过程中以自然资源开发型来实现经济发展,从而形成了以自然资源消耗为主导的资源开发型、能源消耗型和资源掠夺型的原始工业化发展模式②。这种基于资源消耗的追赶不是在缩小西部和东部地区的经济差距,相反,东西部地区的经济发展的潜在不平衡性反而在加大。随着高科技带动社会经济不断向前发展的同时,这种潜在的不平衡会逐步被显现出来,西部民族地区的发展差距就会从经济领域扩展到社会领域:

首先,"经济发展的单边突进"的现象突出。也就是说,面对西部经济于东部发达地区相对滞后的现象,激发西部地区集中精力搞经济,产生追赶东部的急迫心态,这必然会导致经济建设过程中"极端功利主义"倾向的滋长,不可避免地出现一切围绕经济发展的指挥棒转,一些地区把"以经济建设为中心"变成了"以经济建设为全部",这似乎是一个不可争辩的事实。建设有中国特色的社会主义,必须以经济建设为中心,必须坚持效率优先的原则,然而,当我们把效率优先演变为唯独经济效率的时候,GDP 便成了这些地区从上到下唯一的追逐目标时,就会产生一系列问题,如只重视资源开发,而忽视生态环境的保护;只重视物质发展,而忽视社会公平和民族文化的发展;只重视硬环境的建设,而忽视软环境的建设等。

其次,西部民族地区社会发展的严重滞后性。"经济发展的单边独进"现象反而加剧了社会的畸形发展,这是因为它严重破坏了社会的和谐发展,"人类社会发展与经济增长应该齐头并进,互动互利","没有相应的人类社会发

---

① 保建云:《转型经济中的政府行为与发展模式选择》,当代世界出版社 2005 年版。
② 谢作渺:《环境友好型经济发展模式》,中央民族大学出版社 2008 年版,第 91—95 页。

展是片面的发展,经济增长也不具有公平性和可持续性"。① 整个社会是一个系统工程。同时,社会发展的滞后性又成为经济快速发展和可持续发展的带有根本性的制约因素,这同样是西部地区所面临的一个不可忽视的问题。人们通常比较和关注的是经济发展水平的差距,而就社会发展水平进行比较和关注的则不够。民族地区的社会发展水平事实上比全国的社会发展水平要低很多,这主要是由于西部地区长期处于社会发展严重滞后和社会发展不成熟的状态而形成的。

经济发展和社会发展是一个相互联系的有机体,当我们发展经济优先的时候,与经济发展相关联的任何一个因素都与社会发展紧密相连。譬如,城乡公共服务发展水平、医疗教育发展能力、科技信息发展能力等社会发展状况滞后就会影响社会的发展。如果拿这些社会因素进行比较的话,西部地区与全国平均水平还是有一定差距的。在滞后的社会发展水平束缚下,西部民族地区的经济发展会出现"瓶颈效应"。

(二) 丽江的优势与问题

丽江市地处滇西北高原,金沙江中游,东接四川省凉山州和攀枝花市,南接大理,西北分别与怒江州、迪庆州毗邻。全市幅员面积 2060 平方公里,辖 1 区 4 县,即古城区、玉龙纳西族自治县、永胜县、华坪县、宁蒗彝族自治县,共 72 个乡镇。全市有纳西族、白族、傈僳族、彝族、普米族等十多种世居少数民族。丽江位于著名的滇川藏大三角文化交汇地,是古代南方丝绸之路茶马古道必经之地。长期以来,在丽江这块土地上保留下了古老的东巴文化、丽江古城、纳西古乐、茶马古道等众多民族文化交汇融合的文化结晶,并存着多民族和谐相处。以玉龙雪山、虎跳峡、泸沽湖、老君山为代表的壮丽秀美的自然风光以及以丽江古城东巴文化摩梭风情等为主的绚丽多姿的人文资源形成了丽江独具特色和丰富多彩的旅游资源。区内有可开发价值的景区(点)104 处,其中有著名的国家历史文化名城丽江古城;玉龙雪山和泸沽湖是省级旅游开发区;纳西族东巴文化和泸沽湖摩梭人风情中外驰名。还有虎跳峡、长江第一

---

① 胡鞍钢:《解放日报》2003 年 7 月 21 日。

湾、老君山、白沙壁画等自然景观和人文景观。这些秀丽迷人的自然风光和悠久灿烂的民族历史文化,浓郁多彩的民族风情,构成了丽江丰富的旅游资源。

"丽江雪山天下绝,积玉堆琼几千叠。"以壮丽多姿的山水和浓郁厚重的民族文化享誉世界的丽江目前正成为世界知名的旅游品牌之一。近10年来,继丽江古城申报为世界文化遗产之后,又成功申报了三江并流世界自然遗产、东巴古籍文献世界记忆遗产。丽江先后荣获世界上最令人向往的旅游目的地,欧洲人最喜爱的旅游城市和中国优秀旅游城市等殊荣。2005年丽江已被列入中国魅力名镇人居环境名镇。丽江市委市政府抓住旅游业大好发展的有利时机,提出了打造文化旅游名市,构建和谐丽江,建设国际精品旅游胜地的目标。同时,文化产业在丽江成功运作,已经成为丽江的一大亮点。和自兴(2006)认为,文化产业作为新兴的朝阳产业,具有"激素产业"、"介入产业"、"前沿产业"、"招牌产业"、"高效产业"的聚集效应。它最贴近知识经济和信息经济,具有很强的对外宣传功能和资源吸纳功能,对传统经济乃至整个宏观经济起着十分明显的优化、改造、刺激和拉动作用[①]。

然而,丽江在打造文化名城的同时,在经济社会教育文化等领域也存在很多问题,这些问题的处理会直接影响到民族团结与社会稳定,主要的问题有:

首先,整体经济发展较为落后,经济基础薄弱,丽江市的产业单一化现象严重,除了当地的支柱产业——旅游业之外,没有任何其他有力的产业。从整体来看,第一产业的基础薄弱,抵御自然灾害的能力低,不利于农业和农村经济的稳步发展;第二产业的结构不合理,钢铁、水泥、纺织等行业仍存在产能明显过剩的问题,造成这些行业生产增速放缓;第三产业的交通运输业由于受到铁路新线、复线建设滞后而导致铁路运输能力不足,以及燃油供应紧张而提高运输成本;城乡结构发展不平衡是最突出的表现,城镇居民人均可支配收入是农民人均收入的4倍以上,广大农民的购买力和消费水平低,不利于扩大内需。

---

① 和自兴:《丽江民族文化产业建设的实践与探索》,《云南民族大学学报》(哲学社会科学版)2006年3月,第23卷第2期,第54页。

　　其次,教育改革发展落后,全市高中阶段教育出现"瓶颈",制约了教育高级化的有效需求问题,这主要是由于经济社会发展的不平衡因素影响,随着"两基"攻坚目标的不断推进,初中生入学及毕业规模不断扩大,"出口"不畅引起的,高中基础设施薄弱状况也就日益凸现出来。这与另一个"出口"职业高中没有得到很好发展密切相关,部分中职学校教学设施不完善,专业设置不合理,教师缺乏实践经验和实际操作技能。职高教育有待进一步改革和完善。

　　第三,社会保障水平较低,城乡差距明显,社会保障制度不健全。现行的养老保险,医疗保险和失业保险及最低生活保障基本上是针对城市居民,广大农村保险覆盖面小,保障水平低。医疗保障制度虽然也在努力改革,但改革的结果不尽人意,广大民众看病难、看病贵,甚至看不起病等问题仍然存在。

　　第四,人口流动引发的社会问题。一方面,丽江古城作为丽江旅游的核心地域,其商业价值不必言喻。经济利益的驱使许多外地商人迁入丽江做生意,造成了不仅是丽江古城内,而且城镇中房价等物价的虚高,居民生活成本提高;另一方面,由于人口的大规模流动,犯罪率提高,"平安创建活动"受到挑战;伴随经济发展而来的房屋拆迁,土地征用等扰乱当地居民生活,造成社会矛盾[①]。同时,丽江是少数民族聚居地,现代经济的发展在一定程度上破坏了当地民族传统的传承,易引发民族矛盾。

　　经济要发展,民族地区的经济要发展,丽江的经济要发展,丽江的经济要可持续发展,这是发展民族地区和丽江的历史和必然要求;同时,民族地区的社会要发展,丽江的社会要稳定发展。经济和社会是协调发展还是优先发展?在协调发展中谁充当"裁判员"? 什么是需要优先发展以及在优先发展中谁又是充当"运动员"? 所有这些问题是丽江市政府所要积极思考的重要课题,而丽江政府又是怎样做出选择在这块热土上构建社会主义和谐社会的呢?

二、政府能力提升战略的目标

　　要构建和谐社会,丽江市政府认为,最重要的是要转变政府职能,提升政

---

　　① 乔亨瑞:《2005—2006 云南社会形势分析与预测》,云南大学出版社 2006 年版,第 127 页

府能力,把政府进行清晰定位,当好"裁判员",做好"服务员",成为"协调员"。所以,把选择"政府能力提升战略"作为构建丽江市构建社会主义和谐社会的着力点和落脚点,以能力促和谐,在丽江以及西部民族地区都有广泛和深远意义。

丽江市政府在构建社会主义和谐社会初期就开展了关于少数民族地区和谐社会建设的探讨和研究,并提出政府能力提升战略,同时也提出了明确的战略目标,这个战略目标分三个层次,即社会目标、组织目标和政府能力目标。在制定政府工作规划中对政府能力等目标建设就给予了明确,并在政府工作报告中加以总结和阐述。

(一)政府能力提升战略的社会目标

丽江市各级政府要积极转变政府职能,积极提升政府自身能力,在行政管理中贯穿服务,在服务中实施管理,在管理中提升能力,以自身素质能力提高为先导,正确引导经济社会的发展方向,最终达到社会和谐发展的目标。概括地说,政府能力提升战略的最终目标是建设和谐社会。在市一届人大四次会议上审议通过的《2006 年政府工作报告》中,明确了"十一五"期间丽江市经济社会发展的最终目标是社会和谐的战略目标。《报告》进一步指出要以邓小平理论和"三个代表"重要思想为指导,以科学发展观统领经济社会发展全局,紧紧围绕打造文化旅游名市、构建和谐丽江、全面建设小康社会的宏伟目标,突出又快又好发展这个主题,抓机遇、打基础、建支柱、创名牌、增效益,深入实施文化立市、旅游强市、水能富市、和谐兴市、人才推动和全面开放六大战略。着力推进社会主义新农村建设,着力调整经济结构,着力建设资源节约型、环境友好型社会,以人为本,统筹兼顾,促进城乡协调发展,开创丽江市经济、政治、文化和社会建设的新局面。丽江市人大从加强人大法制方面入手,深入开展了切实加强民主法制建设、维护人民群众切身利益促进社会公平正义、加大民族地区立法和执法检查等一系列推进社会主义和谐社会建设的工作。共青团丽江市委员会通过组织市民开展"参与志愿服务,共建和谐社会"等活动,弘扬志愿精神,促进社会和谐。

(二)政府能力提升战略的组织目标

丽江市政府在制定总体的目标后,还进一步制定了组织目标,也就是通过政府能力提升战略的实施,不仅要求各级政府初步具备建设和谐社会的各项能力,还要把政府打造成一个高效、民主、法制和为全体丽江人民服务的政府,为此,丽江市的政府能力提升战略的目标更加清晰,具体来说:

1.建设高效型政府。建设一个高效型政府自然是提升政府能力的首要目标选择。政府机构臃肿、职权重叠、效率不高等肯定会影响行政系统的高效运行,要求在管理职能、机构设置、管理方法和制度建设等多个效率相关影响因素方面对传统低效的"大政府"进行改造,建设一个适度规模的高绩效政府。丽江市在建设高效型政府过程中,也推行了很多举措,如通过政府上网、大力推行办公自动化等方式来有效地提高政府工作效率。

2.建设民主型政府。政府权力源于公民权利,是公民权利的让渡。因此,民主不但是行政的目标,而且相比于效率,处于更高的地位,在追求效率的同时,更应强调民主。建立一个民主的、负责任的政府是当前提升政府能力的一个主要目标。在建设民主型政府方面,丽江市政府把第一落脚点放在了"丽江政务"网站上,它是2003年由丽江市人民政府主办的政务公开信息平台。其目标是丽江市委、市人大、市政府、市政协四大班子全员参与,协力打造,将该网站建设成为了丽江人民了解参与民主决策的平台,也成为了展示丽江风采的窗口。

3.建设服务型政府。建设服务型政府已成为世界的一种普遍共识。长期以来,行政管理是以政府为中心的重管理、轻服务的控制型行政,真正有效的服务型政府并未建立起来。因此,建设服务型政府已成为当前改革的迫切性问题。丽江市政府的目标是要经过几年时间的努力,通过机构改革、政府职能转变等一系列措施,打造一支服务型的政府,实现在行政管理中贯穿服务,在服务中实施管理,在管理中提升能力。

4.建设法治型政府。法治政府是指整个政府的设立、变更、运作的合法化、规范化。完备的法律制度是建设法治型政府的首要前提,依法行政是法治型政府的必要保障。加强政府法治行政能力建设,完善政府行政立法,确保政府行为的法制化,加大政府依法行政力度,有利于法治型政府目标的实现。在法制型政府建设方面,丽江市人大从加强人大法制方面入手,深入开展了切实加强民主法制建设、维护人民群众切身利益促进社会公平正义、加大民族地区立法和执法检查等一系列推进社会主义和谐社会建设的工作。

(三)政府能力提升战略的政府能力建设的具体目标

科学行政、民主行政和依法行政三位一体是构成政府行政的核心内容,政府能力建设也要与科学行政、民主行政和依法行政相适应。丽江市在促进社会主义和谐社会建设为总体战略目标的指导下,坚持以大力提升政府行政能力为导向。并明确指出,建设社会主义和谐社会,和打造成一个高效型、民主型、法制型和服务型政府所需要的政府行政能力的必须着重建设以下七种核心能力。

1.战略决策能力。战略决策是管理的起点,管理的过程就是实现战略决策的过程,政府要实现引导经济社会和谐发展就必须提高在制定战略规划、公共政策等重大问题上的决策能力。

2.公共事务管理能力。市场经济条件下,政府需要面对纷繁复杂的信息和及时突变的情况,构建和谐社会需要政府具备驾驭市场经济,实行宏观管理的能力。

3.组织创新能力。组织创新包括组织制度的创新和组织管理的创新两个方面,组织创新能力也包括对这两个方面创新的能力。创新是民族振兴的灵魂和社会进步的动力,也是构建社会主义和谐社会的重要方面。现代知识经济社会是一个创新性很强的社会,进入知识经济时代的政府应是一个创新能力很强的政府。一要提高政府制度创新能力,推动政治、经济、文化和法律制度创新;二要提高管理创新能力,推动管理方式、管理方法和组织体制的创新。

4.危机管理能力。国际、国内领域各种突发事件对政府应对能力提出了更高的要求,政府必须要具备处理危机的应急能力。当各种危机事件突如其来之时,政府的危机管理能力将是降低危机损失,保证人民生命和财产安全的关键所在,也是维持社会稳定促进社会和谐发展的重要能力,而构建体制性的政府危机管理系统就是为了提升与保证政府的危机管理能力。

5.组织协调能力。市场经济条件下,各个利益集团为争夺利益必然会引发种种利益冲突,成为引发社会矛盾,影响社会和谐的重要因素。因此政府要具备协调能力,把广大人民的根本利益作为制定政策、开展工作的出发点和落脚点,正确反映和兼顾不同方面群众的利益。

6.公共服务能力。对一个现代政府而言,承担公共服务的职责,追求公共服务的高质量,提高社会公众对政府所提供的公共服务满意度,是政府的核心价值所在。所谓公共服务,彭向刚指出,是为社会公共生活提供的公共产品和服务,包括加强城乡公共设施建设,推动社会就业,提供社会保障,发展教育文化科技卫生体育等公共事业,发布公众信息,为公众生活和参与社会经济政治活动提供保障和创造条件等①。政府有承担公共服务的职责,那么,政府成员就要具备公共服务的能力,否则,这种服务是实施不到位的,或者根本没有办法实施的。譬如说,为了加快地方经济的持续发展的基础性条件,为了加快地方工业发展的基础设施,和对于国民经济发展至关重要的公共设施、道路交通、信息通讯等方面的建设,由于投资规模大,投资额大,收益周期长,利润率偏低,企业往往缺乏提供这样服务的动力和能力。一般来说,政府有承担这种公共服务的责任和任务,显然对政府成员要具有认识提供公共服务重要性的能力,做出如何最有效地提供这种服务的决策能力,并在提供公共服务过程中的执行能力和监督实施能力等公共服务能力。

7.学习能力。政府部门工作人员必须具备学习能力,充分理解各种政策、文件,保证用最新的知识充实自己,适应信息化社会。依法治国是我国的基本国策,也是和谐社会的基本要求。学习能力还表现为学习国家的政策、法律和法规,了解并掌握政策、法律和法规的内容和运用条件,提高遵守政策、法律和法规,运用国家层面的政策、法律和法规来制定本部门的政策、法律和法规的能力。

---

① 彭向刚、张世杰:《论构建和谐社会中的政府能力建设》,《吉林大学学报》2005 年第 5 期,第 1 页。

三、政府能力提升战略的具体内容

党的十六届五中全会通过的《中共中央关于制定国民经济和社会发展第十一个五年规划的建议》提出,"十一五"期间,要"着力推进社会事业发展",提出要重视能力建设,强调在发展问题上要注重实事求是,体现区域特殊性等建议。就丽江而言,是一个社会发展和政府能力相对滞后的民族地区,从本地区滞后条件成为地区发展的重要制约因素的特殊性出发,来选择政府能力提升战略是合乎逻辑和实际的。政府能力提升要立足长远,立足全面,真正树立和贯彻科学发展观,为经济建设长期的、可持续的发展奠定基础,为社会和谐发展提供重要的保障。丽江市政府能力提升战略主要包括以下几个方面的建设。

(一)转变政府职能

地方政府是地方公共权力的主体,是行使地方公共权力的代表。陈恒梅认为,地方公共权力能够对区域内的公共资源做出权威性的分配,同时也能够对区域公共事务做出权威性决定①。因此,地方政府作为地方公共权力的代表,对公共资源具有权威性的配置权,这种权力的滥用会对社会造成很大危害。丽江市政府提出要把权力型政府的角色变成服务型政府,放下"官架子",各级政府要全心全意为本地区人民服务,这与政府目标也是完全一致的。

随着社会经济的发展,政府的职能早已超越了单纯的行政管制功能,而是演变成为社会和公众提供服务的行政。由于科学技术的广泛应用,信息越来越发达,现代的政府要求提供更加快捷、便利的服务。丽江市积极实施政府能力提升战略,主要是对社会提供快速便捷的行政服务,这种服务包括为国家服务、为社会服务、为公民服务三个层次。

为国家服务是指为实现国家职能所要求的一切服务。国家层次的服务主要是从战略角度考虑的,是关系到国家安全和稳定的重大战略决策。萨缪尔

---

① 陈恒梅:《政府办事效率与西部大开发》,《地方政府管理》2000年第8期,第20页。

森认为,安全与稳定是一种公共品,它具有供给与消费的同期性及非排他性,这种既符合经济效率价值,又满足社会公共原则的物品,市场机制无法提供,政府则成为理想的供给者①。这样,地方政府就要为社会提供安全与稳定的公共品,不排除必要的时候建立强大的司法和治安力量,因为司法和治安是政府为社会提供公共品的组成部分,也是地方政府行政的法律工具,从而使社会秩序处于良好法治环境中。

为社会服务是指地方政府为市场、为企业、为社会各类中介组织机构提供的服务。政府与社会的关系表现为政府与市场、政府与企业、政府与社会各类中介机构等。丽江市政府在为市场提供服务方面,要不断培育市场体系,制定市场运行规则,维护市场交易秩序等;政府为企业提供服务方面,要为企业提供市场信息,引导企业发展方向以调整产业布局,提供市场供求信息,为企业调整产品结构提供参考等;政府为社会各类中介机构提供服务方面,主要是为他们提供政策咨询,建立法律法规,提供信息指导等。同时,还要提供社会就业、社会保障、医疗卫生、生态环境保护,科学教育,劳动就业培训等全方位的社会服务。

为公民服务是指政府站在公正的立场,为社会各阶层成员提供的保障性服务。政府作为人民的代言人,要兼顾各社会主体、最大限度地为满足各社会群体追求其自身利益和自由的需要而担当"社会仲裁人"的角色。丽江市政府提出,为公民服务就是要反映公民的意愿,为公民的利益尽心工作,顺应民意,这也是地方政府行政管理的应有之义,应有之举。

(二)建立应急机制

丽江的地理环境险要,地形地貌复杂,地处横断山脉三江并流区域,山川壮丽,道路曲折,各种自然灾害频繁发生,山体滑坡、泥石流、森林火灾等各种突发性灾害很有可能随时发生,建立自然灾害的应急机制是很迫切,很有必要的。

丽江的社会关系复杂,它是我国少数民族最多的地区之一,除汉族以外,

---

① 郭剑铭:《地方公共政策研究》,中国社会科学出版社 2006 版,第 33 页。

原生的少数民族就达 10 个之多,随着人口的大量流动,现在 56 个民族在丽江都能够找到身影。各民族在语言文字、神话传说、音乐舞蹈、文学艺术、宗教信仰,婚姻、丧葬、生育、节庆、饮食、服饰、待客、礼仪、娱乐活动以及心理素质、生态环境等方面都要求保留自己独特的个性和风格,这无疑造成社会关系和民族矛盾的复杂化。同时,随着周边国际形式日趋复杂,随时会暴露出分裂祖国问题、恐怖主义问题、宗教组织问题、国际局势问题等一系列的潜在的深层次的难以预测的社会问题,这些问题如果不加以处理,就有可能导致和外化为一系列政治冲突行为。

从自然突发性事件到社会政治的潜在突发性事件来看,丽江建立健全社会公共管理的应急机制,建立社会问题的预警系统,加强各种自然灾害预测预报,提高防灾减灾能力具有深远意义。丽江市结合自身情况,从社会稳定和社会和谐大局出发,要求各级政府要全面建立社会公共管理应急机制。它包括坚持"预防为主,防御与救助相结合"的方针,逐步建立和完善"自然灾害监测预报、灾害预防、紧急救援"三大防范自然灾害的工作体系;和"预警系统、警戒防备、及时处理"的三大社会应急系统,不断提高农村居民的抗灾防灾能力,要最大限度地减少灾害损失,要最大可能地把社会问题消灭在萌芽状态。建立健全社会预警体系,形成统一指挥、功能齐全、反应灵敏、运转高效的应急机制,是丽江市提高保障公共安全和处置突发事件的能力的重要任务,确保经济健康持续发展,确保社会和谐稳定运行。

(三)建立科学的决策机制

历史经验证明,政府决策的正确与否常常对整个社会的发展起着导向性和统领性的关键作用。决策正确,社会就能够沿着正确的轨道和既定方向发展,反之则倒退和多走弯路,甚至给社会带来毁灭性的破坏。因此,丽江市各级政府在积极提升政府能力,全面推进和谐社会建设过程中充分认识到必须具有科学的施政方略,科学施政,依赖科学,形成科学的决策机制。科学的决策机制是用科学的方法来解决社会发展中遇到的一系列问题,而绝不是过去的"三拍",即要不要做"拍脑袋",心血来潮立即拍板定案;怎么做"拍胸脯",意气风发,满怀信心,信口承诺;最后做不成"拍屁股",一走了之。

（四）建立公务员队伍的录用、考核和评价机制

政府能力的提升关键在于公务员的行政办事能力,强化公务员的能力建设和绩效考核是建设一支优秀的公务员队伍不可或缺的。丽江市制定出台了《公务员能力建设和绩效考核若干意见》,严格公务员考录制度,加强公务员能力素质培训,强化公务员挂职、轮岗、交流,规范公务员调任,改进公务员绩效考核办法,规范公务员收入分配制度,强化公务员激励机制,健全公务员约束机制,严格公务员离岗培训和辞退制度,实行申诉控告制度。并开展十佳"人民满意公务员"活动,努力形成能者上、平者让、不称职者下的机制,进一步提高公务员队伍的素质,不断增强公务员队伍的活力。

在公务员队伍中,干部是这支精英队伍中的骨干,加强对干部的民主评议、社会考评和明察暗访,确实对干部起到监督和指导作用,有利于干部自身素质的提高和廉洁。丽江市成立了由党代表、人大代表、政协委员以及老干部、企业、基层群众等各界代表组成的巡视督察组,定期或不定期地组织进行民主评议、社会考评和明察暗访。根据各机关部门职能不同、服务对象不同的实际,逐步建立分类型的效能考核体系。每年组织开展相应的机关效能评议活动,并充分利用评议结果奖优罚劣。

四、政府能力提升战略的实施

由于历史和自然的原因,丽江作为多民族地区,其经济社会发展相对滞后,基础设施薄弱、教育水平和教育观念滞后、医疗卫生及计划生育工作仍需加大投入、产业发展尚不完善、培养选拔少数民族干部工作需要新的突破,在这种情况下,丽江市积极推进政府能力提升战略,加大民族干部的培训和培养力度,加强政府体制建设,这对加快少数民族地区小康社会建设步伐,尽快实现社会主义和谐社会,充分体现社会主义制度的优越性,具有深刻意义。

（一）加强政府自身改革与建设

丽江市各级政府把提高政府自身行政能力的改革和建设,作为有效促进社会主义和谐社会建设的前提和保障,是丽江市近年来在和谐社会建设上取得成就的关键所在,丽江市各级地方政府把自身管理的目标定为,政府管理要

"到位",政府职能不能"缺位",行政管理职权不能"越位",管理者不能"错位",以实现地方政府高效、公正、廉洁。丽江市在政府自身改革和建设上的具体做法有以下几个方面。

第一,构建合理的政府组织架构。

我国很多地方政府的职能结构还残留着计划经济体制的痕迹,丽江市也还或多或少地留有这样的痕迹,难以适应市场经济体制的要求。因而政府大力提倡政府机构改革,撤除不需要的管理机构,重新调整和优化政府职能机构,设置符合经济发展和社会发展所需的管理机构,以达到"小政府"服务"大社会"的政府职能化组织结构的目标。

第二,建立高素质专业化的政府公务员队伍。

政府能力的高低在一定程度上取决于政府公务员队伍的素质,因为公务员队伍的素质会影响政府行政的质量和行政效率,经济和社会的快速发展,尤其在信息高度发达的今天,对公务员行政能力的要求越来越高。譬如,市场经济条件下激烈的市场竞争,以及瞬息万变的市场机会,使市场经济行为主体对政府成员的素质要求越来越高,因为政府成员办事的效率和质量在一定程度上影响着经济行为主体的经济行为及行为效率。所以,政府公务员素质的高低,对于地区经济的发展具有相当大的影响作用。丽江市在建设高素质的公务员队伍中,制定了包括绩效考核在内的一系列措施,专门针对公务员出台了包括录用就职教育、培训培养、晋升和绩效考核等在内的多种管理办法,并形成文件,公布实施。

第三,重视少数民族干部的培养。

丽江市充分认识到少数民族干部在少数民族地区和谐社会建设中的重要作用。少数民族干部来自人民群众特别是少数民族群众之中,是少数民族中的先进分子,也是政府联系少数民族群众的重要桥梁和纽带,只有重视少数民族干部的培养,才能通过他们把各族群众凝聚到政府的周围,为全市的各项建设事业贡献力量。丽江市委组织部、统战部、市民宗委等部门联合举办了少数民族干部培训班,把加强少数民族干部的教育培训作为一项事关全局的基础性、战略性工作。培养了一支政治坚定、有改革开放意识、懂经济、会管理、有领导能力和驾驭市场经济能力的少数民族干部队伍,为少数民族和民族地区的发展提供组织保证和人才支持。

第四,制定科学的政府管理秩序,用制度管人。

一方面,由于市场经济的推动,微观经济主体本身对政府高效行政提出了规范化、标准化、制度化管理的要求,促使政府必须建立一套科学的行政程序,使政府公务员有章可循,以科学的运行轨迹行政,从而提高政府工作效率。另一方面,社会发展的需要,随着社会改革、政治改革的不断深入,程序化和科学化行政管理的自身对管人和用人也提出了制度化的要求,在引进人、管好人、用好人、留住人的人才管理过程中,不能任凭感情用事,不能以人管人,而应该把管人纳入到制度体系之中,丽江市在制度管理人方面制定了一系列的相关制度。

(二)推动政府进行一系列的体制改革

丽江市在政府能力建设过程中,结合丽江本地"旅游小城镇"的特色,以社会和谐和可持续发展为最终和最高目标,以促进城乡、区域协调发展,开创经济、政治、文化和社会建设新局面,发展民族教育事业为主要内容,政府自身管理体制进行一系列的改革,这些体制包括政府行政体制、经济管理体制、教育体制、公共服务体制和包括社会就业等在内的社会管理体制,具体的措施包括:

第一,加快政府行政管理体制改革。

丽江市继续推进政企分开、政资分开、政事分开、政府与市场中介组织分开,减少和规范行政审批。加快政府管理模式和管理手段创新,推进电子政务建设,推进政府部门资源整合、信息共享和政务公开,提高公务员素质,推进政府机关和公务员工作规范化、服务标准化,提高行政效率,降低行政成本。

第二,深化经济管理体制改革。

丽江市围绕完善社会主义市场经济体制,加快推进有利于经济结构调整和增长方式转变的改革,积极推进有利于政府职能转变的经济管理体制改革,它包括深化国有资产管理体制改革;大力发展非公有制经济;积极推进财政、金融和投融资等体制改革;完善市场体系等一系列经济领域的改革。

推进有利于维护人民群众根本利益的经济领域改革,这包括合理调节收入分配。发挥再分配的政策调节作用,促使国民收入分配向"三农"、贫困地区和社会事业倾斜。运用多种调控手段,加大收入分配的调节力度,扭转收入分配差距扩大的趋势,提高低收入者收入水平,扩大中等收入者的比重,调节过高收入。解决社会困难群体的生产和生活困难,关注弱势群体的利益。

推进有利于扩大开放、合理利用两个市场两种资源的改革,务求在一些重点领域和关键环节取得突破性进展,实现改革、开放和发展的相互促进。

第三,优化教育布局和结构,深化教育体制改革。

丽江市各级政府认真贯彻"积极鼓励、大力支持、正确引导、加强管理"的方针,不断优化教育布局,调整教育结构,使教育改革向纵深方向发展。具体措施是:鼓励和支持社会力量办学,形成政府办学为主,公办学校和民办学校共同发展的格局。公共教育资源向农村、贫困地区和少数民族地区倾斜。强化政府对义务教育的保障责任,把巩固和提高"两基"成果特别是农村义务教育作为重中之重。农村义务教育要在保证入学率和巩固率的前提下,进一步调整中小学布局,优化教育资源配置,提高教育教学质量。适应城市化发展的需要,合理布局城镇中小学校,保证义务教育阶段适龄人口就近入学。以就业为导向大力发展职业教育,确保每个区县办好一所起骨干示范作用的职教中心或中等职业学校,着力培养高素质和实用型人才,促进普通高中和中等职业教育协调发展,到2010年,普通高中和中等职业教育在校学生比达到10:6。

第四,推进社会管理体制改革。

丽江市积极深化劳动就业体制改革,制定实施就业优先发展的政策,完善就业服务体系,规范企业用工行为,努力改善创业和就业环境。积极探索改革社会事业管理体制,对社会事业实施"政事分开、管办分离",探索成立社会事业资产管理机构,逐步纳入国有资产管理体系,实现社会事业投资、运营主体多元化。

第五,加快公共服务体制改革,建立基本完善的社会保障体系。

丽江市实行基本公共服务的均等化公平分配,按照相关法律法规和建设公共财政的要求,加快建立社会事业投资稳步增长的长效机制和多渠道筹资机制,切实加大义务教育、基本医疗、公益文化、公共安全、社会救助、社会服务等的投入,提高老年人、残疾人和孤残儿童等社会弱势群体的服务和保障水平,建立救助体系信息库。完善城镇居民最低生活保障制度,实现应保尽保。建立普遍救助与专项救助相结合、资金救助与劳动赈济相结合、常规救助与临时救助相结合、政府主导与社会互助相结合的救助体系。

(三)加强公民的道德与规制建设

政府能力建设不应该视为政府的单方面行为,而应该是政府与公民的双向互动行为,所以加强公民的道德和法制建设对推进政府能力建设起到很大的作用。丽江市在加强公民的道德和发展建设方面比较典型的例子有:

第一,加强"诚信丽江建设"。

丽江市坚持政府主导、市场推动,建立以道德为支撑、产权为基础、法律为保障的社会信用制度,加快建设企业和个人信用服务体系,完善信用监督和失信惩戒制度。到2010年基本建立起以政府信用、企业信用和个人信用为主体的社会诚信体系框架。

第二,继续跟进"创建平安"活动,维护社会公平正义。

建立健全基层民主管理制度,基本形成以民主决策、利益协调、应急处置为主要内容的社会管理框架。丽江市"创建平安"活动,是以改革的精神为动力,全面加强和改进政府能力建设,以提高政府的行政能力为基础,使公民的政治思想、素质品行建设也得到切实加强,公民素质和城乡文明程度进一步提高。社会公共安全体系健全,社会治安综合治理工作得到加强,安全生产责任有效落实,社会秩序良好,人民安居乐业。丽江市提出并实施的"创建平安"活动,已经取得了良好的效果,为了使活动开花、结果、还能生根,丽江市政府决定继续推进这项活动,通过"创建平安"活动,有利于进一步维护社会公平正义。

第三,增强规制意识,做到有令即止。

公务员应该以身作则,起到带头模范作用,在提高公民素质上也不例外,一般地,公务员比一般社会公民具有更高的知识水平、文化素养。为了严肃纪律,增强公务员的法制观念,丽江市提出"四条禁令",严格执行有关的规章制

度,做到有令即止。这"四条禁令"的具体内容是:

严禁有令不行,着重解决对法律法规和市委、市政府出台的政策措施执行不力或消极抵触,搞部门利益第一,上有政策、下有对策等问题;

严禁办事拖拉,着重解决政务不公开,搞暗箱操作,违反服务承诺制度,办理事项不能限时办结,效率低下,推诿扯皮,对群众要办的事情敷衍塞责等问题;

严禁吃拿卡要,着重解决办事不讲规则讲关系,不给好处不办事,巧立名目乱检查、乱收费、乱罚款、乱摊派等问题;

严禁态度刁蛮,着重解决服务态度差,故意刁难群众,横行霸道等问题。

同时,还要提高服务质量,提高办事效率,把问题和规章制度落到实处。

(四)重视政府的行政制度建设

制度是工作的保证,丽江市政府非常重视政府的各项行政制度建设,坚持教育和惩处、监督检查和改进工作、严格执纪执法与实现勤政廉政相结合的原则,实行的制度很多,这里主要是列举一些具有现实意义、在实际中具有典范作用的相关制度,丽江市在市直机关实行以下具有借鉴意义的制度:

第一,办事公开制度。

丽江市市直机关可以公开的事项必须公开,接受群众监督。要公开机关和各处(科)室的职责范围,制定并公开办事程序流程图,公开办事依据、办事程序、办事要求、办事时限、办事纪律以及承办部门、承办人员、负责人姓名等内容。

第二,"窗口式"集中办理制度。

丽江市市直机关审批事项进入市行政审批服务中心,实行"窗口式"集中办理,接受市审批改革办公室的监管。凡进入"中心"办理的审批事项,各单位不再另行受理,目前进入"中心"办理暂不具备条件的审批项目,在本单位实行"窗口式"集中办理。

第三,首问负责制和一次性告知制度。

所谓首问负责制,是指首位接受询问的工作人员,必须向管理相对人或服务对象告知经办处(科)室、人员或相关联系电话,该承办人应一次性向管理相对人或服务对象告知办事程序和需要提交的全部材料。对管理相对人或服务对象所申请办理的事项,法律、法规和规范性文件不明确,或者情况比较特殊的,承办人应在第一时间请示部门领导,并把能否受理告知管理相对人或服务对象。

第四,否决事项报告备案制度。

管理相对人或服务对象到机关部门办理有关事项,承办人员对不予受理、核准的事项,应明确告知管理相对人或服务对象,并登记备案。承办人对不予办理的重大事项或疑难问题,应呈报分管领导审批,不得擅自决定不办。

(五)加强对行政机关领导干部的管理和监督

制度是一种规范,制度能不能落到实处,不仅与政府行政的执行力有直接的关系,而且与政府行政的监督力也密不可分,没有监督,执行就成了"空头文件"。监督要着重于事前监督和事中监督,尽量避免事后监督。在提升政府能力上,管理和监督是分不开的,丽江市政府从不同角度、不同形式、不同内容在对行政机关领导干部进行管理和监督,他们采取的具体措施是这样的:

第一,建立市直机关领导干部考学制度。

加强政治理论学习,政治思想过硬、理论知识扎实的行政领导干部才能上岗工作,为了提拔这样的领导干部,丽江市政府提出学习和考试相结合的培养模式。同时,在部分专业性较强的领导岗位实行聘任制,聘任期满后自然解除,续聘的必须重新签订聘任合同,对聘任的干部要加强业务考核,把考核结果通知其本人,并记录在案。

第二,实行市直机关内部中层领导职位竞争上岗和试用期制度。

市直机关内部领导职位出现空缺时,实行竞争上岗。新提任的领导干部任用试用期为一年,试用期满经考核合格的正式任职,不合格的回原岗位或按照原来职级安排工作。同时严格执行市直机关领导干部交流制度。

第三,改进市直机关领导干部考核制度。

对机关县(处)级领导干部的考核,应把市委、市政府分管领导意见、上下级对口部门意见、相关部门主要负责人意见、本单位班子成员意见、中层干部意见、本单位全体干部职工意见,依照不同权数进行综合加权。考核分值和相关权数由市委组织部依据不同单位的特点制定。对机关内部中层领导干部考核，则把本单位领导、相关处室和相关单位、本处室工作人员、本单位全体干部职工以及主要服务对象的意见依据不同权数进行综合加权。对综合考核优秀率达80%以上、工作绩效突出的领导干部予以表彰和嘉奖，对不称职者予以免职、责令辞职或降职处理。

第四，建立市直机关领导干部引咎辞职。

除了因工作严重失误、失职造成重大损失或对重大事故负有重要领导责任的领导干部应引咎辞职外，对于工作实绩差、长期打不开工作局面，未能完成年度工作目标的，第一年予以诫勉，连续两年的要求引咎辞职，不愿辞职的予以免职。

第五，建立市直机关领导干部责任追究制度。

本单位、本处室发现有令不行、办事拖拉、吃拿卡要、态度刁蛮等行为，经查实受到处理的，处事负责人、部门分管领导、主要领导要负连带责任。

（六）以绩效考核促管理

云南省委2005年6月3日颁布了《县（市、区）党政领导班子和成员的政绩考核评价办法（试行）》，用包括社会和谐、可持续发展等内容在内的十六项主要指标来考核领导干部的政绩。丽江市各级政府认真贯彻落实该考核评价办法，并结合实际情况对《办法》进行了细化，解决了基层在树立正确的政绩观上的疑惑。

长期以来，干部考核之所以成为难点，主要是因为难以突破实绩评价关口，现实情况千差万别，很难用一套考核指标将其囊括。丽江市在干部考核上突破了传统的做法，把实际情况有机结合起来，所实行的整个考核评价办法具有既重定性，更重定量；既重显绩，更重潜绩的考核办法，该办法的突出特点是分类科学、简便易行。为客观公正地考核工作实绩，对党委班子和政府班子、班子主要负责人和其他成员分开考评。在各级政府中，有政府和党委兼任的领导干部，所以，在这里把党委班子考评内容进行阐述，以显示考核内容的整体性，对党委系统的考核指标主要有：

党的建设30分、经济发展30分、社会和谐30分、自身建设30分。在具体项目设置上,党的建设方面包括:思想政治和意识形态工作;基层组织建设情况;领导班子、干部队伍、人才队伍建设,贯彻《党政领导干部选拔任用工作条例》,公道正派选人用人;统战群团工作;党风廉政建设。经济发展方面包括:GDP及其增长率、财政总收入及其增长率、城镇居民人均可支配收入及其增长率、农民人均纯收入及其增长率。社会和谐方面内容有:科技、教育、卫生、文体事业发展;建立社会保障体系、社会稳定和社会治安综合治理、落实"五个统筹"要求。自身建设方面包括:发挥党委"总揽全局、协调各方"的领导核心作用,坚持民主集中制、廉政勤政。

而县级政府班子考评内容的主要指标有:

经济发展40分、社会和谐25分、可持续发展25分、自身建设10分。在具体项目上,经济发展方面,包括固定资产投资额及其增长率、重大项目建设和完成情况、社会消费品零售总额及其增长率。社会和谐方面,主要包括就业与再就业增长率、群体性事件下降率和处置情况、刑事案件发案下降率和破案增长率。可持续发展方面,包括控制人口增长、城市化水平提高率、环境状况改善情况、国土与资源合理利用。在自身建设方面,主要考核科学行政、民主行政、依法行政情况。县级党政领导班子主要负责人也分别有自己的岗位特点的政绩考核主要指标参照体系。

考核工作由市党委领导,党委组织部门牵头,有关职能部门共同参加。考核评价在定量评定和定性评定的基础上实行综合评定,采取上级评、同级评、下级评、群众评和个人评的360°考核方式进行。

在综合评定中,定量评定权重占70%,定性评定权重占30%。评定结果在州市公示。综合分值在90分及以上,属"好班子"和"优秀"等次的,优先提拔;在79分至65分之间,属于"一般班子"和"基本称职"等次,要限期整改;对65分以下的被评为"差班子",要进行全面整顿和组织调整。考核对象对考核结果若有异议,按规定程序,可以提出申述复核。

丽江市运用科学发展观考察干部,有利于分清政府和市场的职责,有利于强化政府在公共服务和涉及公共利益领域需要履行的职责。综合考核评价,亮点在"综合",关键在"比较",通过不同侧面的考察了解,形成对班子或干部的正确评价。"综合考评办法"把民意调查、实绩分析、综合评价等考察办法引入其中，减少了选人用人的片面性。是不是政绩，应该一笔一笔算细账。真正把政绩"称量"准确，使勤政为民、求真务实的正气得到了推崇和落实。①

五、实施政府能力提升战略的成效

周永学认为，少数民族地区和谐社会建设在我国大力构建社会主义和谐社会的进程中占有十分重要的地位。少数民族地区和谐社会建设具有典型性，民族团结、共同发展是社会主义民族关系的基本特征和核心内容之一，也是中国共产党人和我们国家所追求的目标②。通过政府能力提升战略的实施，丽江市不仅政府能力得到了有效的提升，更重要的是，在经济领域、社会领域得到了协调发展，政民关系、民民关系和谐融洽，也实现了人与自然环境的和谐，真正做到了党的十六届六中全会通过的《中共中央关于构建社会主义和谐社会若干重大问题的决定》（以下简称《决定》）提出的要求。《决定》要求"广泛开展民族团结进步活动，巩固和发展平等、团结、互助、和谐的社会主义民族关系，使各族人民和睦相处、和衷共济、和谐发展"，这在丽江地区可谓"瓜熟蒂落"。

（一）通过实施能力提升战略，实现了经济领域的协调发展

丽江市通过实施政府能力提升战略，不仅实现了经济总体协调，而且在每一个经济领域内部也实现了协调发展。

1. 实现经济领域总体协调。

地方政府在经济管理领域内实现协调发展主要包括了宏观和微观两个层面的协调。在宏观经济领域方面，丽江市政府主要是，一方面保持了地方经济总量和结构的平衡；另一方面是建立和维护了地方市场规则和秩序。在保持地方经济总量和结构平衡上，丽江市利用政府手段促进"无形的手"来调节经济，基本上做到了：

① 谭元怀：《李江宣布省委关于丽江市领导干部工作变动的决定并作重要讲话》，http://www.ljs.gov.cn/pubnews/doc/read/szyw/417364577.140612767/

② 周永学：《科学发展观与构建社会主义和谐社会》，民族出版社 2005 版，第 25 页。

第一,制定地方经济发展的长期战略及中长期规划;

第二,制定地方产业政策和技术政策;

第三,保持地方总供求的动态平衡;

第四,调节收入分配和再分配。在建立和维护市场规则秩序方面,丽江市经过几年的努力,制定和维护市场秩序的一般规则;健全市场经济主体"自愿交易"的统一开放的市场体系。

微观经济是以效率为核心目标,通过市场的公平交易来保障其目标的实现。丽江市重视地方政府对微观经济目标的管理,在必要的时候运用行政力量,帮助市场主体逐步适应市场规则,并营造促使经济行为主体适应市场规则的政策环境和经济环境。丽江市政府在促进微观经济协调发展方面,其重要的职责主要是加快市场经济体制的完善,建设合格的市场主体,培育市场经济活动主体的素质,尤其是提高商品生产者和经营者的素质。

2. 实现经济领域内部的协调发展。

第一,调整和优化了旅游业发展布局。丽江市政府在政府引导经济发展上,主要提出了"一体两翼"的总体构想,坚持"巩固、提高、开发、完善、创新"的发展方针。在中部通过以古城、古镇、古村、雪山为核心,带动白沙多元文化、束河古镇、玉龙新县城、拉市海高原湿地等旅游资源开发,建设雪山古城文化体验休闲度假旅游区,使丽江市的整体经济发展融为一体。开发"两翼"经济带,使整个地区的经济发展如虎添翼,"东翼"以泸沽湖景区为龙头,带动永胜、华坪的旅游资源开发,建设民族风情体验旅游区;"西翼"以老君山为龙头,带动石鼓长江第一湾红色旅游、上虎跳峡等景点的旅游开发,建设生态、科考旅游区。通过实施"一体两翼"的构想,使丽江市的旅游结构和布局更趋合理与协调。

第二,以旅游业带动相关产业互动发展。借助旅游业形成的巨大市场平台,坚持以旅游产业带动文化产业,以体制机制创新为动力,依靠管理创新、技术创新、机制创新,推进产业整合和结构升级,带动相关产业的发展,强化科技和人才支撑,形成以旅游业为核心,构建特色鲜明、优势突出、布局合理的旅游产业群的发展格局。

文化产业在旅游业的带动下得到了蓬勃发展。充分发挥市场对文化资源配置的基础性作用，紧紧抓住并利用好张艺谋等国际知名人士加盟丽江市文化旅游发展的重大机遇，重点培育和扶持丽江市世居少数民族标志性民族文化项目，全力支持和培育印象丽江、丽水金沙、纳西古乐、东巴乐舞、束河古镇等重点文化产业。设立文化产业发展投资基金，扶持重大文化产业项目，推进文化产业与旅游业有机结合，使得文化产业成为新的经济增长点和新的支柱产业。

进一步发挥旅游业的关联带动作用，有选择有规划有重点地建设了一批农产品基地、旅游工艺品加工基地和饮食服务基地等，满足旅游市场的消费需要，形成旅游主导型的产业群和产业链。

第三，使外源型经济与内源型经济协调发展。丽江市经济总量较小，经济发展属于投资拉动型，丽江市的实践经验表明，投资在很大程度上是拉动经济增长的主要动力。政府的经济工作重点是增加投资，丽江市政府以开放为突破口，加大招商引资力度，优化招商引资方式和途径，采取有效措施进一步改善和优化投资环境，全面开放投资领域，为社会各类投资者提供更大的投资空间和多样化的投资类型选择，引导和鼓励民间投资积极跟进，实现了外源性资金的新突破。同时，丽江市政府狠抓内源型经济发展，以农民增收、工业增效、财政增长、后劲增强为目标，主攻民营经济，培育特色经济，壮大园区经济，发展配套经济，提升劳务经济，大力发展循环经济，坚持以加快推进新型工业化为主线，以水能资源开发为重点，抓紧抓好和加快金安桥电站的投资建设力度。通过外联内强，实现了外源型经济与内源型经济的协调发展。

第四，使农村经济与县域经济协调发展。丽江市政府通过建设"旅游小城镇"的示范，发挥农村社区集体组织和农民的作用，动员社会资本参与新农村建设，强化信贷资金的投入，使旅游业与农业、城市与农村更加紧密地联系起来，把推进工业化、城镇化与解决"三农"问题更加紧密地结合起来，为农民进城务工就业创造更多机会；不断壮大县域经济，促进农村富余劳动力就地、就近转移，积极将城市优质人力资源引入农村；健全农村工作的协调机制，形成推进新农村建设的合力；建立以农民增收、农业增产、农村稳定为目标的长效机制,逐步缩小城乡差距,使农村经济与县域经济得到了协调发展。

（二）通过实施能力提升战略,实现了社会领域的协调发展

形势不同,条件不同,会出现各种各样的社会问题,尤其在民族地区经济迅速崛起的地区,这些社会问题和矛盾会越来越集中地暴露出来,直接或间接地影响甚至危及社会稳定,丽江市通过实施能力提升战略,在下面各个社会领域得到了全面和协调的发展。

1.逐步完善社会化公共服务

推进城乡义务教育均衡发展,使丽江市人民享受农村免费义务教育的同时,不断改善农村的办学条件,提高其教育质量,为可持续发展提供人才保障和智力支持。完善社会就业、社会保障、收入分配制度,妥善处理因工资福利待遇、企业改制、征地拆迁、农村集体资产管理等问题引发的各种矛盾,大力扶贫农村,清理涉农收费,整治各种乱收费问题,减轻了农民负担;安置下岗职工,维护农民工、特困户、残疾人等困难群众和弱势群体的利益,完善应急机制,做好防灾减灾和食品安全等各种社会化公共服务。

2.解决少数民族宗教方面问题,使宗教服务于社会

由于丽江境内民族众多,宗教信仰在全省亦颇具特点。许多少数民族都有自己的宗教信仰。省内市内宗教还与周边国家民族、宗教有很大联系,受到周边国家民族、宗教问题发展态势的影响。政府在宗教上的作为主要是:

（1）境外敌对势力利用宗教对少数民族地区进行渗透活动,利用空中和陆地大量偷运非法宗教宣传品进入丽江的现象已经得到有效的控制和处理;

（2）宗教干预国家行政、司法、生产、教育、婚姻、计划生育制度的现象得到了杜绝;

（3）个别地方宗教活动比较混乱的现象已经进行了梳理,不利于社会稳定发展的个别宗教派别进行了引导和整顿,披着宗教外衣和非法组织的"呼喊派"已经得到了遏制和清理;

（4）因宗教问题引发社会矛盾、冲突而影响民族之间的团结和社会稳定的现象,经过认真调查研究,加强贯彻政策和依法管理的力度,切实逐步加以解决,很多问题已经得到了有效的处理。

3.完善农村医疗制度和社会保障制度。

不断完善农村合作医疗保障制度，加强公共卫生防疫、公共卫生体系建设，逐步提高农民的医疗保障水平，进一步完善新型农村合作医疗的相关政策，逐步健全农村医疗卫生服务体系，有效解决农民看病难的问题，从根本上解决了农村居民因病致贫、因病返贫的问题。

逐步建立适合农村实际的社会救助和保障体系，完善农村"五保户"和重病、重残人群的供养、救助制度，逐步提高供养、救助标准，完善救助方式。在具备条件的地区，建立农村最低生活保障制度。在养老保障方面，有条件的地区可以将家庭养老、土地保障和社会养老保险相结合，建立农村社会养老保险制度。

（三）通过实施能力提升战略，实现了政府与人民之间的和谐

丽江市通过实施能力提升战略，坚决贯彻亲民政策，坚持以人为本，充分保证社会各个阶层、各个群体之间的相互开放和平等进入，实现了政府与人民之间的和谐。

1.坚持以人为本，以民为亲

丽江市近年来把"平等原则"和"差别原则"贯彻到整个社会的利益分配中去，在平等中体现以人为本，在差别中做到以民为亲。通过观察亲民政策，使社会各个阶层各个群体之间相互团结、诚信、友爱，始终保持着一种互惠互利的关系。通过实施差别原则，使得社会各阶层的所得，有所差别但却又都是恰如其分的回报，最终实现共同富裕、社会和谐。

在实施亲民政策过程中，丽江市各级政府把着力点放在构建社会主义和谐社会上，坚持党的群众路线，加强和改进新形势下的群众工作，做到立党为公、执政为民，权为民所用、情为民所系、利为民所谋，倾听群众呼声，关心群众疾苦，以群众关心的热点和难点问题为工作重点。始终把克服和消除城乡、脑体、农工、区域、人与自然之间的差别作为要务，统筹城乡发展，统筹区域发展，统筹经济社会发展，统筹人与自然和谐发展，统筹国内发展和对外开放，关注弱势群体，全面贯彻尊重劳动、尊重知识、尊重人才、尊重创造的方针，不断增强全社会的创造活力。

2.坚持实事求是,切实解决问题。

脚踏实地,坚持实事求是、踏实客观的工作作风和态度,勇于和敢于面对现实问题,解决现实问题是丽江市在实施政府能力提升战略后又一大战果。

随着改革的不断深入,面对就业问题、腐败问题、三农问题、生态问题、宗教组织问题等一系列的问题,丽江市各级政府保持清醒的头脑,勇于面对,敢于解决,正确实施社会整合,妥善协调各方面的利益关系,正确处理个人利益和集体利益、局部利益和整体利益、当前利益和长远利益的关系。健全正确处理人民内部矛盾的工作机制和全社会利益协调机制,正确处理人民内部矛盾[①]。

(四)通过实施能力提升战略,实现了家与家之间的和谐

我们知道,真正的和谐社会是一个国家权力与公共权利良性互动的社会,是国家的行政管理与公民个人的自主管理相统一的社会。然而,我们国家目前在很大程度上依然沿用着过去以行政管理为主导的社会管理体制,这同构建社会主义和谐社会的理念是不对称的。因而,政府需要更新管理观念,具有家家和谐的新理念,打造社会管理新格局,要坚持"家家和美、人人和睦"的工作目标和原则,落实维护社区和谐的工作责任制,全面平衡经济、政治、文化、社会、自然之间的关系。

政府与人民是好朋友,各族人民一家亲,家家和睦相处,户户美美与共,这是丽江市人民的真实写照。

政府法治施政,尊重人民权利是实现家家和谐的前提,政府在施政时禁止滥用人民所赋予的权利,受到人民公意的监督和限制,同时充分保障人民的利益,保证人民拥有利益表达权、利益获取权、知情权等基本人民权利。把人民内部矛盾,家庭邻里纠纷消灭在萌芽状态。政府一方面加强和完善社会治安综合治理工作机制,依法打击各种犯罪活动,保障人民生命财产安全;另一方面又要有效发挥司法机关惩治犯罪、化解矛盾和维护稳定的职能作用。

增加农民收入,加快社会主义新农村建设是实现家家和谐的一个重要部

---

① 丽江市人民政府:《丽江市国民经济和社会发展第十一个五年规划纲要》,2006年。

分。丽江市通过实施市政府部署的"三集中一到位"的工作要求,逐步提高农民的收入。在加强社会主义新农村建设方面,丽江市重点实现了优化农业区域布局,优化农产品品种,充分发挥各县的比较优势,提高农业的综合生产能力和竞争力;挖掘农业内部潜力、推进生物资源开发创新、发展特色产业;加大初级农产品的加工转化,促进农产品的现代流通方式,增加农产品的附加值;有机结合农产品生产、加工、销售,推进农业产业化经营;加大小城镇建设力度,加快县域经济发展,扩大农村二、三产业发展;充分把气候、物种等资源优势转化为市场优势,增加优势农产品的出口;创造有利于农民合作经济组织发展的政策和法律环境,提高农民进入市场的组织化程度;加强农村劳动力培训,发展农村职业教育,提高农民劳动技能,培育新型农民,拓宽转移富余劳力渠道。

(五)通过实施能力提升战略,实现了人与自然的和谐

重视生态,树立系统、全面、平衡的执政观念,把整个社会和自然看成一个有机的系统体系,全面兼顾和平衡这个机体的各个环节,把代内平等与代际平等、纵向平衡与横向平衡结合起来,保证这个机体安定、有序,这就是人与自然和谐的核心内容。

社会和自然是一个大的有机生态体系,维持整体生态平衡需要政府正确处理行政管理与社会自我管理的关系。丽江市通过实施能力提升战略后,主要是以发展旅游业为依托,把保护自然生态环境的重要性提到更高的层面。坚持经济、政治、文化、生态的四位一体,坚持施政过程工具理性与价值理性、公平与效率的统一。在人与自然的和谐建设中,丽江市主要取得了以下成就。

第一,发展旅游业和保护生态环境"两手抓、两手都要硬"。

旅游和生态是息息相关的,政府在发展旅游业的同时,大力强化旅游行业的管理职能,做好旅游标准化体系建设和服务质量管理工作,严格景区景点和酒店等级评定制度。做好旅游诚信建设工作,建立旅游单位、从业人员诚信记录、评价、奖惩等制度,完善旅游行业协会运作机制,健全行业自律公约,加强旅游综合执法和监督管理,大大改善了旅游发展环境。

第二,发展循环经济建设大大促进了人与生态和谐。

丽江市坚持科学发展观,从资源支撑与资源约束的辩证关系出发,走新型工业化道路,提高资源利用率,大力推进节能降耗、清洁生产和资源综合利用,加快经济结构调整和技术进步,加强监督管理,形成以企业为主体、政府调控、市场引导、公众参与相结合的发展机制,发展工业循环经济。全面推进节能降耗和清洁化生产,为丽江市建设良好的生态环境奠定基础。

第三,构建环境友好型和资源节约型的经济发展模式。

实施印象丽江、丽江古城景区金虹山雨水截流和植被恢复工程,以发展绿色产业为主,打造生态产业园,如建设雪山古城文化体验休闲度假旅游区等,加大了生态经济的发展力度,政府在构建环境友好型和资源节约型的经济发展模式中发挥了主导作用。

总之,丽江市在实施政府能力提升战略中,提高了政府管理社会的职能,发挥了政府在构建和谐社会中的作用力,把各项社会事业的和谐发展放到重要位置,与经济建设一同部署,一同推动,一同检查,一同落实,促进经济建设与科教文卫、社会保障、环境保护等各项社会事业的协同共进,形成了一个人和、家和、国和、自然和等"家和万事兴"的局面,在一定程度上表明了丽江地区的社区和谐、区域和谐和社会和谐。

第九章 结论与政策建议

　　截至 2003 年底,中国已建立 155 个民族自治地方,其中包括 5 个自治区、30 个自治州、120 个自治县(旗)。据 2000 年第五次全国人口普查,55 个少数民族人口为 10449 万人,占全国总人口的 8.41%。在 55 个少数民族中,有 44 个建立了自治地方,实行区域自治的少数民族人口占少数民族总人口的 71%,民族自治地方的面积占全国国土总面积的 64% 左右。① 我国少数民族人口虽少,但聚居的地方面积广大,自然资源丰富,与其他地区特别是发达地区相比,经济社会发展水平相对落后。上述基本国情,决定了民族问题始终是我们建设中国特色社会主义必须处理好的一个重大问题,也决定了民族工作始终是我们建设中国特色社会主义必须处理好的一个重大问题。

　　新的世纪,在经济全球化趋势明显加剧的背景下,世界经济结构调整所引发的全球间国际资本流动,经济的竞争与科技实力的较量,使民族地区发展环境发生了明显的变化,对民族地区党政领导能力建设也相应提出了更高的要求。作为直接担当着巩固边防、稳定社会、发展经济、民族团结等较为繁重历史任务的民族地区来说,其特殊的战略地位和作用决定了不断提高民族地区政府能力,具有深远的意义。本项目在对该问题系统研究的基础上,从理论和实践两个层面得出若干结论。

---

　　① 中国国务院新闻办公室:《中国的民族区域自治》白皮书,http://news.xinhuanet.com/zhengfu/2005 - 02/28/content_2628105_2.htm.

一、结论

(一)建立起民族地区政府能力结构的定量分析模型

本研究通过选择公开可得的反映地方社会发展水平的指标的方式,利用定性与定量相结合的方法,最终建立起一个民族地区政府能力结构的定量分析模型。该模型为我们进一步建立"政府能力评价指标模型"提供了理论基础。

通常所说的政府能力结构包含两方面内容:一是政府能力的内部构成,即政府能力要素;二是政府能力要素之间相互作用、相互制约的关系。政府能力的多结构性决定了反映政府能力指标的庞杂性,我们在指标选取时主要依据了多维度原则、多次论证原则、科学性原则以及关键性原则。以上述原则为基础,按照一定的时间和空间跨度,我们最终确定了 32 个指标,作为本次评价体系的观测量。通过对观测值的因子分析,我们认为,可以从以下 5 大方面综合评价政府能力:

政府调控经济发展的能力。观测量包括社会消费品零售总额、固定电话数量、城乡居民储蓄年末余额、卫生机构床位数、公共图书馆藏书量、互联网用户数、货物运输量、旅客运输量、废水排放量等 9 个指标。民族地区多相对贫困,促进经济发展是民族地区政府能力建设的重点。因子分析也提示,该方面对政府综合能力的贡献最大,为 39.83%,因此我们将之确立为民族地区政府结构的主导因素。

社会资源分配能力。指标包括人均城镇居民可支配收入、人均 GDP、人均全社会固定资产投资额、每万人医生拥有数、每万人公共汽车拥有量、人均绿地面积 6 个观测量,它对政府能力的贡献率为 21.115%。传统的以 GDP 为纲的政府能力评价体系最可能导致的结果就是"二元经济",而上述 6 个观测量共同反映了"人均"社会资源的拥有情况,体现了政府在促进社会公平方面的能力,是民族地区政府调控社会更"好"地发展的关键。

未来发展规划能力。指标包括总 GDP 增长率、初中辍学率、教育支出占财政收入比重 3 个观测量,它们共同反映了一个地区对未来发展前景的规划情况,是保障民族地区政府长久、可持续发展的关键。

政府调控环境协调发展能力。指标包括高等级公路密度和建成区绿化覆盖率 2 个观测量。这两个观测量都共同反映了人类社会对自然环境改造情况,是监测人与自然环境协调发展的重要方面。

政府调控区域协调发展能力。该因子包括农村居民人均纯收入和城乡差距指数 2 个指标。它们反映的都是一个地区的农村发展水平,而农村发展的好坏正是解决地区整体发展的关键。

基于上述研究结论,民族地区政府能力的建设,首先应发挥好其主导要素的作用。经济发展是社会发展的带动力,因此促进地区经济发展,是当前加强民族地区政府能力建设的首要内容。其次,建立公平的社会资源分配的机制。社会公平是一个地区安定有序发展的保障,一个公平的社会环境可以为政府调控经济发展免去后顾之忧。再者,促进要素间协调发展。要素间协调发展,使之作用力集中在一个方向,处理好各种关系,建立起和谐的社会,是民族地区政府结构能力建设的重要内容。

(二)构建起民族地区政府能力评价指标模型

民族地区区域发展的特殊性决定了民族地区政府能力评价的特殊性。我国少数民族地区大多集中于边疆,尽管有着一些得天独厚的优势,但相对中东部较发达地区来说地理条件、思想意识和发展观念都存在较大差距,这些自然和人为因素会直接和间接地影响到民族地区政府能力的建设。因此,如何采用科学的方法,对民族地区政府能力进行客观评价,具有重要的现实意义。

本研究对民族地区政府能力的评价选取了层次分析法,该方法是美国匹兹堡大学的运筹学家 Sacty 教授于 20 世纪 70 年代提出的一种定性与定量相结合的分析方法。使用层次分析法,既能有效地反映各个因子对总体政府能力质量状况的贡献,又能通过两两比较法来确定各层指标的权重,同时也能兼顾一些本身非定量化指标的分析,因而应用范围很广,是一种比较适合于政府能力评价的方法。

层次分析法要求我们从系统角度把握各能力要素之间的关系,又要确定各层要素和指标之间的内在相关关系,使得整个体系构成一个完整的体系。

从上面建立的民族地区政府能力评价指标体系模型中可以看出,整个体系分成三个层次,即目标层、准则层和方案层。与目标层相对应的依次是民族地区政府能力,标注为 A,这也是要评价的总体目标。准则层有五个,标注为 B,分别是经济社会调控能力、社会资源分配能力、未来发展规划能力、生态环境保护能力和区域协调能力,简言之,也可以把准则层叫做一级指标。与准则层(标注为 B)相对应的是方案层 C,也称之为二级指标,共有 23 个指标,除上述反映政府不同方面能力的观测量外,还在"未来发展规划能力"中增加了"教育支出占财政支出比重"的指标。

利用层次分析法通过成对比较各个指标,确定在单准则下的相对重要性,经过数学处理,得出了各评价指标的权重(详见表 5 - 5),其中 5 大政府能力的权重分别为:(1)经济社会调控能力:0.216;(2)社会资源分配能力:0.211;(3)未来发展规划能力:0.188;(4)生态环境保护能力:0.182;(5)区域协调能力:0.203。权重基本相当,也从一个侧面证实了和谐社会要求兼顾各方利益、均衡发展的内在要求。

(三)提升民族地区政府能力是构建社会主义和谐社会的重要途径

我国是一个统一的多民族国家,多民族的国情决定了民族地区和谐社会构建是社会主义和谐社会构建全局的重要组成部分。民族区域是整个国家社会系统的一部分,民族区域和谐的特征具有整个社会和谐特征的共性,同时整个社会和谐的基本特征在民族区域又有特殊体现。民族区域和谐具体涉及到五个方面的和谐,即经济和谐发展、政治和谐统一、文化和谐共生、教育与社会和谐推进、人与自然和谐共处。五个方面的和谐涉及到了民族地区的方方面面,需要政府在经济社会调控能力、社会资源分配能力、未来发展规划能力、生态环境保护能力和区域协调能力等方面均衡发展,任何的偏颇都不利于和谐社会的构建。根据我国民族地区的自身特点,在具体把握其和谐发展的基本特征时,尤其要重点关注民族关系和谐和人与自然的和谐。

民族关系和谐是民族区域和谐的关键。民族关系的和谐包含两个层面,一是本民族内部社会成员之间的和谐,经济发展进程中利益的冲突,社会成员间历史遗留矛盾导致的冲突,不同民族成分间文化差异所引发的冲突,日常生产生活中的摩擦甚至冲突,都直接关系到民族地区的长治久安与和谐发展。同时,少数民族地区还存在着本民族与其他民族间关系和谐的问题,流动到民族地区经商和务工的其他民族成员由于对当地民族的风俗习惯了解得不多,也可能在交往中发生误会和摩擦,这一点也尤其应该引起民族地区政府的关注。民族地区社会成员民族成分的复杂性、文化差异性、经济发展的迫切性都决定了协调民族关系的重要性。因此,要实现民族地区和谐发展,首要前提就是要促进民族关系的和谐发展。

民族地区和谐也离不开人与自然关系的和谐。随着经济的发展与环保意识的增强,人与自然和谐发展也日益成为世界发展的潮流。我国少数民族地区在这方面尤其面临着巨大的挑战,其一,民族地区所处自然环境大多复杂而脆弱,干、高、寒、荒等特点突出;其二,民族地区的工业现代化水平又相对较低,少数民族群众对自然条件的依赖性较强;其三,民族地区经济底子薄,经济发展的急迫性更强。鉴于上述背景,在民族地区和谐社会的构建进程中,经济发展与环境保护的矛盾尤其要处理好,既要开发和利用好自然资源,又要注意保护和改善自然环境,实现人与自然和谐相处,共同发展。作为民族地区政府,一定要加强可持续发展的意识。

构建社会主义和谐社会,民族地区的各级政府都面临着角色转换的任务。从传统意义上讲,政府往往是影响当地社会建设发展的中枢,对地区经济发展发挥主导作用。但随着新时期经济发展所面临的新挑战,政府与社会的关系、政府与个人的关系面临着空前的全面转型,在这样的关系转型中,政府应积极改变角色,构建起更加符合和谐社会建设需要的综合能力,从传统的"家长式"政府转变为"服务型"政府,为构建社会主义和谐社会发挥更为重要的作用。

此外,我们还应特别注意到政府能力与社会的相互作用是处在一种动态的发展中,和谐社会建设要求政府不断提高能力,而政府更好地运用自身能力、制定有效的政策将不断推动社会走向和谐。

二、政策建议

根据本项目在定性与定量研究方面得到的主要结论,并参考近年相关学者在该领域研究过程中从不同角度提出的主要观点,针对民族地区政府能力建设方面的政策建议,进一步归纳、补充如下。

(一)充分行使自治权,提升民族地区政府能力

民族地区的特殊性构成了民族地区政府能力与一般地方政府能力的差异性。在民族自治地方,自治机关除了行使一般地方政府的权力以外,还同时依照宪法、民族区域自治法等法律赋予的权力行使自治权,这是民族地区在公共管理方面的重要特点之一。但在调查中也注意到,民族地区政府尚存在依法自治能力比较弱,《民族区域自治法》中规定的自治权不能完全落实的现状,而这些恰恰是导致民族地区政府能力不足的重要的内部原因之一。从这个意义上讲,"充分行使自治权"应当成为"提升民族地区政府能力"的首要政策渠道之一。在民族地区政府能力建设的过程中,大力落实国家法律规定的民族政策,加强依法自治的能力,实质上也是对国家法律的尊重和维护。

有效行使自治权,是民族地区政府能力建设的内部途径之一。由于多种主客观原因的存在,民族地区的自治权流失现象严重。对于此,强化自治意识是前提,积极行使自治权则是有效落实的保障,提高行政领导能力则是解决该问题的关键。我们发现,政府领导班子的综合素质和领导力较强的民族地区政府,自治权就容易得到有效落实,相反,自治权就容易流于一纸空文。所以,加强民族地区政府领导班子建设,切实提高综合素质和领导水平是充分行使自治权的关键要素之一。加强民族地区政府间的相互学习,总结成功经验,走出去到东部及经济发达地区考察,轮流获得进修机会都是提高民族地区领导素质水平,建设学习型政府的重要举措。

此外,充分发挥民族地区基层政府的作用也是保障自治权有效行使的关键。基层政府是自治权的最终行使者和任何政策得以有效实施的重要环节。县级政府是连接地方政府与乡镇政府的纽带,是民族地区政府能力建设中最具有活力的一环,它如果能够发挥出重要的承上启下作用,政策就容易执行的

好。而县级政府有效的治理所具有的能量和力量的总和,有赖于明确的行为角色定向。对此问题,纳麒和张劲松①在调查了解民族地区主要存在的差距的基础上,根据政府经济调节、市场监管、社会管理、公共服务的职能要求以及政府能力构成要素的规定,系统提出了民族地区县级政府能力的 7 种角色定位。这 7 种角色定位,是关系到自治权能否依法行使、充分行使的关键环节。

其一,民族地区政府应是经济发展的规划者。战略规划涉及到一定时期内带动全局的方针、政策与任务,它决定着政府在一定时期管理的方向和所要达到的目标,并对政府政策的制定、政府结构的调整和资源的配置均产生广泛的影响。一个正确的经济、社会发展规划直接关系到县域经济、社会发展的方向、速度和效益。因此,在此阶段就应该对自治权充分行使问题予以重视,使其成为考察规划是否得当的重要要素之一。

其二,民族地区政府应是市场经济的培育者。也就是说我们在考察如何行使自治权的大方向上,经济发展应该是我们的主要目标之一。据统计,1999年我国各省市的市场发育程度指标体系中,民族地区市场化发育程度指数基本上是处于中下等水平,其中内蒙市场化发育进程指数为 3.45,云南为 3.39,新疆为 2.9,宁夏为 2.39,青海为 2.0,西藏为 1.0,与高水平的广东 8.33 的指数相差悬殊。因此,作为民族地区县级政府的一个重要职责就是加快市场化的建设,做好市场经济的培育者。因此,我们要充分利用国家给予民族地区的优惠政策,发挥政策在民族地区资源配置和利益分配中的作用,为民族地区的市场培育创造良好的外部环境。可以说,有效行使的自治权,将成为民族地区经济提升强有力的支撑平台。

其三,民族地区政府应是市场经济的规制者。民族区域自治地方政府应该根据《民族区域自治法》的规定,依法行使自治权利,在适度的范围内,既要发挥市场在资源配置中的基础性作用,又要对市场经济主体的经济行为进行法律监管。确保自治权利的行使"充分"但不"过分"。这一点同样重要,它也

① 纳麒、张劲松:《民族地区县级政府能力的内涵及建构》,《云南民族大学学报》2004 年第 21 期,第 19—24 页。

是确保民族地区经济可持续发展的关键。

其四,民族地区政府应是公共产品的供给者。"公共产品"的建设,是行使自治权利的另一重要目标。制约民族地区经济、社会发展的重要瓶颈就是基础设施建设的缓慢,而这些基础设施、基础产业属于社会的公共产品,其有效供给是县域经济、社会可持续发展的基础保证。我国进行的中央与地方财政体制的改革使地方政府在事权和财权的分配中拥有了较大的自主权,民族地区县级政府要按照公共产品谁受益谁负担的原则,加快地方税收建设,并通过地方政府的举债、收费以及接受中央的补助等方式,加强地方财政吸取能力,为民族地区县域经济、社会发展提供更有效的地方性公共产品。

其五,民族地区政府应是制度创新的推动者。民族地区经济发展、社会协调推进的任务尤其艰巨,面对如此复杂的问题,制度创新可谓是民族地区县级政府推动经济社会发展的灵魂和不竭动力,地方经济发展水平与地方政府的制度创新有着密切关系。在现有法律的框架下,如何创新性地行使自治权,灵活运用国家给予民族地区的优惠政策,积极推动制度创新,大力发展非公有制经济,正成为加快民族地区的改革和现代化建设的关键。

其六,民族地区政府应是社会利益的调节者。在经济、体制改革过程中,因所有制形式和分配方式出现的多元化必然导致民族地区县域社会利益集团的分层和多元,形成复杂的交织的社会利益矛盾。同时,民族地区县域的各民族还会因生产力的不平衡和对资源的占有程度的不同而引起民族矛盾,自治民族与非自治民族间政治矛盾及民族文化和宗教信仰不同引起的利益矛盾等。因此,在我们充分行使自治权利,关注经济发展的同时,如何平衡此进程中各方利益的平衡,也是保证良好的政策初衷得以实现的关键。有效的社会控制是县域社会协调、稳定、有序发展的基本前提;其次,县级政府应对社会利益进行权威性分配和调节;同时,畅通社会利益表达机制,允许各民族和集团合法地表达自己的利益要求,把合理的利益纳进公共政策过程并上升为政府政策,也可帮助民族地区政府更好的扮演好社会利益调节者的角色。

其七,民族地区政府应是依法行政的自律者。再次需要关注的问题,自治权的充分行使只有在法律的框架下才是有效的。民族地区县级政府依法行政必须做到:一要权限法定;二要行为合法;三要程序合法;四要责任行政。培养依法行政的干部队伍是民族地区县级政府依法行政的保障。

(二)建设服务型政府,完善政府能力与绩效评估体系

建设服务型政府是现代行政管理的一个新的发展趋势。民族地区各项社会事业的发展滞后的现状更是决定了各级政府必须积极转变职能,尤其是要增强服务职能。服务型政府的理论起源于西方国家在政府再造中提出的"建立顾客想到的公共服务"的观点。这种观点认为,政府不再是高高在上、"自我服务"的官僚机构,而是为社会公众服务的管理组织。社会公众是提供政府税收的纳税人,以及把享受政府服务作为回报的"顾客"、"客户",政府的工作应当以顾客为导向,为顾客服务,增强对社会公众需求的回应力。党的"十七大"明确提出了"建设服务型政府"的要求,这就为政府能力建设设置了新的目标,如何组建起以为公民服务为宗旨并承担服务责任的新型政府,已成为民族地区政府能力建设进程中值得关注的重要问题之一。

另一方面,从社会发展阶段上说,树立服务型政府的理念、更加注重履行社会管理和公共服务职能、谋求建立绩效型、责任型政府是当代中国转轨时期深化行政体制改革和进行政府管理创新的重要内容和根本性措施,也是构建党领导、政府负责、社会协同、公众参与的社会公共管理格局的重要内容和根本性措施。为此,构建适应新形势下新型政府能力建设的指标评估体系,并以此为依据,从新的视角对政府绩效进行有效评估,也是将来一段时期内加强民族地区政府能力建设的重要途径之一。

服务型政府的建设,需要与之相适应的科学、公开和公平的政府能力与绩效评估体系。然而过去经济建设型政府理念下形成的传统的政府能力与绩效评估模式已不适应建设服务型政府的新要求。2006年10月28日在海口举行了"中国公共服务体制:中央与地方关系"国际研讨会,很多专家认为,应当加快改革现行的干部人事制度,把公共服务指标纳入干部考核体系中,使广大群众的评价成为影响干部升迁的重要因素;政府应从全知全能转变为有限责任,从传统部门利益型政府转为公共服务型政府①。传统的以 GDP 为核心的干部考核与政府评价体系,使政府职能出现大量越位和缺位现象:政府过多过具体地介入经济事务,导致大量竞争的不平等,以及公民和企业公民之间博弈的不平等,而后者往往是环境污染和破坏的重要原因;而在政府基本公共服务提供方面,如政府对义务教育和医疗保障投入严重不足,则加重了公民就医和教育的经济负担。

我们认为,完善的绩效评估体系是政府能力体现的重要方面,而如前所述,适应新形势需要的民族地区的政府能力是一种复合能力,是多维因素的有机组合。其中,科学行政能力、民主行政能力和依法行政能力三位一体地组合成民族地区政府的综合能力。三者既是民族地区政府能力建设的核心内容,也是互相制约的环形体系。科学性、民主性、依法性互为制约条件,三者之间达到均衡状态才能产生合力,忽视或缺失三者中的任何一方面都会影响到合力的力度,从而影响到政府的社会管理与治理功效。同样,完善的政府能力与绩效评估也需要讲求科学性、民主性和依法性。

依法是政府能力建设与绩效评估的必要的前提。但就我国的情况来看,在法治上,法的最高性观念没有在社会中树立起来,有法不依、执法不严、违法不究的现象普遍存在②。特别是在民族地区,在相当长的一段时间内,政府相对于民族地区社会具有相当强的权威性,这种权威性源自当时民族地区由封建制度向社会主义制度迅速转变的历史背景,政府通过对社会的强烈干预完成了民族地区政治制度、经济制度、文化制度的根本转变。因此,民族地区政府建立的特殊时代背景以及崇尚权威的政治文化特点,促使民族地区形成了"强政府干预"情结。而这恰恰与新形势下建立服务型政府的目标相背离,因此,民族地区政府必须从意识到具体的能力建设中,从根本上完成由"权威"政府向"法治"政府的转变,而绩效评估的"法治"指标恰恰是这一变革的重要推动力。民族地区政府要结合发展形势需要加强行政立法,并坚持依法行政,

---

① 童大焕:《公共服务型政府需要科学民主的制度评价体系》,《海口晚报》2006 年 10 月 29 日。
② 蔡立辉:《政府绩效评估:现状与发展前景》,《中山大学学报》(社会科学版)2007 年第 5 期,第 83—90 页。

做到行政管理过程、管理方法、管理手段等都符合法律规定。

科学性体现了政府行政的水准,而科学化的政府能力与绩效评估则可以进一步提高政府行政的水平。评估的科学化意味着实事求是的评价体系,各地具体条件不同,评价体系也应有所不同,特别是民族地区与非民族地区,经济相对发达地区与经济相对落后地区,边疆地区与内陆地区之间,区域发展环境差异明显,区域发展目标也不尽相同,评价标准也不能一刀切,要遵从社会发展的一般规律。同时,我们也应注意到,在尊重差异性的前提下,如何做好政府能力与绩效评估工作还是有一定的规律可循的。蔡立辉①在论及促进政府绩效评估实践的科学化时,重点突出了几点,同样值得民族地区借鉴。

第一,明确政府绩效目标。有目标,才可能有的放矢,否则评估就失去了方向。而一个好的目标应讲究层次性、可量化性及与职能行使的内在关联性。既要尊重循序渐进发展的客观规律,同时也要注意到考察的便捷性。

第二,通过流程再造明晰政府职能、通过工作分析界定岗位职责。也就是说首先必须明确评估对象(无论是政府部门,还是工作人员)应该做什么、不应该做什么、应该做到什么程度。通过流程再造明晰政府职能在此环节中具有重要作用,要使部门之间职能不重复、不交叉;通过工作分析形成职务说明书来科学界定岗位职责。该工作既有利于政府职能的行使,同时也有利于对不同部门、不同岗位的科学评估。

第三,科学构建能力与绩效评估指标体系。构建评估指标体系,既要考虑公共管理的经济效益和社会效益,也要考虑短期效应和长期效应、直接效应和间接效应,要以科学的视角兼顾社会的全面与和谐发展。指标体系建设在科学评估中具有举足轻重的作用,因此也是本研究的工作重点,如前所述,我们利用层次分析的方法,对经济社会调控能力、社会资源分配能力、未来发展规划能力、生态环境保护能力和区域协调能力5大政府能力进行量化研究,确定其权重,力求更为科学地为绩效评估提供技术支持。

---

① 蔡立辉:《政府绩效评估:现状与发展前景》,《中山大学学报》(社会科学版)2007年第5期,第83—90页。

第四,建立与完善政府绩效评估中信息系统和信息沟通机制。信息资料是影响绩效评估的重要因素,收集信息资料的关键是在政府部门之间、政府部门与公众之间建立起一种广泛的信息沟通机制。促进不同部门之间的协调工作,提高政府部门对公众需求的回应力。

第五,不断完善和改进绩效评估方法。注意不同方法的适宜性,并注意公布绩效评估结果和运用评估结果提高政府绩效。

第六,根据社会发展阶段和具体国情,按照"积极试点,先易后难,分步实施,逐步推进"的原则来推进和实施政府绩效评估,例如,选择若干专业性强、业务水平高的行业和岗位开始进行试点,在总结各行业政府绩效评估工作经验的基础上,逐步扩大试点范围。这实质上也是尊重事物发展客观规律的体现,发展总不会一帆风顺,而评估工作的科学展开可尽量缩小可能的负面影响,而将积极的影响最大化。

民主性可谓是政府能力与绩效评估的终极目标。公众是政府的服务对象,对政府的工作最有发言权,引入公众对政府绩效的评估,是真正把公众的需求和意愿作为政府改进工作的导向,推动了"服务型政府"的构建。传统上,自上而下的政府考核的局限性之一就是政府机关"眼睛朝上",只关注上级领导是否满意;而"服务型"的新型政府则要求各地政府应该逐步增加群众参与的程度和范围,增加对群众意见和社会智慧的吸纳力度。目前,无论是民族地区政府还是非民族地区的政府,在这方面的工作都还刚刚展开,虽然可以把反映公众的呼吁作为指标设计的考虑之一,但是从制度上并没有跨越政府内部评议的框框。2009年4月25日,《中国政府绩效评估报告》首发仪式暨政府绩效管理研讨会在北京召开,《报告》特别指出,作为政府绩效考核的核心着力点,使公民评议和按语政治能够实现经常化、秩序化,最重要的还是对这一制度进行必要的法律确认和必要的规范,做到有法可依、有法必依。①

(三)加强地方治理,实现公共服务创新

较之于内地尤其是东部沿海地区的地方政府,民族自治地方政府公共服

---

① 桑助来主编:《中国政府绩效评估报告首发》,《中国青年报》2009年4月27日。

务水平相对较低,基本上还是一个传统的经济建设型政府,还不是一个公共服务型政府,或者说离公共服务型政府尚有很大的差距,因此实现公共服务创新的任务艰巨。

民族自治地方政府公共服务水平相对较低,主要受到"硬性"和"软性"两方面因素的制约。包括:

首先,财政能力不足的"硬"指标严重制约着民族自治地方政府能力。据统计,2003 年全国人均财政收入 1680.4 元,民族自治地方只有 391.5 元,只相当于全国平均水平的 23%。在接受了大量国家财政转移支付之后,民族自治地方的人均财政收入达到 1225.4 元,仅相当于全国平均水平的 73%。这样的财政状况使得民族自治地方政府在提供公共产品时显得力不从心、捉襟见肘。影响民族自治地方政府财政水平的原因首先是当地经济发展水平较低,税收来源少。其次,现阶段各级政府财权、事权配置不合理,影响民族地区地方政府公共服务能力①。

其次,重增长轻发展的传统绩效观作为"软"因素同样对着民族自治地方政府能力和公共服务水平的提高起到严重的制约作用。传统绩效观的根深蒂固来源于两方面原因,第一,由于民族自治地方经济相对落后,地方经济增长、摆脱贫困的任务急迫而艰巨,因此,一部分民族自治地方政府往往把有限的资金投入到见效快、收益高的短期经济项目中,有时甚至不惜以损害公共资源和公共利益为代价,如引入一些高耗能、污染大的企业。第二,传统的政府能力与干部绩效考核也起到了推波助澜的作用。如在很多地区,地方经济增长指数和招商引资额度等成为考核地方官员政绩的重要指标。在现实生活中,个别领导干部更是以服务为名搞所谓"形象工程"、"政绩工程",出现"一届政府的业绩,三届政府来还债"的尴尬局面。因此对于政府能力与绩效的科学评价迫在眉睫。

"硬性"指标的改善需要更多时间,"软"性观念的调整则可以在短时期内

---

① 霍晓英:《我国民族自治地方政府能力提升与公共服务创新》,《中共山西省委党校学报》2007年第 1 期,第 88—90 页。

就取得好的效果。因此,对于民族地区的政府干部而言,要充分认识到公共服务不能简单等同于基础设施建设,等同于若干"面子工程",解决政府公共服务的问题,建立一套有效的创新管理模式,实现效率和质量上的突破同样重要。

民族地区有其特殊的发展背景,在其背景之下,要加强民族地方治理、实现公共服务创新以及民族地区政府能力建设,也有其特殊的发展路径。包括:

1. 加大中央政府对民族区域自治地方政府公共财政的支持力度。因为民族地区在我国的环境安全、边疆安全以及整个社会的可持续发展方面都具有举足轻重的作用。但由于历史原因与客观的自然环境条件,民族地区经济发展相对落后,自身的财政收入难以支撑地方社会发展的支出,因而国家一直都采取提高民族地区财政预备费的设置比例等优惠财政政策,帮助少数民族地区发展经济和提高人民生活水平。今后,国家和上级政府随着国民经济的发展和财政收入的增长,应逐步加大对民族自治地方财政转移支付力度,通过一般性财政转移支付、专项财政转移支付、民族优惠政策财政转移支付以及国家确定的其他方式,增加对民族自治地方的资金投入,用于加快民族自治地方经济发展和社会进步,逐步缩小与发达地区的差距。①

2. 引入多元投资主体,更好地提供公共服务。除争取更多的财政支持外,利用市场的力量,募集资金,也是解决民族地区财政能力不足的重要渠道。根据不同公共服务项目的性质和特点,可适当放宽市场准入的门槛,引入多元化的公共服务主体,实现公共服务供给主体的多元化和供给方式的多样化,建立起以政府为主导、各种社会主体共同参与的公共服务供给格局。在新的格局中,政府不仅要直接提供民间组织不能或不愿提供的服务,还要动员民营企业、民间组织参与提供公共服务,并对公共服务生产和供给进行有效监督。要引导社会资金进入基础设施、水电、交通、通讯等公共部门,政府要把管理重点放在相关规制的调整和完善、公共产品的定价控制、基础设施专营权的拍卖等

---

① 张建新:《浅析民族区域自治地方政府公共服务职能》,《前沿》2006 年第 1 期,第 144—146 页。

上面,以保障公共服务的最优化和公共利益的最大化,形成政府、社会、公民之间良性互动、共同治理的格局,实践以人为本和全面、协调、可持续发展的精神价值。①

3. 进一步优化公共支出的结构。一方面要争取有更多资金提供公共服务,另一方面也要考虑如何通过结构的优化,使每一分钱都花在刀刃上。长期以来,中国的公共支出结构不合理,行政管理支出占据最大比例,文教卫生社会保障支出比例尽管增长较快但低于行政管理开支。在1982年至2005年的历年财政支出中(含预算内与预算外),行政管理支出在1982年为134.99亿元,占当年财政支出的6.87%,而到了2005年则高达10378.44亿元,占当年财政支出的26.49%;文教科学卫生社会保障支出1982年为242.98亿元,占当年财政支出的比重为12.37%,2005年为8953.36亿元,占当年财政支出比重为22.86%。无论从绝对数额还是增长幅度来说,都低于行政管理支出。而从国际比较来看,发达国家行政管理支出占财政支出的比重一般都在10%以内,而福利开支占GDP的比重一般在15%以上;经济发展水平与中国相近的新兴经济体,教育公共支出一般占GDP的5%,医疗卫生支出占GDP的比例一般也为5%,政府用于最低生活补助和养老金等基本社会保障支出的比重也相当于GDP的5%。而中国在教育、健康医疗和失业保障等方面的投入明显不足。② 民族地区在财力不足,经济发展任务艰巨的大背景下,上述矛盾尤其突出。为了解决这个结构性的矛盾,迫切需要明确由政府主导提供的公共服务的范围,将政府的直接投入限定在那些市场不能发挥作用或不能充分发挥作用的领域,以此减少政府管理的成本,集中政府财力提高义务教育、公共安全、公共卫生、社会保障和公共基础设施建设等在公共财政支出中的比例。

4. 民族自治地方政府应当鼓励和发展非政府组织参与地方治理。地方政府对于地方公共事务的管理更应看成是一种治理的过程,这个过程是一个比

---

① 冯雷鸣:《坚持科学的发展观,促进政府公共服务理念创新》,《美中公共管理》2005年第4期,第39—43页。

② 章玉贵:《公共支出结构失衡,内需成效焉能提高》,《上海证券报》2009年3月2日。

地方政府范围更大的对话空间,地方政府需要与其他非政府组织、利益群体、政党、媒体等建立起一种在开放的公共领域进行对话和互动的关系,民族自治地方政府应当鼓励和发展非政府组织参与地方治理。当前民族自治地方的民间组织发育程度普遍较低,地方政府应当积极鼓励和支持民间组织的健康发展,使得地方政府将精力主要集中于公共服务的提供和公共产品生产的监督上来。在利用民间组织生产公共产品的过程中,可以通过政府签约等形式来监督和制衡民间组织公共产品的生产。与此同时,民族自治地方政府应当尽快制定相关的政策措施,从制度上规范民间组织生产公共产品的行为。

5. 借鉴西方公共管理的有益经验。西方国家也曾经出现政府管理失控、官僚主义、低效率,结果导致了各种社会危机、对政府的不信任和民权运动高涨。这种社会现实迫使美国、英国、澳大利亚、新西兰、日本、荷兰等西方国家掀起了政府改革运动。改革以市场化为取向,采取了政府公共服务输出市场化、减少政府职能、实现政府从社会的部分撤退、建立小政府模式、在政府公共管理和公共部门中大量引进竞争与市场机制、放松规制、实行以绩效为本的绩效评估与绩效管理、树立顾客至上与服务意识等措施。这些措施的根本目的就是为了寻求与发展一种新的公共责任机制,既能提高管理的效率和能力,又能加强公共责任机制,提高公共服务质量和社会公众的满意程度。[1] 例如,作为加拿大第二大省的安大略省,拥有大约1200万居民,占加拿大全国人口约40%。当一批新的管理层开始在安大略省政府执政时,他们提出了一个重要的发展计划——通过减少各自独立的机构,精简政府机构,加强对于民众的重视程度,同时,需要平衡它的预算。政府部署了一个健全的、基于互联网的网络,为超过6万名政府雇员和1200万民众提供服务。它还设立了一个共享服务局,负责优化人力资源、财务和采购服务的供应。在不到一年的时间里,安大略省政府就将民众满意度提高到90%以上,获得了超过3500万美元的经济效益。[2]

---

① 冯雷鸣:《坚持科学的发展观,促进政府公共服务理念创新》,《美中公共管理》2005年第4期,第39—43页。

② 杨云龙:《政府公共服务创新该从哪儿下手?》,http://www.globrand.com/2009/167983.shtml。

(四)在可持续发展视角下提升民族地区政府能力

我国西部的自然环境脆弱,同时又是民族自治地方的集中地,全国的 5 个自治区全部在西部,30 个自治州中的 27 个在西部,120 个自治县(旗)中的 84 个在西部,因此对于民族地区而言,可持续发展的任务艰巨。

可持续发展是 80 年代随着全球环境与发展问题的广泛讨论而提出的一个新概念,到目前为止,可持续发展作为一个完整的理论体系正处在形成的过程中。对于可持续发展的概念或定义,全球范围内已经和正在从不同角度进行广泛的讨论。目前,国际社会普遍接受的可持续发展定义是由挪威前首相布伦特兰夫人提出的,即可持续发展是"既满足当代人的需求,又不对后代人满足其自身需求的能力构成危害的发展"。①

可持续发展的主旨不仅包含经济增长与社会发展,而且涵盖了资源耗竭性和环境承载力,并从持续性的角度将公平问题从代内公平延伸到了代际公平。"发展"内涵与外延的拓展,实际上使可持续发展在目标与内容上更具有公共性、长期性取向,这不仅要求政府在可持续发展中应发挥积极的主导性作用,同时也对政府的能力提出了更大的挑战。②

公共性与长期性的取向表明,可持续发展不可能在市场力量的自发作用下来实现,而必须依靠政府的倡导、组织和推动。如何明确政府与市场的边界,既不损害市场机制又能够推动可持续发展战略的实施成为一个两难选择。政府只有明确自身的主要任务,着力于可持续发展与市场经济完善双重目标下的制度供给与设计,而不是直接性地参与相关的活动、成为实施主体,才能够发挥出自身的积极作用。为了充分发挥政府的能力,在可持续发展视角下提升政府能力应关注以下几点。③

第一,市场优先原则。由于市场机制是人类迄今为止所能找到的最为有

---

① 芮国强:《可持续发展进程中的政府能力建设》,《湛江海洋大学学报》2002 年第 5 期,第 72—78 页。

② 孔令锋、向志强:《论政府能力与可持续发展》,《中国人口·资源与环境》2007 年第 2 期,第 36—39 页。

③ 孔令锋、向志强:《论政府能力与可持续发展》,《中国人口·资源与环境》2007 年第 2 期,第 36—39 页。

效的资源配置机制,而中国又正处于发展市场经济的关键时期,因此在进行可持续发展制度设计时,首先也应以不损害市场机制为底线,优先发挥市场力量为原则。凡是市场可以自行解决的问题,政府应当考虑撤退。由于在政府与市场关系中,政府是强者,而市场是弱者,根据弱者优先的原则,在处理市场与政府之间关系时,必须遵守市场优先的原则,市场先于政府,是有效且有限政府的基础,作为扩展秩序的市场扩展到哪里,政府的规模与范围就应该收缩到哪里。① 因此,对于优良环境、自然资源持续供给能力等公共品的提供,应尽可能地在使用权、经营权等产权完善上做出努力,使社会成本尽可能地贴近私人成本,从而为市场力量的发挥提供基础性条件。

第二,地方政府优先原则。如果说市场优先原则规定了市场与政府在可持续发展中的逻辑顺序,地方政府优先原则则阐明了中央政府与地方政府在可持续发展中的行动秩序。即在可持续发展实现的过程中,凡是涉及政府部门的事,应首先考虑地方政府能不能解决,如果地方政府能够解决,中央政府就应充分授权,没有必要干预和参与。也就是说,地方政府在推进区域可持续发展进程中应担当起主要角色。具体策略和路径包括②:(1)"面推动、线整合、突破"。地方政府要加大投入,强化监管,发挥主导作用,提供良好的政策环境和公共服务,充分运用市场机制,调动企业、社会组织和公众参与可持续发展。统筹规划,突出重点,分步实施,形成各主体、各部门相互协调,行业或部门集中整合,全面推进可持续发展的新格局。同时要适度集中必要的人力、物力和财力,选择有利于增强可持续发展能力建设的重点领域和重点环节,进行突破。(2)"一进、一退、一加强"。针对地方政府对体制内发展资源整合缺位、越位和力度不足的问题,地方政府在推进可持续发展能力建设的进程中要注意正确定位,弥补市场的不足和退出竞争性领域,集中在基础性、战略性和公益性领域,以利于更好地推进政府公共服务和社会管理能力建设。

第三,公众参与原则。公众参与是实现可持续发展战略最重要的主体保

---

① 毛寿龙、李梅:《有限政府的经济分析》,上海三联书店,2000.101.
② 万劲波、叶文虎:《地方政府推进区域可持续发展能力建设的思考》,《中国软科学》2005年第3期,第8—17页。

障。可持续发展所涉及的利益矛盾与冲突比传统发展模式更为广泛和复杂，只有广泛的公众积极参与到可持续发展中来，自觉地监督和制止不可持续的生产行为，抵制和改变生活中不可持续的消费行为，才能从根本上减少政府决策失误的发生，因而形成持久的发展推进力。为此，政府应在可持续发展文化建设以及公众利益表达与民主参与渠道构建等方面做出努力。具体途径包括：[①](1)完善当地居民的福利保障制度，激发当地居民参与地区事务的欲望和动力；(2)目前的社区组织逐步转变成能够进行监督与及时反馈信息的非政府组织，建立起有效、及时的监督机构与信息平台；(3)从组织创新与制度创新两方面构建起公众参与的社区平台；(4)建设专业化的社区工作者队伍，提高组织管理的有效性；(5)转变政府职能，由政府管理向治理转变，建立政府与社区居民之间的合作互动关系。

第四，法治原则。可持续发展不同于传统的发展方式，它强调经济、社会和环境的和协与统一，是一种科学的发展观，相对于传统的发展模式而言，难度也更大。法律法规属于正式制度的范畴，既是制约和惩戒不可持续行为的根本性依据，同时也是约束政府自身随意性与私利性行为的基本工具。与可持续发展有关的法律涉及面很广，大致包括人口、经济、环境、资源、社会保障等领域。这些法律，只有真正实施，才能实现其价值。在可持续发展上，执法不力仍是普遍现象。立法、执法、司法、民主监督是一个整体，必须切实加强法律的实施。[②] 地方政府在可持续发展战略的实施过程中，所面临的最主要矛盾在于经济社会的发展与环境资源保护之间的矛盾。在实践中，地方各级政府和经济组织之所以置可持续发展战略及有关的法律、法规于不顾，来发展经济、进行经济建设，最大的原因就是为了追求利益的最大化，而不愿在环境保护等问题上提供更多的资金和设备，从而导致了环境的恶化和资源的短缺。对此，政府可以从健全法制入手，强化管理，运用法律和必要的行政手段保证可持续发展。例如我国2003年颁布的《环境影响评价法》，规定了行政机关

---

① 蔡强：《社区公众参与可持续发展的微观过程研究》，《求索》2005年10月期，第94—96页。
② 李英杰：《论可持续发展中的政府能力建设》，《中国人口·资源与环境》2000年第2期，第1—4页。

可以对规划和建设项目在其实施后可能对环境造成的影响进行分析、预测和评估,提出预防或者减轻不良环境影响的对策和措施,并进行跟踪监测,行政机关根据环境影响评价的结果来决定是否实施。①

(五)实施电子政务,全面提高政府的工作效率和行政效能

面对现代科学技术的飞速发展,加强政府能力建设,还必须学习国外的先进经验,充分利用现代科技手段加强行政管理方式的创新,加速实行电子政务的步伐,全面建设信息化政府,提高政府行政管理的效率和质量。

2002年,"WTO与政府能力建设"赴法国考察培训团注意到,法国高度重视通过改善政府行政管理的硬件系统来提高政府的工作效率和行政效能。通过运用高科技信息技术,初步建立了提供信息、网上办理、管理监督三位一体的更加廉价、高效、优质的公共服务体系。法国政府大力加强网络建设,建立了公共服务网络,为公民提供有关产业变化、税收、经济发展、世界和平、环境保护、可持续发展等各个方面的信息服务。当时2000多种服务表格已有1200多种可在网上办理,未来几年,法国将全面实现通过网络提供政府服务,公文、信息、督查、档案管理等,都基本通过网络来运作。为确保提高各级政府实行电子政务的水平,法国的公务员培训法律严格规定,各级公务员都必须接受专门的计算机网络知识培训后,才能正式上岗②。

与国外发达国家相比,我国民族地区电子政务建设还有相当大的差距。今后,应重点抓好以下两个方面的工作:

尽快实现网上办公。在这方面我国多数民族地区已经具备了一定的硬件条件,但现实情况中忽视网络传输的优势,沿袭陈旧的办公方式,造成资源大量浪费的情况依然普遍存在。首先,通过网上办公,可以有效地提高政府办公的效率和透明度,有利于加强对公务员行政行为的监督,有利于提高政府的服务水平。此外,尽快实现网上办公,是建设节约型政府的一个重要方面。要建

---

① 谭宗泽:《行政法治建设的检讨与反思———可持续发展理念缺失略谈》,《行政法学研究》2007年第2期,第8—12页。

② 人事部:《"WTO"与政府能力建设赴法国考察培训团.法国政府能力建设及其启示》,《中国公务员》2002年9月号,第54—57页。

设和谐社会、节约型社会,政府应当带头建设节约型政府。充分发挥网络资源优势,需要从以下几方面努力:(1)提高对网络资源的认识。尤其是各部门的领导,只有领导对网络资源有了一个科学的认识,网络优势才能真正发挥出来。(2)"网上办公"应当有相关的制度和机制做保证。(3)在机关干部中应当进行有针对性、实用性的网络知识培训。①

　　规范政府在线服务。近年来,我国某些民族地区和部门开通了很多政府网站,但在日常管理中随意性很大。其中有的政府网站想开就开,想关就关,没有一定的管理制度;有的政府网站信息很少更新,根本不具有实际利用价值;有的网站则长期无人管理,群众通过上网反映的问题根本没有回音等。针对这些问题,群众意见很大,非常需要加强管理,明确规范政府网站的在线服务的内容和时间。同时,应明确要求凡是网上能够办理的,原则上群众都能通过上网办理,以提高行政效率,方便群众办事,真正提高政府公共服务的水平。②

三、进一步加强民族地区政府能力建设研究

　　虽然目前学术界对政府能力的研究不断深入,而且研究的现实性与针对性不断增强,但从总体上看,一方面,与其他国家尤其是西方发达国家相比,我国政府能力的研究无论在理论层面还是实践层面都存在明显的不足;另一方面,与我国公共行政学的其它范畴如政府职能、公共政策等相比,政府能力的研究较为滞后,主要表现为有关政府能力的论文不多且比较零散,而巨系统性研究比较少,这集中体现在还没有一本专门研究政府能力问题的专著出版,即使是相对综合性的研究成果也是在进行其他相关问题的研究时"附带"进行的③。我国的政府能力研究如此,民族地区的政府能力研究尤其薄弱,因此,

---

　　①《关于充分发挥网络优势,尽快实现网上办公的建议》一文,http://www.jgdj.dl.gov.cn/news/news/article/show.asp? id=8715。
　　②《构建和谐社会需要提升行政能力》一文,http://www.gzgov.gov.cn/govbbs/show_bbs.asp? id=995。
　　③ 廖林燕:《政府能力问题的国内研究述评》,《河北理工大学学报》(社会科学版)2007年第2期,第25—30页。

与廖林燕在对"政府能力问题的国内研究述评"中提到的建议类似,今后民族地区政府能力的研究也应在研究范围、研究方法等方面进行更为深入的研究和创新。

1.进一步拓宽研究范围。从实践和理论两方面着手,注重基层政府能力的研究,同时兼顾到国内外优秀经验的总结。如前所述,县、乡地方政府与公众联系紧密,其能力的高低直接关系到整个社会的和谐,作为民族地区行政管理的整个链条中最具活力的一环,民族地区基层地方政府能力建设的研究尤其值得学者予以高度的关注。具体研究可在多层次展开:发现问题,探求解决之道;总结优秀地区的发展经验,论述在相似地区推广的可能性与具体操作策略。特别是民族地区大多处于相对贫困的发展中地区,东部发达地区的经验可以借鉴,国外一些原住民地区与中国少数民族地区的发展历程和外部环境都具有一定的相似性,对国外此类地区的深入研究,总结成功的经验,甚至提升为一定的发展理论,对于指导民族地区政府能力的提升都无疑具有重要的实践意义。可以避免少走弯路,也可以拓宽我们发展的视野。

2.进一步完善研究方法。方法的优劣与适宜程度的不同直接关系到最终成果的有效性。国内在该领域的研究传统上以定性研究居多,本项目研究初步尝试将定性与定量相结合,力图更具体地对政府能力结构进行定量化分析,更科学地筛选政府能力评价的指标体系。但什么样的定量化研究方法更为适宜,如何将定量研究与定性研究相结合,更好地发挥二者的优势,等等,都还有待进一步研究。此外,作为与实践密切联系的研究领域,实证研究必不可少,因此如何获取更多资金支持,较长期地对一个地区的发展进程进行有效的追踪和评估都还有待在将来的工作中进一步完善。

3.研究深度有待进一步加强。尤其需要加强对政府能力的建设与提升措施的研究。政府能力的提升措施是政府能力研究中的根本问题,也是政府能力研究的最终目标[①]。此外,由于民族地区所具有的自身特征,其经济发展与

---

① 廖林燕:《政府能力问题的国内研究述评》,《河北理工大学学报》(社会科学版)2007 年 2 期,第 25—30 页。

环境保护的矛盾会更为突出,如何有效地促使二者协调发展;此外,在世界性经济浪潮的冲击下,如何保护各个民族地区独特的传统文化,维持地区的和谐稳定,保证民族地区无论在经济还是文化与环境方面都能真正实现发展的可持续性,诸多问题还亟待研究。

参考文献

参考文献

1. *Historical Evolution of Strategic Management*, PeterMcKierman, Dartmouth, Publishing Company, 1996.

2. *The Rise and Fall of Strategic Planning*, HenryMintzberg, Prentice Hall, 1994.

3. *A Public Management for all Seasons*, PublicAdministration, 69 (Spring), C. Hood. 1991.

4. *The New Management inaction*, E. Ferlie, L. Ashburner, L. Fitzgerald and A. Pittigrew. Oxford University Press, 1996.

5. *The Future of Governing: Four Emerging Models*, B. B. Guy Peters, University Press of Kansas, 1996.

6. *The New Public Management In Action*, Ewan Ferlie et al, Oxford University Press, 1996.

7. *Public Management and Administration: An Introduction (2nd. ed.)*, D. Hughes, Macmillan Press LTD, ST. MartinS Press, 1998.

8. *Creating public Value: Strategic Management in Government*, Cambridge, Harvard University Press, 1995.

9. *Strategic Management*, Eighth Edition, Fred R. David, Prentice – Hall International, Inc, 1992.

10. *Managerialism and PublicService: The Anglo – American Experience*, C. Pollitt, Oxford: Basic Blackwell, 1990.

11. [美]艾尔·巴比:《社会研究方法》(第十版),邱泽奇译,华夏出版社出版 2005 年版。

12. [美]安东尼·布朗:《对乡村社区的技术援助:是权宜之计还是能力建设》,《公共行政评论》1980 年第 1 期。

13. [美]古德诺(F.J. Goodnow):《政治与行政》,三联书店出版社 1994 年版。

14. [美]加布里埃尔·A.阿尔蒙德等:《比较政治学:体系、过程和政策》,上海译文出版社 1987 年版。

15.《马克思恩格斯选集》第 3 卷,人民出版社 1972 年版。

16. Roderick J. A. Little&Donald B. Rubin 著:《缺失数据统计分析》,孙山泽译,中国统计出版社 2004 年版。

17. 保建云:《转型经济中的政府行为与发展模式选择》,当代世界出版社 2005 年版。

18. 陈恒梅:《政府办事效率与西部大开发》,《地方政府管理》2000 年第 8 期。

19. 陈添友:《加快推进政府能力建设》,《发展研究》2004 年第 4 期。

20. 陈锡文:《推进社会主义新农村建设》,《理论参考》2006 年 1 月。

21. 丁杨:《公共危机管理能力的多层次模糊综合评价》,《黑龙江对外经贸》2007 年第 9 期,总第 159 期。

22.《发展观人才观政绩观班干部学习读本》,中共中央党校出版社 2004 年版。

23. 方盛举:《对政府能力内涵与结构的再认识》,《云南行政学院学报》2004 年第 3 期。

24. 傅家骥等主编:《工业技术经济学》(第三版),清华大学出版社 1996 年版。

25. 高惠璇:《应用多元统计分析》,北京大学出版社 2005 年版。

26. 耿百峰:《解读社会主义和谐社会的内涵》,《山东省农业管理干部学院学报》2006 年第 4 期,总第 22 卷。

27. 张钢、徐贤春、刘蕾:《长江三角洲 16 个城市政府能力的比较研究》,《管理世界》2004 年第 8 期。

28. 张国庆:《行政管理学概论》,北京大学出版社 2001 年版。

29. 张劲松:《行政组织的产出:政府能力绩效评估的构建》,《行政与法》2006 年 4 月。

30. 张世贤:《共政策析论》,台湾五南图书出版公司 1986 年版。

31.《中国行政管理学年会会议文集》,2005 年。

32. 中国政法大学课题组:《和谐社会与政府能力建设研究报告》,《中国行政管理》2005 年 12 月。

33. 周平:《县级政府能力的构成和评估》,《云南行政学院学报》2002 年 5 月。

34. 周民良:《重建西北发展的生态基础》,陕西人民出版社 2003 年版。

35. 周楠楠、赵敏娟:《1978～1982 年农地制度变革中地方政府能力评估》,《经济问题探索》2007 年第 11 期。

36. 周平:《边疆多民族地区政治文明建设的重大问题分析》,《思想战线》2006 年第 5 期。

37. 周永学:《科学发展观与构建社会主义和谐社会》,民族出版社 2005 年版。

38. 朱震达、刘恕:《中国北方沙区沙漠过程及其区划研究》,中国林业出版社 1998 年版。

39. 邹再进、张继良:《中国地方政府能力评价研究》,《云南财贸学院学报》2005 年 10 月第 21 卷第 5 期。

40. 蓝海林:《企业战略管理的理论与技术》,华南理工大学出版社 1993 年版。

41. 徐二明:《企业战略管理》,中国经济出版社 1998 年版。

42. 周志忍:《当代国外行政改革比较研究》,国家行政学院出版社 1999 年版。

43. 陈振明:《公共管理学》(第 2 版),中国人民大学出版社 2003 年版。

44. 张成福、党秀云:《公共管理学》,中国人民大学出版社 2001 年版。

45. 杨文士、张雁:《管理学原理》,中国人民大学出版社 2002 年版。

46. [美]彼得·德鲁克:《卓有成效的管理者》,孙康琦译,上海译文出版社 1999 年版。

47. [澳]欧文·E.休斯:《公共管理导论》,彭和平等译,中国人民大学出版社 2001 年版。

48. [美]丹尼尔 A.雷恩:《管理思想的演变》,李柱流等译,中国社会科学出版社 2000 年版。

49. 张泰健:《公共部门战略管理》,郑州大学出版社 2004 年版。

50. 金占明：《战略管理——超竞争环境下的选择》，清华大学出版社 1999 年版。

51. 卢纹岱：《SPSS for Windows 统计分析》（第 3 版），电子工业出版社 2007 年版。

52. 饶义军、陈剩勇：《民族地区乡镇政府能力的弱化：问题与对策——以恩施土家族苗族自治州清太平镇为个案》，《浙江社会科学》2007 年第 5 期。

53. 高惠璇：《应用多元统计分析》，北京大学出版社 2005 年版。

54. 程伟丽：《对应分析机理及应用》，《中山大学硕士论文》2005。

55. 高惠璇：《应用多元统计分析》，北京大学出版社 2005 年版。

56. 国家安全生产监督管理总局编：《中国安全生产年鉴 2004—2006》，煤炭工业出版社。

57. 国家统计局、国家发展和改革委员会、科学技术部编：《中国高技术产业统计年鉴 2004—2006》，中国统计出版社。

58. 国家统计局编：《中国统计年鉴 2004—2006》，中国统计出版社。

59. 国家统计局工业交通统计司、国家发改委能源局编：《中国能源统计年鉴 2005》，中国统计出版社 2006 年版。

60. 国家统计局国民经济综合统计司编：《中国区域经济统计年鉴 2004—2006》，中国统计出版社。

61. 国家统计局课题组：《和谐社会统计监测指标体系研究》，《统计研究》2006 年第 5 期。

62. 国家统计局人口和就业统计司编：《中国人口统计年鉴 2004—2006》，中国统计出版社。

63. 中国金融学会主办：《中国金融年鉴 2004—2006》，中国金融年鉴编辑部出版。

64. 中华人民共和国教育部发展规划司主编：《中国教育统计年鉴 2004—2006》，人民教育出版社出版。

65. 中华人民共和国劳动和社会保障部编：《中国劳动和社会保障年鉴 2004—2006》，中国劳动社会保障出版社。

66. 中华人民共和国农业部编:《中国农业年鉴2004—2006》,中国农业出版社。

后　记

　　党的十六届四中全会提出要适应我国社会的深刻变化,把和谐社会建设摆在重要位置,不断提高构建社会主义和谐社会的能力。十六届五中全会进一步把构建社会主义和谐社会作为"十一五"期间的重要目标。因此,构建社会主义和谐社会对政府能力建设提出了新的更高的要求,要求政府既要发挥在构建社会主义和谐社会中的主导作用,又要具备包括维护公平与正义的社会平衡能力等在内的一系列能力,建设公共服务型政府,建立健全政府管理机制,提高公务员的能力和素质。

　　政府能力是一个政府实现自己职能所具有的能量与资源。政府能力在社会转型和历史变迁中既是一个常量又是一个变量。在新时期新阶段,政府能力供给与构建和谐社会对政府能力的需求出现了落差与失衡,政府能力建设面临着种种困境与挑战。为了构建和谐社会,政府必须提升综合能力水平,在某些能力缺位领域开发新的创生渠道。由青觉同志担纲的"和谐社会与民族地区政府能力研究",是中央民族大学国家"985 工程"建设——中国民族地区经济社会与公共管理研究哲学社会科学创新基地的研究项目。课题旨在通过研究民族地区和谐社会与政府能力建设之间的关系,力图建立一个能够揭示民族地区和谐社会与政府能力建设关系的量化分析模型。经过三年多的努力,今天终于付梓与广大读者见面了。

　　全书由青觉同志设定、编写框架和提纲,具体篇章撰写情况是:青觉、谢作渺(第一章、第二章),张宝成(第三章),谢作渺(第四章、第五章、第六章、第八章),严庆(第七章),李燕琴(第九章)。初稿完成后,青觉同志对全部书稿进行了修改、统稿和定稿。此书从筹划到出版,历时三年多时间,先后多次赴民族地区实地调研,是潜心探索的结果,也是集体智慧的结晶,特别是在写作过程中,参考、引用了大量已有的相关研究成果,在此向著者表示感谢。对参考、引用而未注明出处的,向著者表示歉意并请谅解。另外,人民出版社、本书责任编辑对本书的出版倾注了大量的心血,在此谨表谢意。

由于著者水平有限,故谬误之处在所难免,敬请批评指正并见谅。

主编 青觉

2009 年 12 月 12 日